Xinjiang Discovery Series
新疆探索发现系列丛书

总主编 / 李翠玲
主　编 / 巫新华

斯坦因

巫新华 / 著

新疆人民出版社
（新疆少数民族出版基地）

图书在版编目(CIP)数据

斯坦因/巫新华著.--乌鲁木齐:新疆人民出版社,2023.5
(新疆探索发现系列丛书)
ISBN 978-7-228-21127-2

Ⅰ.①斯… Ⅱ.①巫… Ⅲ.①斯坦因(Stein, Aurel 1862-1943)—传记 Ⅳ.①K835.615.89

中国国家版本馆CIP数据核字(2023)第092277号

斯坦因
SITANYIN

总策划	李翠玲
执行策划	范聪卓 罗卫华 邢建刚 高 珊
责任编辑	晁 清
封面绘画	张永和
设 计	张永和 赵 磊 刘堪海
技术编辑	杨 爽

出 版	新疆人民出版社(新疆少数民族出版基地)
地 址	乌鲁木齐市解放南路348号 830001
电 话	0991-2825887
网 址	www.xjrmcbs.com
购书服务热线	0991-2837939
印 刷	上海雅昌艺术印刷有限公司
开 本	710 mm × 1000 mm 1/16
印 张	17
字 数	275千字
版 次	2023年5月第1版
印 次	2023年5月第1次印刷
定 价	116.00元

总序

党的二十大报告指出，全面建设社会主义现代化国家，必须坚持中国特色社会主义文化发展道路，增强文化自信，增强中华文明传播力影响力。坚守中华文化立场，提炼展示中华文明的精神标识和文化精髓，加快构建中国话语和中国叙事体系，讲好中国故事、传播好中国声音，展现可信、可爱、可敬的中国形象。第三次中央新疆工作座谈会上，习近平总书记强调，要以铸牢中华民族共同体意识为主线，将中华民族共同体意识根植于心灵深处。

新疆地处亚欧大陆腹地，是东西方文化和世界文明的十字路口。清代、民国治西域史学者归纳西域历史地位就一句话——“总万国之要道”。

亚欧大陆的地理条件决定了帕米尔高原和昆仑山脉、喀喇昆仑山脉以南高原、激流、雨林等的天然险阻，制约了较大规模的东西方向人类迁徙与商贸活动。只有昆仑山、天山和阿尔泰山这三大东西向山脉地带，成为亚欧大陆中部可以进行大规模人力、畜力交通活动的唯一天然通道。

如此，古代亚欧大陆其他文明区域与东亚中国文明区域的文化交流必然要取道西域，因而形成了西域在中国乃至世界文明史上的显赫地位。中华文明优秀成果向世界其他地区传播，中国汲取其他文明成果的重要通道就是西域，这也是中国没有再出现“东域”“北域”“南域”等并列名称的原因。

新疆作为中华文明发展、繁荣、壮大历史过程中与外界文明交流的通道，很早就是中国核心文化要素的覆盖区域，并因此成为中国历史上令人瞩目的亮点。

新疆曾经发生过无数影响亚欧大陆文明进程和地缘政治格局的重大历史事件，曾经运输过各个文明区域的无数奇珍异宝。新疆沙漠、绿洲、草原上各类遗址中仍然保留有古代文明的印迹，仍然镌刻着无数改变世界的部族迁移、交流、交融的记忆。正是缘于丝绸之路重要的十字路口作用与地位，人类文明丰富且独一无二的文化遗产才得以保存于新疆的大漠、山川和草原。19世纪末20世纪初，中国西部地区历史文化、地理、自然宝藏引起世纪性的探险考察热潮，形成世界性的持续关注。

今日新疆作为“一带一路”关键核心区依然魅力无限。新疆人民出版社（新疆少数民族出版基地）策划出版“新疆探索发现系列丛书”，以新疆历史为背景，以丝绸之路上的沙漠戈壁和天山腹地路线为地理依托，以著名历史人物和重大历史事件为主线索，以世界级物质文化珍品和多元文化底蕴的古代遗址为内涵，用多学科协作的考古发掘、研究手段与方法，从厚重的历史尘埃中重新发掘出这些失落的丝绸之路文化内涵，向世界展示中国新疆作为世界文明十字路口的昨日精彩与今日辉煌。

丛书选收19世纪末至21世纪初中外探险家、学者在新疆探险考察的经历、考古成果、个人行记等经典著述，以及现当代中国学者经典的历史地理探险考察、历史考古探险著述等形成系列以飨读者，为读者了解新疆历史提供重要的参考依据；借鉴古今中外关于新疆考古探险与历史探察的重要成果，为研究新疆历史文化提供更加开阔的视野和翔实的基础资料。

丛书收录的探险家考古发掘、个人游记等著述，大多带有明显的时代印记与特定意识形态倾向，表现出多方面的时代局限性、政治局限性和社会局限性。对此，在出版过程中，我们按照“取其精华、去其糟粕”的原则，对某些内容做出必要的技术处理。

需要说明的是，“西域探险考察大系”曾由新疆人民出版社出版，杨镰先生为其出版倾注了辛劳与心血，“新疆探索发现系列丛书”沿用了其部分内容。本套丛书的付梓出版，得到了有关部门和专家学者的大力支持和帮助，在此一并致谢。

虽然全力以赴，但是挂一漏万、失于偏颇之处在所难免。希望图书梓行之后，广大读者多多批评指正。

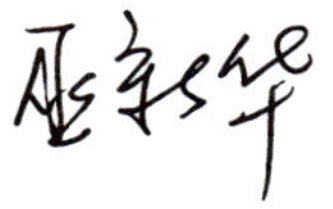

2023年2月

M. Aurel Stein

斯坦因

斯坦因所获敦煌莫高窟藏经洞佛与弟子绣像绢画

● 斯坦因所获敦煌莫高窟藏经洞菩萨绣像绢画

斯坦因所获敦煌莫高窟藏经洞佛传故事绢画

斯坦因所获敦煌莫高窟藏经洞菩萨绣像绢画

斯坦因所获敦煌莫高窟千佛洞天王绢画

斯坦因所获若羌米兰佛寺佛传故事壁画

斯坦因所获若羌米兰佛寺有翼天使壁画

斯坦因所获柏孜克里克千佛洞壁画

序言

马克·奥里尔·斯坦因(Marc Aurel Stein,1862—1943),英籍匈牙利人,20世纪上半叶著名的考古探险家、地理探险家和东方学学者,同时也肩负英帝国在我国西北地区进行地理探察测绘、人文社会情况搜集和古代文物收集的特殊任务。

19世纪中后期是欧洲资本主义国家在世界范围扩张和武力建立殖民地最为疯狂的时期。探索未知地域、寻找新发现成为欧洲列国的时代风尚,也是个人成功之捷径,以及获得巨大荣誉和迅速致富的最有效手段。对欧洲探险者而言,世界最为热门的探险家乐园就在东方,尤其是黄金国度——中国。在匈牙利家人的安排以及欧洲社会风尚的影响下,斯坦因从小便开始系统学习东方学。在逐步精通希腊语、拉丁语、德语、法语和英语之后,又在欧洲著名的维也纳、莱比锡、图宾根等大学进一步学习梵语和波斯语等古代东方语言。

1883年,年仅21岁的斯坦因获得图宾根大学哲学博士学位后,获匈牙利政府奖学金,赴英国伦敦大学、牛津大学和剑桥大学从事博士后研究工作,主攻东方语言学和考古学。

1885年，斯坦因回匈牙利首都布达佩斯服兵役一年，进入匈牙利培养军事制图人员的卢德维卡军事学院学习当时最先进的军事测量方法，这在后来斯坦因的中国西部探险活动中大大地派上了用场。1887年，斯坦因被推荐为拉合尔东方学院院长，来到印度。1889年，斯坦因又成为加尔各答伊斯兰教寺院附属学校校长，并历任旁遮普大学督学、印度西北边境省督学和考古调查员等职。1910—1929年任职于印度考古局，1929年退休后服务于美国哈佛大学。

1900—1931年，主要在英国政府和英属印度政府的大力支持下，斯坦因将全部精力用于中国西部、中亚古代遗迹探险考察与研究，先后4次在我国新疆、甘肃西部、内蒙古西部进行探险考察活动。其探险考察成果、考古发现与研究，开启了近代以来国际汉学研究的新潮流，并对我国现代人文历史学术研究产生了广泛而深远的影响。与此同时，斯坦因也完成了中国西部地区全面的地理测绘，尤其是补齐了西方列强未曾到达的空白地区，通过观察掌握了所及区域的人文情况，并对相当数量的中国西部人群进行了细致的人类学测量。

1900年5月至1901年5月，在英属印度政府的支持下，斯坦因进行了第一次中国西部探险考察，范围主要是我国新疆塔里木盆地南缘的和阗地区。1901年7月初，斯坦因在发掘约特干、丹丹乌里克、安迪尔等遗址之后，携所掠数千件珍贵文物回到伦敦，结束第一次中亚考察，所掠文物分藏于大英博物馆东方古物部和大英图书馆东方部。

1906年4月至1908年8月，在英属印度政府的支持下，斯坦因进行了第二次中国西部探险考察。他再次发掘热瓦克佛寺、尼雅遗址，首次发掘米兰、楼兰、敦煌附近汉长城烽燧遗址，以及和阗达玛沟、麻扎塔格遗址；考察敦煌莫高窟、万佛峡石窟、嘉峪关、玉门关、走廊南山（祁连山脉）、吐鲁番高昌故城、交河故城、柏孜克里克石窟寺、焉耆七个星与舒尔楚克佛寺遗址等。斯坦因此次劫掠数千件珍贵文物，其中单仅于敦煌莫高窟藏经洞就以欺骗偷盗手段获取24箱各类文书，以及

5箱纸本画、绢画和丝织品。1908年8月初,斯坦因发运93大箱文物之后,返程英国。

1913年8月,斯坦因再次离开克什米尔,取道帕米尔,开始第三次中国西部探险考察。他再次发掘麻扎塔格、尼雅、安迪尔、米兰、楼兰等诸遗址;首次发掘额济纳的喀喇浩特古城、吐鲁番喀喇和卓阿斯塔那墓地遗址,获取文物千余件;考察走廊南山和甘州河河源地带、哈密庙尔沟佛寺遗址、吉木萨尔护堡子废墟(唐代北庭都护府遗址)。斯坦因此次劫掠珍贵文物总计140余箱数千件,尤其是再次于敦煌莫高窟盗得570多件写本、绢画和纸本画,于克孜尔千佛洞剥取珍贵壁画90余箱。1916年3月初,斯坦因返回印度,第三次中国西部探险考察结束。

1930年9月,68岁的斯坦因在美国哈佛大学和大英博物馆的巨额资助下,开始了第四次中国西部探险考察。1931年5月,在中国学术界和社会各界严厉声讨压力下,新疆政府驱逐斯坦因出境,所掠文物被扣留于新疆喀什噶尔,只带走了部分文物照片底版。

斯坦因探险考察主要学术成果,专著主要有:

《中国新疆考古和地形考察的初步报告》,1901年。

《沙埋和阗废墟记——中国新疆考古学与地理学考察旅行记》,1903年。

《古代和阗——中国新疆考古发掘的详细报告》,1907年。

《沙埋契丹废墟记——在中亚和中国西陲考察纪实》,1912年。

《西域——在中亚和中国西部考察的详细报告》,1921年。

《千佛——中国西部千佛洞的古代佛教绘画》,1921年。

《奥里尔·斯坦因爵士在1900—1901年、1906—1908年、1913—1915年中亚探险中测绘的中国新疆和甘肃地图集》,1923年。

《亚洲腹地——在中亚、甘肃和伊朗东部考察的详尽报告》,1928年。

《在中亚的古道上——在亚洲腹地和中国西北三次考察活动概述》,1932年。

学术论文主要有:

《和阗考古工作》,《皇家亚洲学报》,1901年。

《尼雅河周边的考古发现》,《皇家亚洲学报》,1901年。

《中国新疆地形学工作笔记》,《地理杂志》(第17卷),1901年。

《中国新疆地理学与考古学的考察旅行》(在皇家地理学会上的演讲),《地理杂志》(第20卷),1902年。

《中国新疆考古与地理考察记》,《史密森1903年报告》,1904年。

《历史上印度西北边境的白匈奴及其家族部落》,《印度古物研究》(第34卷),1905年。

《俾路支斯坦及其西北边境考古调查报告》(1904年1月至1905年3月),1905年。

《玄奘有关媲摩的记载和马可·波罗碑》,《通报》(第7期),1906年。

《1906—1908年中亚考察》(1909年3月在皇家地理学会第8次会议上的报告),《地理杂志》(第34卷),1909年。

《1906—1908年中亚考察考古笔记》(第一部分),《印度古物研究》(第38卷),1909年。

《1906—1908年中亚考察考古笔记》(第二部分),《印度古物研究》(第39卷),1909年。

《中亚地理与考古考察(1906—1908年)》,《地理学会公报》(第20卷),1909年。

《在中国新疆的地理考古探险》,《慕尼黑地理学协会通讯》(第4期),1909年。

《1906—1908年中亚地理与考古探险》,《维也纳地理学协会通讯》(第52期),1909年。

《穿越死亡之海:塔克拉玛干沙漠旅行》,《探险与考察》(第2期),1909年。

《回教徒生活的中亚当地佛教崇拜》,《皇家亚洲学报》,1910年。

《1906—1908年中亚考察》,《苏格兰地理学杂志》(第26卷),1910年。

《斯坦因在中国新疆和甘肃考察地图标注说明》,《地理杂志》(第37卷),1911年。

《敦煌沙碛中汉长城遗址所出古代文书札记》,1921年。

《公元747年中国军队横越帕米尔与兴都库什山的一次远征》,1922年。

上述著作全面记述了斯坦因在中国新疆、河西走廊、内蒙古西部地区探险考察的过程,详细描述了所有重要古代遗迹和珍贵出土文物,以大量文字、图片将上述地区古代遗址遗迹与极其丰富精美的出土文物展现于世人面前,揭开了中国古代西域历史文化和东西方文化交流融合的神秘面纱。此外,书中还详细地记述了中国新疆、河西走廊等地山川、大漠、戈壁、雅丹、盐壳等种种奇妙自然环境景观,以及详尽的社会人文情况。斯坦因用他所获极为丰富且无比珍贵的中国历史文物,以及鸿篇巨制向全世界打开了此前鲜为人知的"西域古代历史文化宝库"大门,在国际上引起了巨大轰动。于是也极大地吸引了更多列强国家学者和形形色色的探险家紧随其后,纷至沓来,造成中国近代史上西部古代遗址与历史文物的一次史无前例的浩劫。

斯坦因考古探险大致有三个特点。第一,在中国西部,尤其是在新疆活动时间长,涉及地域广,考古与地理勘测规模大,目标指向性明确;第二,具有长期的东方学学习与学科准备,根据英帝国利益需要与政府全面深入的沟通、互动、资源动员,以及细致周详的人员与后勤准备;第三,斯坦因对中国新疆的认识和感受立足于西方价值观和英国国家利益,并在探险过程中隐瞒自己的真实身份和目的,以避免引起当地官方怀疑和当地百姓反对,这种做法本身也表明其非法性。可以说,斯坦因考古探险活动的本质是为英帝国政治、军事渗透等方面服务。斯坦因所谓的考古探险，绝不是一般意义上的科学考察性质，而是典型的文物盗窃行为。另外，斯坦因以考古考察为借口，开展一系列地理考察、绘制军事地图，以及在考察所至各地详细了解、记录当地人文、地理、社会、经济、政治情况等活动，表明其探险考察的国家背景和情报搜集性质。

斯坦因4次中国新疆考古探险是颇为复杂的历史现象。一方面，其大肆实测绘制军事地图和掠夺中国文物的行为破坏了我国古代历史文化遗址，损害了中国国家主权和中国人民感情；另一方面，他在东方学研究上所取得的丰硕成果，客观上也为国际学术界做出了巨大贡献。他所获的近10万件各类文物，超过1万张的山川河流、大漠遗址、社会景象、各色人物等照片，实测精准的地图，以及精深的研究成果，时至今日在考古与探险领域仍然具有重要的学术价值和研究价值。

巫新华

2022年10月29日

于新疆喀什昆仑山麓

目录

第一章 人生初年

第一节　少年时代

进入了初冬的中欧平原，天气已经变得很冷了。在匈牙利首都布达佩斯一个普通的犹太人家庭里，大家正期盼着一个新生命的降临。虽然在经过了漫长的中世纪黑暗之后，犹太人的命运有了些许的转机，但是对于内森·斯坦因一家人来说，他们在生活中感到的仍是阵阵寒意。全家人围在火炉旁静静地祈祷着，盼望着这个小生命的诞生会给家族带来新的希望。火光映在每个人的脸上，屋子里充满着暖洋洋的气氛。终于，小斯坦因降生了。这个后来在中亚探险和考古中成名，并且又加入了英国国籍的探险家全名叫马克·奥里尔·斯坦因。中国读者熟悉的名字"斯坦因"，实际上只是他的姓（下文中除表述需要外，仍然采用读者熟悉的称呼"斯坦因"）。出生于1862年11月26日的斯坦因，有一个哥哥和姐姐，他在接受了基督教洗礼后起名马克·奥里尔。

斯坦因的父亲内森·斯坦因和母亲安娜·希施莱尔·斯坦因结合于19世纪上半叶，中欧犹太人遭受的一切磨难和悲惨命运，他们几乎都亲身经历过。那时,他们因自己的宗教信仰而被排除在西方文明主流社会之外。依照当时的法律,犹太人被限制居住在“盖特欧”(源于威尼斯的犹太人居住区,该区四周围着高墙,其居民日落以后和星期日都被锁在里面,严禁外出)之内,不能上学,更不能上大学和从事各种专业工作,并且毫无法律地位。斯坦因的父亲是个小商人,母亲是家庭主妇,舅舅伊格内斯·希施莱尔是当时的知名教授。他们全都崇尚文化、追求知识,迫切希望改变自己和子女作为犹太人毫无社会政治前景的生活和命运。

老斯坦因夫妇认为,接受洗礼是开启犹太人居住区之门的钥匙,进而能够使小斯坦因不再因为犹太人的身份,而走不出被歧视的阴影,更希望能够通过改变身份获得接近外界财富的机会。事实证明,老斯坦因夫妇这样做,确实为他们的儿子开辟和创造了美好前景和光明之途。

这种做法,在那个时期也是当时欧洲犹太人的风尚。为了不因宗教信仰问题而受到打击,许多犹太人都采用接受洗礼这种方式,其中特别值得一提的著名人物就是海涅和门德尔松。海涅于1825年某日早上接受洗礼,当天下午就获得法学博士学位。至于音乐巨人门德尔松的父亲则于1822年接受洗礼,从而避免了使他13岁的儿子重新陷入苦难的境遇。由于犹太教为了适应当时社会压力自觉努力进行教规调整,那些接受基督教洗礼的人被免掉了背叛犹太教的罪名,以期在保证生存的前提下得到发展。

马克·奥里尔·斯坦因的名字中,“马克”与基督教有关,是圣徒和传教者的名字,为在基督教社会中求得发展,叫这个名字是非常合适的。“奥里尔”却是“马库斯·奥里利厄斯”这个名字的法语形式,而此人是欧洲历史上迫害基督教徒的元凶之一。老斯坦因夫妇隐蔽地给小儿子起这样一个名字,多少还是反映出当时欧洲犹太人心理的微妙之处,其根本在于犹太人维护自己宗教文化的倔强。成长中的斯坦因不久就简化掉了“马克”,全名仅用于签署正式文书,他自己私下却极少使用,对于家人和他自己,则简称为“奥里尔”。这样的变化也反映出斯坦因本人对犹太种族的隐蔽认同,以及心中对犹太文化的维护。

斯坦因小时候就能讲匈牙利语和德语,因为斯坦因的主要亲人大多既说匈牙利主要民族语言——马札尔语,又讲德语。还在19世纪初，马札尔语就注意吸收欧洲影响较大语言的大量新词汇，同时仍保持其原来的语法结构，从而使它成为匈牙利传播新文学、新思想的载体。1848年，受法国大革命的猛烈冲击，在激进民族主义者的演讲和相关作品的激励下，匈牙利人对奥匈帝国的不满情绪迅速高涨，随之酝酿并爆发了武装起义。

起义被镇压下去后，匈牙利人民族意识的觉醒和武力反抗也使统治者奥地利人认识到马札尔语的作用，于是下令学校和政府部门只许使用德语，不许用马札尔语。这条规定一直沿袭到1860年。这一年，匈牙利爆发全国范围的反对政治压迫的骚乱，奥匈帝国为平息骚乱，不得不宣布马札尔语为匈牙利的官方语言。

1872年，斯坦因10岁时，欢乐的童年就结束了。那一年，他离家被送到遥远的德雷斯顿，进入那里有名的克罗施勒寄宿学校。在校期间，斯坦因就在语言学方面显现出特殊的才能，学习刻苦，成绩远在其他同学之上。这个时期，他孩童时的爱好——学习古代地理又得到发展，这为斯坦因后来进行中亚考古探险工作打下良好基础。由于远离亲人，与家里的联系只能通过信件来进行，亲人的关爱和他对亲人的思念在这些年只能成为纸上的言语和梦中的情景。1877年小学毕业后，他返回家乡又进入了语言学校，为上大学做准备。

19世纪中后期是欧洲资本主义国家在世界范围扩张和制造殖民地最为疯狂的时期，探索未知地域、寻找新发现成为时代风尚，也是获得荣誉和迅速致富最为有效的手段。对欧洲探险者而言，世界上最为热门的地区就是黄金国度——中国。当时匈牙利的探险家在追寻探险时尚的同时，还十分关注匈牙利人的祖先——古代匈奴人的历史遗迹。这方面的成功者是东方学学者兼地理学家克索玛·克罗兹（Csoma de Koros）、阿密纽斯·范伯格（Arminius de Vamberg），他们的报告、著作风靡匈牙利。渴望摆脱犹太人苦难的斯坦因家族自然也感觉到时代的需要和培养孩子成功的最佳方向，因而有意识地全方位引导小斯坦因学习东方学。渐渐地，东方探险家头上的金色光环深深印入了小斯坦因的脑海。可以说，斯坦因的东方学研究开始于15岁。1877年回到家乡以后，斯坦因曾翻遍了匈牙利科学院图书馆中有关印度（本书“印度”，均指20世纪上半叶以前的英属殖民地印度，它的地理范围包括现今的印度、巴基斯坦全部，以及阿富汗的部分地区）、波斯和中亚的藏书，特别是熟读了克索玛·克罗兹的东亚探险报告，而其中就谈到敦煌莫高窟。这可能是斯坦因最早结识“敦煌”这一名称，当时他完全没有，也不可能意识到这个地名关系到他人生的辉煌成就。在家乡的这段时间里，他废寝忘食地读书，度过了一段单调却又美好的时光。马札尔语对斯坦因终生都具有神秘的吸引力，经常使他回想起已经逝去的美好时光。后来，当他在印度偶然碰见一个匈牙利旅行者，仿佛是见到了一位失散多年的亲人，用他自己的话说：“只要听到有人使用马札尔语，就会使我感到莫大的愉快。”

此后，斯坦因精通了希腊语、拉丁语、德语、法语和英语，又在维也纳、莱比锡、图宾根等大学里进一步学习梵语和波斯语等古代东方语言。1883年，年仅21岁的斯坦因获得哲学博士学位之后，来到了英国。这个当时被称为世界上唯一日不落的殖民帝国，从此成为斯坦因终生选定的国家，还有他随后选择的终生事业——中亚和中国新疆考古与探险，这两样事物是斯坦因一生成功的关键。斯坦因又用了3年的时间，在牛津大学和伦敦大学学习古代东方语言、比较语言学和东方考古学，但是他没有选择学习古老中国的语言——汉语。这是斯坦因东方语言储备中唯一的重大缺陷。10多年后，这一缺陷在使他成名的中国新疆考古探险中有了最为深切的体会，并使他与其他列强国家探险队、

斯坦因所获敦煌莫高窟藏经洞菩萨绣像绢画（局部）

探险家在争夺敦煌莫高窟藏经洞宝藏时吃了大亏。成名后的斯坦因每每谈及这方面缺憾时,总有一种切齿的追悔。

在英国学习期间,斯坦因往往由于偶然的原因而不得不暂时中断学业,其中最长的一次,也是最重要的一次是被征召入伍,在匈牙利军队里服役一年,学习的却是野外测量。这项技能后来被证明非常有用。尤其是在为英国与其他列强在中亚,主要是在中国西部尚未进行大的测量地区的地形勘测竞争中作用巨大。当然,斯坦因历次中国西部沙漠、山川中的探险活动之所以能够得到英国和英属印度当局的鼎力支持,与其首先进行帝国扩张急需的地理勘测大有关系。斯坦因的考古名著《西域考古图记》第5卷中详细的100多幅彩色地图,就是他赖以成名的中国西部山川、沙漠地理勘测工作的最佳证明。

对斯坦因一生影响最大的人共有3位,也是他终生感念并视同父亲的长者。第一位当然是他的亲生父亲,不过年龄已差不多够做祖父。这位高龄父亲的许多话表面上看来是在给儿子鼓劲,实际上是用他自己一生的经验来设计小斯坦因的前程。还在斯坦因幼年时,他父亲就有先见之明,称"斯坦因敢于从事漫长而艰辛的旅行"。第二位便是舅舅伊格内斯·希施莱尔教授,他是现代医学一个新分支学科的开创者,是位著名眼科医生,一直是犹太社区的领袖。甥舅之间并没有什么隔阂,舅舅耐心地教导小斯坦因如何学习与人相处,或者说如何与社会名流、权威人士交往并得到他们的认可。还现身说法地给小斯坦因树立榜样,即自信地周旋于匈牙利上层和实权人物之间,同时从容地活动于文艺界和科学界。这些是小斯坦因人生经验最初的,也是最及时和最重要的积累,在他以后的社会活动中产生了极深刻的影响,作用十分巨大。另外,舅舅在毅力和追求知识方面也给斯坦因树立了无可比拟的楷模。从舅舅的身上,斯坦因认识了何谓成功,以及如何去成功。最后一位是大哥厄恩斯特,虽是同胞兄弟,年纪却大出斯坦因许多。大哥厄恩斯特性格内向,缺乏天资,没有很大抱负,对功名利禄从不忌妒眼红,虽略有点脾气,但稳重、诚实,做事认真负责,循规蹈矩,是个实际、专一、忠实的男人。大哥一直资助斯坦因完成学业,在斯坦因感到失意灰心时,又激励鼓舞了年轻的他。

根据斯坦因对他们的评价,上述3人都对他心理素质、思想方法、做事风格之养成起了明显的作用。他们的作用产生出的特别效果便是一种相似于父亲与师长的楷模,即慈父与严父的混合效果。虽然没有一人以爱的名义要求斯坦因忠诚和绝对服从,而他却在不知不觉中具有一种信念,即信任老人的善意。这些老人包括那些教授、早已成名的学者或者行政首脑。他这种对老人的尊重甚至跨越了种族的界限,不仅有欧洲学者,还包括印度和中国的学者。

当斯坦因的双亲去世以后(他出生时,母亲已经45岁),他就离开匈牙利来到了印度。1888年,斯坦因26岁,他在印度拉合尔接受了一份教育工作。在那里,他结识了一位在收藏和研究古代印度和犍陀罗艺术方面造诣很深的大师吉布林(Kiplin)先生,从他那里,斯坦因学到了许多当时著名的中亚佛教艺术和印度肖像画技法。随后,斯坦因逐渐开始在古代遗址遗迹考古调查与发掘方面显示身手,首先从拉合尔一直到在他之前欧洲人还未曾涉足的南亚西北边区进行了一次规模较大、持续时间较长的古代遗址遗迹考古调查与发掘活动,获得数量巨大的古代文物。而后又跟随一个讨伐性的远征部队到印度西北边界地带,对神秘的般纳尔(Bunar)的古代遗址遗迹进行了一次考古调查,拉开了他一生考古探险活动的序幕。

1901年7月,当斯坦因首次深入中国新疆和阗沙漠地区进行大规模考古探险后返回,成为西方学术界和公众眼中的英雄时,斯坦因的大哥厄恩斯特同时不胜欣慰,至少他可以松一口气了,弟弟长期的令人心焦的学徒生活已经结束,无论是学术或者经济收入的前景,全都是一片光明。总之,斯坦因找到了发挥能力之路。

第二节 迷上考古发现

斯坦因终生的追求,在他远离家乡到克罗施勒寄宿学校读小学时就已开始形成。童年时期,世界征服者亚历山大大帝首先成为他崇拜的偶像,激励他潜心致力于希腊、罗马历史,后来又在开拓东方殖民地、攫取东方财富的西方探险狂潮的推动下,精通了印度、波斯古代语言和历史。斯坦因竭力去探究童年时心目中偶像的成就,并在中国政府关闭了外国探险者中国西部寻宝之门后,为追寻亚历山大大帝的东方之路耗尽了自己的后半生。

斯坦因曾多次沿马其顿人东征的道路探险，试图考证重大战役发生的确切地点。将近80岁时，他还做了一次探险壮举，而那次穿越格当鲁萨的考察仍是旨在确定亚历山大率军由印度河三角洲向波斯狼狈溃退时的路线。通过那次探察和自己的言谈话语，斯坦因承认，亚历山大大帝的魅力对他而言是无上的。另外，斯坦因学生时代的理想还深受那位大富翁、业余考古学家施里曼考古发掘的影响。施里曼一手捧着荷马的史诗，一手持铁锹，于19世纪70年代宣称已发现了普里阿摩斯的特洛伊城和阿伽门农的黄金之都，从而使古代传说变成了真实的历史，并使历史成为一门可以用考古学家手中的手铲予以证实的学科。这一伟大创举也深深影响了斯坦因，可以说斯坦因自幼就渴望能够成就类似的功名。

后来，斯坦因读大学和做进一步深造时，又有两个人对他的人生规划产生了深刻影响。其中一位是7世纪中国唐代求法高僧玄奘。这个几乎每一位中国人都知道的和尚，为了追求佛教真正的本源，端正汉传佛教在他所在时代生发的种种不为玄奘容忍的弊端，毅然冲破唐王朝的禁令，不远万里前往印度朝觐佛教圣地，求取佛教经典原本，同时留下了记录自己行程的不朽巨著《大唐西域记》。

《大唐西域记》记述精确，资料丰富，对于认识古代印度历史和地理的指导价值举世公认，以至于西方学者认为整个印度中古历史完全依赖《大唐西域记》的记载方才得以恢复。斯坦因满怀崇拜之情地将玄奘称之为自己的佛教"保塞尼亚斯"（此人是西方学术界首个成功厘清希腊古代遗迹线索的重要人物，如果没有他，整个希腊的历史、文化遗迹至今可能仍然是一个没有答案的谜语）。斯坦因从他第一次进入中国新疆昆仑山和塔克拉玛干沙漠探险开始，玄奘就成了他每一次中亚考古探险活动的守护神，他在进入每一个地区和进行每一次考古发掘时都努力去与玄奘的记录相印证。

另一位斯坦因追寻其足迹的人物是13世纪的意大利旅行家马可·波罗。他的著作描述了东方的王国和令人惊奇的事物，是西方了解东方古国——中国的传奇读物。马可·波罗在西方拥有非常广泛的知名度，他所记述的故事对读者有着难以言喻的吸引力。亚历山大、玄奘、

《玄奘三藏像》绢本，藏于东京国立博物馆

马可·波罗三人正好构成一个三角形，三角形各边联结了古代与中世纪、东方与西方、国际商道与一种世界性的宗教——佛教。斯坦因给自己的定位就是领会他们内在的联系，结合自己毕生的研究工作，通过多次考古探险，去勘察、印证、考释东西方文献记述的真实性，进而推动这方面的学术研究工作。

斯坦因选择了一个由他自己构筑的三角形世界作为归宿，这个世界使他的全部生涯充满了希望、刺激和发现，理想的实现使他感到心满意足。结婚干什么？甚至这种念头都不曾有过，他始终是孤身一人，无怨无悔。不知道是否巧合，在中亚探险史上有几位大名鼎鼎的人物也都是终生未娶，如俄国人普尔热瓦尔斯基、瑞典探险家斯文·赫定等，他们把神秘的亚洲腹地视作自己一生所爱。

斯坦因选择了中国西部考古与探险为终生事业。之后，不管探险生活多么孤寂，斯坦因也未改变初衷，以一直保持与朋友之间的频繁信件往来慰藉思乡之情。这些信件，全部都需要通过遥远的距离来邮寄，而且还通常是在夜晚坐在野外营帐中就着微弱的灯火逐字写出的，然后再由当地的邮差穿过沙漠、翻越高山才能把它们寄走。但是，无论是在沙漠里整天行进或发掘之后写野外考察记录也好，还是在克什米尔高原寂寞寒冷的帐篷里写他那些影响深远的学术著作也好，斯坦因都是把工作放在第一位。

偶尔，他也与朋友一道野餐、用茶或共进晚餐。只要觉得有必要，他也参加各种聚会和正式宴会。印度的英国军营中，这类聚会名目繁多，但是，斯坦因最喜欢的还是用促膝长谈的方式来消磨夜晚的时光。

他的众多朋友都认为，斯坦因十分擅长谈论和讨论，当然如果话题是东方历史、中亚考古或丝绸之路的话，他总会给这种长谈增添愉快。

斯坦因对金钱的态度与对时间的态度一样都是十分看重和珍惜的。斯坦因一生衣食俭朴，对任何物品、劳务价格，不管是支出还是收入，都要仔细计算。乘船、坐车喜欢二等铺位，不愿去奢侈的头等包厢。在1892年9月8日给大哥厄恩斯特的信中，他说自己的幻想是“快意消遣，然而一个子儿也用不着破费”。这似乎又是犹太人节俭的生活传统在他身上的反映，但是斯坦因为人并不吝啬，因为他明白吝啬是成就大事的第一障碍。

很小时，斯坦因就知道，只有慷慨无私而不是自我放纵才能换得生活与工作中的精神愉快。斯坦因在生活与工作中，对亲戚、朋友、助手、仆人在可以看到的所有方面，他全都做得极为慷慨。凡事总是考虑周到，精心算好时间，以便安排的礼物正好赶上恰当的时刻。尽力帮助那些曾给予自己帮助的人，是一种刻意培养的品质，这帮助斯坦因营造了良好的社会环境。所有这些，都展现了斯坦因日常生活中在意社会联系、关注工作和生活环境，以及人际关系温度的另一个侧面。

生活中，斯坦因有自己的一定之规，总是按时进入书房，每天一口气写上10—12个小时，为他众多的考古探险考察编写报告。他从来没有建立过正式的家庭，生活安排全是临时性的。最重要的是他的书籍和文件，书籍全部经过精心挑选来供研究、参考、消遣之用。消遣性书籍大都是他大哥厄恩斯特寄来的西方经典名著和时尚作品，而圣·伯夫的著作是他较为喜欢的，为此斯坦因十分感激大哥，并常常在他的信件或笔记中流露出来。

斯坦因的个人资料管理得非常细致、严谨，他那数量庞大的文件、资料全装在普通而结实的大箱子里，以便于随时外出搬运。箱子上都有清楚的标记，如“私人信函”、“校样”（正在印刷、出版中的书籍和文章）、“日记”、“工作记录”、“地图资料”、“账目”、“照片”，等等。不管到哪里，只要书籍、文件都在身边，他就好像是到了家。一张床、一个桌子或任何可以写字的地方，一把椅子再加上一盏灯，这些都是能够满足他日常需求的家具。

从斯坦因第一次踏入中国西部，尤其是步斯文·赫定后尘走进“世界上唯一的真沙漠，也是世界上最危险的沙漠”——塔克拉玛干沙漠开始，斯坦因就一直养着条猎狐犬，名字总叫达什。最后一条是达什七世。探险时，他带着狗长途跋涉，闭门写作时则与爱犬暂时分离，但是在晚间散步时还是要带着它。尽管斯坦因的生活需求十分简单，但是却有一样东西必不可少，那就是自然风光，尤其是中亚丝绸之路古道上的自然风光。1943年，斯坦因81岁高龄，仍然准备在阿富汗进行一次中亚旅行，然不幸染病，临死时就要求葬在中亚的土地上。可以说，斯坦因一生都在忠实地追随他心目中丝绸之路上伟大的古代旅行家的足迹。

有学者认为，19世纪末至20世纪初，斯坦因作为一个有着那样出身的普通犹太人后裔在基督教世界的成功十分困难，而维持已有的成功更加不容易。在父亲、兄长苦心栽培之下，取得成功的斯坦因非常重视他事业成功的亮点，或说光彩，他需要苦心维持这种光彩的长久和长新。以至于任何人或事，只要会与他的事业——中亚考古探险一同争夺他或他的时间，都不会被容忍。

斯坦因的传记作家珍尼特·米尔斯基(Zeannette Mirsky)曾说：“在任何情况下，工作总是占据首位，并且统治着他的一生。”“他总是预先周密计划，不让任何东西妨碍这些计划的实施。”

第三节　求取成功的最初选择

在直接影响斯坦因前往印度工作，进而进入中亚探险的诸多因素中，值得一提的有两个。第一个就是19世纪后半叶欧洲学者对语言学的重视。直接影响斯坦因的是现在欧洲几乎每一座著名大学里都设置的被语言学家们称为“历史比较语言学”的学科。历史比较语言学的诞生应该归功于欧洲著名语言学家威廉·琼斯的研究。1786年，威廉·琼斯在印度加尔各答亚洲学会的一次会议上断言：“无论梵语有多么古老，其严谨的语言结构仍比希腊语完整，比拉丁语丰富，比二者都优雅，并与二者有密切的关系。”这个演讲，以及随后他的创造性研究工作开启了历史比较语言学的一个新境界。梵语和中古波斯语从而成为打开印欧史前历史的一把钥匙，证实现代印欧语系中的诸多语言无疑都与它们有着渊源关系。

另一个促使斯坦因前往印度的因素便是匈牙利人乔玛在东方世界的经历和工作。乔玛传奇般的经历成为匈牙利爱国主义的象征，最终刺激起匈牙利国民对于东方学研究的兴趣。他传奇式的旅行和最后死于遥远喜马拉雅山下的悲壮与浪漫，激发了不止一个匈牙利人的想象力，促使他们以这样或那样的方式、这样或那样的理由前往东方。

青年时期的乔玛一直是一个刻苦学习的穷学生，而后成为一位薪水微薄的教书匠，他的成功源于强烈渴望了解异域未知人群完全不同生活的好奇心。乔玛毕生生活俭朴得近乎苛刻，他的一生似乎就是想要证明：金钱和学术并非同一回事。成功以后，他在加尔各答亚洲学会里找到一个不错的工作职位，但他只要一间房子栖身，按藏族人的生活方式，一点儿茶和一点点黄油，再加上煮米饭维持生命，睡在铺草席的地板上，周围全是书箱，而且极少从他形同牢房的小屋中出来，一天到晚总是穿着同一套衣服。因而，许多西方学者评价乔玛是一个进行哲学式苦行僧生活体验的东方学学家。

还有人认为，乔玛怀着一种渴望找到原始的东方国度的梦想开始了他的旅行。匈牙利人的摇篮据说是在东方中国的北部草原，最后的东方时刻留在了中亚草原，人们深信他们的来源与东方匈奴人有关。在探寻东方的过程中，他成为一个执着的求学者，将全部精力和不寻常的洞察力全都倾注于藏族，用了20多年专门探究和解释“西藏佛教传说的奥秘”。斯坦因曾广为宣传，尽力想使乔玛开创的工作占据应有的学术地位，他这样评价：“在从事佛教研究的西方学者小圈子里，作为第一个掌握系统藏语知识、开辟了研究广博藏语文献资料之路的欧洲人，他的名字赢得了人们极大的敬重。他出版的藏语语法和辞典，被公认为这种语言的权威之作。”但是，后来藏学研究的发展表明，藏文佛教经籍主要是从梵文和汉文翻译过去的。随着藏学研究的日益深入，越来越多的藏文佛教经籍已经被成功地恢复原状。欧洲的藏学研究因此曾一度搁置，同时欧洲对藏学研究的奠基者——杰出人物乔玛的兴趣也曾一度消退。

1819年，36岁的乔玛开始了他的旅行历程。他步行绕过欧洲霍乱和瘟疫肆虐的地区，经过埃及、土耳其和波斯抵达乌兹别克斯坦布哈拉，随又经喀布尔到克什米尔。在旅行的那些年中，旅途的艰辛与困难乔玛一概未记，仅留下有关地域和时间的记录。他首先是希望能够通过雪域高原西藏的北部门户叶尔羌（今莎车），从藏北进入神秘的高原王国。但是乔玛听到太多的谆谆忠告——告诫他到叶尔羌的路线十分难行，对于基督教徒来说尤其危险，且代价巨大。

于是，怀着发现另一条通道的希望，乔玛于1823年回到克什米尔。在那里，他非常意外地结识了一位名叫威廉斯·莫尔克罗夫特的探险家。此人向他叙述了自己与列城附近凶恶野蛮的山民交往的经历。威廉斯·莫尔克罗夫特这位鄙视列城信仰藏传佛教山民和中亚其他当地居民的西方探险家很快就为自己的傲慢与狂妄付出了应有的代价，次年他就死在前往叶尔羌的昆仑山山道中。不过威廉斯·莫尔克罗夫特还是独具慧眼，他发现了乔玛的研究特质和不同寻常的个人品质，他的介绍和鼓励使这位在此之前仅满足于穿越中亚最神奇和尚未探明区域的匈牙利人，安定下来从事藏学研究，而此后这些研究耗费了乔玛余生20年时光。

威廉斯·莫尔克罗夫特还起过一个十分独特的历史作用，功过是非很难评说。那就是他对克什米尔毛纺织品的欣赏和喜爱，使其将克什米尔羊毛羊绒织品推广到欧洲，开创了欧洲时尚界近200年追捧开司

从塔尔库勒山口远看昆仑山脉

米羊绒披巾的先河。而开司米披巾的精品却是用藏羚羊绒织成的，欧洲贵妇人对开司米羊绒披巾的无厌贪求，导致20世纪藏羚羊被无节制地猎杀而濒临灭绝。

斯坦因于1896年9月27日写给大哥厄恩斯特的信中说："你对乔玛的评论与我的看法一样。乔玛因为与威廉斯·莫尔克罗夫特会面，才成为藏文文献的发现者，否则谁知道他的旅行狂想会把他带到哪里去。而乔玛清苦的一生和他钢铁般的坚强意志则使我想到波斯文献的发现者安奎特·德布罗（1731—1805）。乔玛有关词源学的研究，常被后人视作儿戏，这或许是因为他在语言学方面基础不精之故。在加尔各答，其实并不缺接触现代比较语言学研究的机会，然而要熟练地掌握研究方法，乔玛似乎已经太老了。"斯坦因点出了自己这个匈牙利同胞的学术短板，这位老人追寻那些匈牙利人一两千年前说阿尔泰语系语言的祖先匈奴的足迹，却跑去青藏高原与讲汉藏语系语言的藏民厮混了一辈子，也是造化弄人。

15年以后，当斯坦因步行在前往中亚的路途中的时候，他不仅从爱国者的角度，还以一位教授的身份声明了自己与乔玛的关系。他们两人都为了理想而离开故乡，而且心甘情愿地接受前路孤独和被强加于他们的无边社会关系羁绊。不过，不像他那位英雄式被误解了的同胞，斯坦因顺利进入中国新疆和西部其他地方，发现了那些曾经有可能等待乔玛的世界级宝藏，获得了远比梦想更丰富的成果与成功。

1912年，当他在喀喇昆仑山区高原俯视着那位早期匈牙利旅行家曾经涉足过的克什米尔山谷，再回首凝视双方之间近百年的间隔时，他竭力将乔玛的传奇与现实调和在一起，并尽量修正了对乔玛的评价，声称乔玛的研究并不是一种空想，仅仅是没有成熟而已。斯坦因表面很谦虚，总是高兴但很审慎地表示，他后来的活动深深受惠于在此之前的那些旅行者和学者。唯有乔玛的情况有些特别，斯坦因将自己与乔玛相比较，他觉得乔玛在列城受到的劝告，就像是一只命运之手在作祟，中断了乔玛的中亚和中国新疆探险，将乔玛的注意力全部转向并集中在藏语研究上。

实际上，这个劝告阻挠了乔玛中亚和中国新疆探险，以及寻找匈牙利人祖先足迹计划的实施。如其实现，100年后在中国西部和中亚许多地区由世界各列强国家支持进行大规模考古探险的活动，大概就要提前进行了。那些中国新疆和西部其他地方巨大历史文化宝藏的开启者，未必还能轮得上斯坦因。

还有两个人曾指导过斯坦因的学业，帮助他确定了研究方向。一个是图宾根大学印欧语言学和佛教史教授鲁道夫·冯·罗特，另一个是维也纳大学印度语言学和古代史教授、印度古文字学方面的权威乔治·比勒。他们给斯坦因传授了当时最前沿的语言学和历史学知识，并善于启发学生在相互关联的学问里发现问题。罗特是开创性的梵德辞典——《圣彼得堡辞典》的合作编写者，这部辞典是19世纪语言学研究方面最伟大的成就。罗特整理过部分吠陀经，对梵文手抄本也有着举世无双的专业知识。

罗特很久以来一直猜测世上应该存在一本古印度经典文献《吠陀》的最早抄本。罗特通过学术和官方的渠道，极力说服印度的英国当权者，试图在外人极难进入的世外桃源、尘世天堂——克什米尔地区找到这份手稿。很可惜，一直没有能够找到。1815年，克什米尔的土王将一包杂乱破碎的桦树皮文书送交当地副总督威廉·缪尔。不知所措的威廉·缪尔急电邀请当时在孟买的比勒前来处理。将近300页的书页经过比勒清洗、整理后装订成册，并送交罗特。这一事件极大地提高了两人在欧洲学术界和上流社会的声誉。这份古老的吠陀经抄本，在罗特死后，也成为他所在大学——图宾根大学最有价值的文化财富。

罗特、比勒与斯坦因三人除了气味相投之外，确实还有一些极为巧合的缘分。罗特的最大成就系于比勒在克什米尔的努力，而比勒的伟大发现却完成于斯坦因之手。

卡拉哈纳的编年史叙事诗《克什米尔王记》成书于12世纪，该书只涉及克什米尔历史，一直是世界东方学研究中关注程度最高的资料，只是在比勒之前还无人找到它的原始写本。欧洲人最早知道和随后的利用都是通过古代波斯文著作转述记载内容。因而，一直不断有人强烈渴望找到原始写本，许多著名学者的努力都没有具体结果，直到1875年比勒在克什米尔所做的一次特殊旅行之后才出现眉目。

19世纪上半叶，学者们已经开始运用金石碑铭学、语言学和钱币学方面的知识复原和解释印度历史，并试图把印度历史从它的神话和传说中分离出来。比勒熟练的古代印度文字学专业知识使他认识到，当时所用《克什米尔王记》中许多错误内容和众多内容的矛盾之处肯定是由于传抄失误所致。他坚信，如果能够设法获得一个没有笔误的原始写本手稿，那么完全有可能搞出一个称心如意的完美译本。比勒根据一种抄本上的赞美诗题记找到了《克什米尔王记》的保存者，此人也是拥有真正原始写本家族的唯一后裔。可惜的是，那位原始写本拥有者仅仅让他看了一眼，就赶紧把手稿收藏起来。比勒没有任何办法获得手稿，只能遗憾地离开了克什米尔。

斯坦因曾经听比勒本人讲述过寻找手稿的故事。在他向往东方的心中可能早就期望能够有幸完成比勒未能够完成的事业和获得比勒应该拿到的荣誉。

1883年，斯坦因在获得哲学博士学位后，因为罗特的赏识与推荐，斯坦因很顺利地从匈牙利政府那里获得在伦敦牛津大学、剑桥大学从事两年（1884—1886）有关东方语言和考古博士后研究的津贴。在那里，斯坦因访问的第一个人就是与他叔叔相识的匈牙利科学院院士西奥多·杜卡博士。

杜卡出身名门，受过良好教育，是那些1848年匈牙利革命失败后到英国寻求政治避难的匈牙利人中的一个。在逃避了奥地利警察的追捕后，他又避开了匈牙利人在巴黎的秘密活动，进入了医学院，并与一个学生建立了友情。这个学生是一位前印度将军的公子，他于1854年给杜卡在东印度公司孟买辖区谋了一个外科医生的职位。后来，随着印度大叛乱的爆发和东印度公司的终结，杜卡来到印度卫生局工作，1877年退休时已是上校军医。斯坦因在准备其第三次中亚探险时为《怀念西奥多·杜卡》的文集抽空写了《为了崇高的回忆》一文，文中对杜卡有这样的表述："我所尊重的不仅是位军人、学者和具有真正高贵气质的人，而且还是一位形同父亲的挚友。"这也是斯坦因对一个他所敬重的人尽责地进行报答的较为恰当的方式。

他们二人，一个是初到外国的年轻学者，一个是在印度服务多年后退休在家的老人，彼此相知，结成了好友。这显然是由于彼此间有共同的历史背景和经历。作为一个英国臣民，杜卡依然是匈牙利爱国者，他的年华和才能都用在"希望为匈牙利科学之进展做出贡献，衷心期望能够在故乡促进东方学研究”。而斯坦因则正是他的这种愿望和期待的缩影,他既讲马札尔语,又讲英语,因而成为杜卡家受欢迎的客人。杜卡的住处宽敞舒适,坐落在伦敦西区,那里因为有许多退休的印度和东方殖民地官员落户而被戏称为“小亚洲”。

斯坦因领取助学金来到英国正是时候。若早一年,杜卡还在印度为他的传记著作《亚历山大·乔玛生平》搜集资料,以纪念该书主人公诞辰100周年;若晚一年,杜卡就会忙于准备布达佩斯的国际医学大会。而1884年是平安顺利的一年。写完了传记的杜卡,发现年轻的斯坦因是个意气相投的伙伴,对乔玛的生平十分熟悉,故而对评价乔玛的贡献很有帮助。在杜卡家中频频做客期间,斯坦因在此见到两位曾获得骑士称号,并曾任职于大权在握的印度理事会的老人——亨利·罗林森爵士和亨利·玉尔爵士。

杜卡对斯坦因这个年轻朋友从起初的信任逐渐变成了长久的友谊,斯坦因说起写给杜卡的最后一封信时有这样一段话:“随着我远到中亚荒漠,其中毫无迹象表明他的生命之光在迅速减弱。而我写于1908年3月的最后一封信(发自塔克拉玛干沙漠中部腹地一座帐篷里),却注定不能到达他那里。”

在慈父般的朋友与恩主之间,斯坦因区分得十分清楚。对于杜卡之死,他写了悼词,正式递送匈牙利政府。而对于玉尔和罗林森,他则将自己写给整个国际学术界的中亚探险报告题词献给他们。1907年,斯坦因出版了两卷本巨著《古代和阗》。在这部反映他在中国新疆第一次进行探险和考古考察活动成果的报告里,斯坦因写道:“本书是为纪念中亚历史地理早期旅行情况的伟大阐述者和拓荒者亨利·玉尔爵士而作。正是他的有关古代文物报告引发了我的旅行,并且是我旅途中最好的指南,谨将此书献给他,以表达对这位学者、作家和男子汉最诚挚的敬意和钦佩。”

同样,后来于1928年出版的第三次考古探险考察学术成果和艺术成果的四卷本巨著《亚洲腹地》,斯坦因的献词是:“为纪念男爵亨利·罗林森将军而作。他在这一研究领域的工作和探索,阐明了亚洲古代历史,谨撰写此报告以表达对这位探险家、学者和男子汉深切的思念和深深的敬意。”虽然斯坦因的献词所用词语过于推崇和华丽,甚至还有些言过其实（这很可能是因为当时的风尚就是如此），但这些文字基本上还算谨严考究，择词也颇为精当优雅，体现了斯坦因对这两位年迈又德高望重的前辈的尊重，同时也是在用这种方式回报两位前辈对他这个当年年轻、初涉世事的外国学生的帮助。

他们年龄相差悬殊，所处时代不同，根本就不是同类人。但是，这些经过摸索方才逐步认识到自己学术能力的老人，可以说在与斯坦因接触之后，很快就发现了这个年轻人潜在的冒险特质和较为深厚的学术功底与研究能力。他们之间，比其他人之间更能相互理解，双方的区别并不在于年龄，而是在于这两位老人都是作为军人到达印度的，那时印度仍然归东印度公司统辖。他们都走过一段弯路才寻找到个人的研究目标，而且全是业余研究者，完全通过个人写作和探索而成为杰出的学者。这同受过完备的科班教育，甚至还在赴印度之前就已选定了自己人生目标的斯坦因相比有着很大的不同。两位老人深信斯坦因将是属于亚洲的，他将在那里找到自己生命的真谛，因此他们在此后的时间里持之以恒地指导和帮助斯坦因。

考古学与历史学正是通过许多考古先行者富有成效的实际工作才得以结合起来，不论过去还是现在，考古学都不仅仅是发现地下宝藏时的激动。整理最普通的考古发掘出土文物资料并做出基础研究，搞清被发现的文物与遗址遗迹说明些什么，进而阐释人类历史发展各个时期物质生活与精神文化的方方面面，正是考古发掘的目的。

“考古学是人文学科，尤其是历史文化学术界的仆人”这一观念虽然直白了一些，然而确实一语破的。从目前已有资料来看，虽然不能确认斯坦因说过同样的话，但有一点不容否认，那就是类似的观点始终指导着斯坦因所有野外考古探险的学术工作。

1885年，由于强制性的兵役要求和军事训练中断了斯坦因返回布达佩斯的计划。通常这种情况对于一个专注于学术研究的青年，无疑是浪费宝贵年华，然而对于斯坦因却恰恰相反。他十分珍视在卢德维卡军事学院的一年时光，其导师卡罗里·库斯上校是一位杰出的地形测量专家，教给斯坦因进行军事测量的最先进技术和方法。

斯坦因自孩童时代就爱好古代地理，又因为匈牙利国家军队严格而正规的培训，他学习并掌握了绘制地图的概念理论和专业技能。一幅地图就如同一本书，都是在表达某种特殊的地理内容，不同的只是地图所记载的是一个个地理数据。当时，绘制一幅地球表面位置、范围和形状的地图，需要使用三角学、三角计算的数学知识和地理测绘技能。斯坦因在卢德维卡军事学院学到的技术在他后来的中亚和中国西部地区考古探险活动中派上了大用场。甚至可以说，在他后两次探险活动得以成行之中起了重要促成作用——他的正式三人小分队里，有两名印度测量员（由印度测量局挑选职业军人并派出），他作为负责人指导和协调两位军方人士的测量工作。斯坦因1923年出版的著作《在中国新疆和甘肃岁月的回忆》里明确表述，他所有难度巨大、无比艰辛的测量工作，均出于为大英帝国拓展疆土做出贡献的目的，也是其职责。而后，斯坦因就其在中国西部广大地区进行考古探险的同时所做大量地理测量工作的成果与情况综述中，还曾经说明这部地图测绘著作出版的重要性在于："在这样一个广大和罕有人迹的地区工作，除了必须完成规划详细、物资后勤准备扎实的考古工作，还有12.9万平方公里地区的测量工作也必须配合一同完成。综述其实就是所做测绘工作的回忆，是一部自己始自孩童的爱好，最终由成人完成的作品。"

一年的军事训练结束后，斯坦因立即返回英国。1886年的大部分光阴都花费在研究伦敦大英博物馆和牛津大学博物馆库房的钱币藏品上。斯坦因深刻地认识到古代钱币是研究各个历史发展阶段与重大事件的一个重要且有效的途径。钱币学作为一种专门学科，可以帮助学者完成对诸如文献资料失载的纪年、政权和贸易等方面历史情况的恢复性研究。斯坦因的第一篇学术论文即为《印度—斯基泰钱币上的琐里亚斯德年代》，刊布于1887年的《东方与巴比伦报告》上。

由于斯坦因的学业已经接近尾声，罗林森向印度理事会提出，这位年轻的匈牙利人有资格担任印度旁遮普大学的注册教员和刚刚建立的拉合尔东方学院负责人。由于玉尔爵士的认可，这个建议很快生效并付诸实施。随之，没有耽误任何时间，斯坦因的学生生活就永远成为过去，他马上告别欧洲，踏上了去印度的旅程。

斯坦因在自己的健身房里和在大学读书期间还掌握并精通了另一种知识，那就是学会了公关学。公关学的法则很简单：无论多么大的组织结构，其官僚形式无论多么不近人情，怎样为法制或传统所制约，都是由人来管理的。学术考察和学术研究进行公关的适当方法就是努力引起某个人的注意，而这个人正好由于自己的地位而拥有权威和影响力。它可能是通过一个介绍、偶然的相遇、冒昧造访、一个祝贺或查询的便条、一部再版著作、一次讲演的邀请等因素促成，但它决不意味着奉承或者趋炎附势，更不应该是行贿，也决不想伤害任何人。相反只是以自己的学识和彬彬有礼的举止打动那些占据重要位置的人，请他们考虑与文化发展相关的项目，取得他们行政上的配合，向他们保证：为了他们的机构，会努力使这个项目获得成功。

这是一种高尚的或者体面的公关方法，与我们熟知的社会不正之风并无必然的联系，有时候形式上或有相似之处，但是其本质却是天壤之别。因为开创性的工作需要社会各个方面的认可与支持，而做到这一点需要很高的社会活动技巧。这样的社会运作，要有一种进取精神和高尚的目标，专心致志，谨严细致，在方法和计划上力求准确无误，这样官员们就不能轻视。

斯坦因的方法，实质上就是要通过适当的渠道，以达到成功的目的。由于要求获准为一项崇高的事业做点贡献，官员们自然会对他的要求予以关注，因为官员们知道，斯坦因的成功会给他们带来荣誉，同时他们还知道，当事人总是公开感谢他们的同情与协助。这一方法需要时间。斯坦因很清楚，一颗种子在发芽之前，需要经过一个萌芽阶段，所以他早就着手策划，而且计划实行得出奇地顺利，犹如园丁精心培育的花朵，正常开花，并结出果实。

从他获得助学金前往英国一事的评论，可看出他上述方法的有效性。正如斯坦因写于1889年的一封信中所指出的，这种好事决不仅仅是“偶然”。当时，斯坦因正在印度度过他的第一个假期。学校一放假，他便逃出“拉合尔的灰色炉子”，直奔克什米尔重镇斯利那加。“值得庆幸的是，租来的帐篷很舒服，搭在一片古老的悬铃木丛林中间，那种神秘东方植物浓密的叶子遮住了太阳的直射，形成一片荫凉地。”

闲暇之余，他步行到城里的阅览室，在浏览新到的英国《泰晤士报》时，看到了一则新闻。“十分震惊地看到了匈牙利教育部部长去世的消息。我的思想完全被这个消息搅乱了，我把部长看作自己人生的恩主，没有部长的支持与积极活动，我不可能就这样容易地完成学业，也不可能取得今天的地位。只要我活着，我都将深深地怀念这位对新鲜事物和有价值的东西十分敏感，并且总是以发自内心的友情善意对待我的文化官员。”

斯坦因写给家人关于自己这次旅行中意外获知匈牙利教育部部长去世消息的信件，后来刊载于慕尼黑杂志，作为他《斯利那加假日之旅》系列报道的一部分。发表这些信件出于斯坦因本人的建议，因为他深知使欧洲人知道自己的名字有多么重要，具体安排刊发事项的则是他的大哥厄恩斯特。这篇文章的题词为："作者深深哀悼最亲爱的父亲，他于1889年4月10日于遥远的故乡离开了人世。"精心编织人脉，铭记有恩于自己的大人物，以及帮助过自己的朋友、熟人，并恰当地表达感激之情，也是斯坦因为人特点之一。

斯坦因的事业就这样开始了。斯利那加省的省长因此认可了斯坦因，派一位侍从送来一挑水果和蔬菜。用斯坦因自己的话来说："这个表示对我具有双重价值，使我希望省长说服当地学究们的承诺圆满成功。还不到两天，省长在自己的办公室召集了一次包括当地学究们参加的会议，土王的兄弟拉加·拉姆·辛格的到来更使会议增辉不少。我被介绍给这位懂得梵语的王族成员，并且同大多数学究们用那种语言打过招呼之后，大家一起就我提出的学术主题进行了热烈的讨论，从而使当地名流学究们相信了我的崇高学术意图。"

"这之后，我很难再返回自己的帐篷度假，它已被带着各种古代写本蜂拥而来的学究们围住。比勒教授13年前的访问，在当地学究们脑海里仍记忆犹新，许多当时被藏起来的古代写本现已换了主人，因而我可以期望得到有价值的收获。这些学究彼此提防，因此必须分别会见他们。那次会议后，又有更多学究带着手稿来请我审验。"

由于人数太多，斯坦因不得不再租一顶分为3个小间的大帐篷，所有古代文书的审验和讨价还价全都悄悄地进行。4天后，他引用戈特《男巫的徒弟》中的话说："师傅，我遇到了大麻烦，无法驾驭自己唤出的精灵。"当地学究们从早到晚络绎不绝地来到帐篷，并且总是悄悄而来，小心翼翼地观察四周，唯有肯定只有他一个人时，方肯从外衣下面取出藏得严严实实的写本。

在这个静悄悄用脚尖走路的地方，斯坦因的工作得到了比勒知道并且推荐的当地著名学究戴蒙达的帮助，斯坦因说他是一位饱学之士，诗章、散文好像就藏在袖子里，信手拈来。他能滔滔不绝地长时间解释产生于古代史书的艺术成品，迫使斯坦因只好插话打断他那源源不断的渊博学识和教诲。他还有许多笑话，以及无穷无尽的谚语轶事。另一位青年学究，也以他精确的克什米尔古代地理和历史知识使斯坦因大吃一惊，每当他解释许多问题时，总能引证出许多历史文献。斯坦因说他自己打心底里希望拉合尔东方学院中有这样的教师。

多数写本显然都是古代名著的现代抄本，斯坦因对这方面知识的熟悉给当地学究们留下了极深刻的印象。很快，他就获得了3个古代写本，每一个写本至少有400年以上的历史，都写在桦树皮上。这些宝贝是从偏僻村庄带来的，因而才有幸躲过比勒鹰一般的眼睛。斯坦因难得的两周休假因专注于抄本，很快就溜过去了。对于大部分抄本，他只是大致浏览后做个简单的说明，以便集中阅读那些更重要的抄本。每一部抄本送来时，他都希望那就是他所寻找的编年史原稿写本。

斯坦因时而也中断在帐篷里长时间的工作，外出消遣一阵儿，饶有兴致地穿过可爱的堆满沙子、杂草丛生的蒙古式花园，访问附近印度古墓遗址，当然这些遗址已成为遥远历史的见证。这里曾经发生的一切事情都令他着迷。斯坦因说："克什米尔的梵文字母显然与印度惯用的有所不同，这种梵文尤其难读，但我仍然适应了它们，以及当地学究们的梵语发音。"

良好的社会资源，使得斯坦因开始随心所欲地做他乐意做的事情，去他自己想去的地方，并获丰硕成果。只有一个缺憾，那就是斯坦因在当地的社会活动第一次破坏了克什米尔传统的平静。但是对斯坦因而言，这是他人生辉煌的开端，也是令人兴奋的一次成功社会实践。

斯坦因热切希望发现并获得欧洲学术界和社会文化界期待已久的《吠陀》与《克什米尔王记》古代写本。可这样的古代写本，并没有如他所愿很快出现，而他又不可能总待在那里等待它的出现。斯坦因开始规划田野考察，克什米尔王国旅行计划的下一站是国王的宫殿，那里还没有人进行过科学考察。于是，他将假期的最后10天用在图书馆查阅相关资料。

1871年，比勒曾发表过王室私人图书馆收藏的梵文抄本目录，其中所收录的古代写本文书欧洲人一直无从得见。为追根寻源，斯坦因可以说是踏着他那伟大教授和导师的足迹，在苦苦地向目标前进。通过斡旋，旁遮普议会秘书塔珀通知斯坦因，根据他的要求，已经写信建议克什米尔议会向斯坦因开放图书馆，以便斯坦因整理研究图书馆保存的梵文写本并编写一个目录。此后，塔珀的建议产生了立竿见影的效果。

克什米尔几周的工作，给斯坦因留下了深刻的印象——不愧是欢乐的"印度威尼斯"，虽然斯坦因恋恋不舍地离开了斯利那加，但直到后来还一直沉溺在对"克什米尔绿色乐园"的爱恋之中。在那里，斯坦因结识了克什米尔学者、梵学家戈文德·考尔，他的博学多识为斯坦因后来翻译、研究和出版自己学术成名作《克什米尔古代地理记》和《克什米尔王记(译本附导言、注释和附录)》打下了良好的基础。他们结下了深厚的友谊，共同为此合作了10年，他们都具有严谨的学风，惺惺相惜，因而彼此受惠，双方共同保持了长久的友谊。

功夫不负有心人，斯坦因最终还是找到了他曾费力寻找的撒拉达古经写本。大致情况是这样的：那位曾冷淡拒绝将写本交给比勒教授的当地耆老死后，写本被切分成三份，三个儿子每人各一份。他们仍恪守祖训，拒绝将写本出售给任何人。斯坦因没有气馁。历经长期反复的交涉谈判，虽然仍然一无所获却从未放弃。逐渐地，多次交涉与交往，教会了斯坦因一些东方谈判和沟通技巧。

在此僵局之时，斯坦因意外地见到了一位梵文学者，他是克什米尔议会议员，其子系拉合尔东方学院的学生。1889年底，《克什米尔王记》的几部分抄本都集中到了斯坦因的手里。在其后来撰写著作的一个脚注中，斯坦因坦白承认这个抄本的获得颇费周折，之后又差点儿在1890年运往英国途中丢失。在奥斯坦德港口，由于一个法兰德斯搬运工的疏忽，装抄本的箱子落入水中，好不容易才捞上来。幸运的是，抄本还有一份复本安全地捆放在另一个地方。更幸运的是，海水的浸泡并没有留下明显痕迹……该抄本的持有者于1892年收回了各自那一部分，却一点儿也不知道他们的传家宝贝曾受过海水的洗礼。

这里，再回头关注一下斯坦因假日旅行的第二阶段。离开斯利那加和他那群当地学究朋友后一个星期，他抵达位于旁遮普平原后坡脚下的克什米尔首府。不幸的是,这里像拉合尔一样炎热,对此斯坦因十分不习惯。至于其他方面,斯坦因倒没有什么可抱怨的。政治代表普里多上校和旁遮普议会秘书的推荐信起了很大作用。在那里,斯坦因受到土王和他的兄弟阿马尔·辛格王子的热情款待,作为宫廷贵宾住进了富丽堂皇的驿馆,并获准乘用王家的驮象。

虽然持有接触各种文书的正式许可,斯坦因仍以一种得体、有礼的方式进行他搜寻古代梵文手稿的活动。同时斯坦因开始为文书,以及一些原存于寺院、新近送到图书馆来的未经装订的手稿编目。当斯坦因发现自己大大低估了这批由已故土王从印度各地搜集来的文书数量时,他不禁大吃一惊。这些文书包括8000多件抄本,其中许多抄本非常古老,且十分重要。

斯坦因开始浏览抄本并且做了摘记,从每天清晨6点钟一直忙到大约下午2点钟。随后去拜见土王,土王在大会见厅接见了斯坦因。土王由大臣、侍从们陪同,要求斯坦因介绍一下他的父亲和欧洲的梵语研究情况。斯坦因深得荣宠,并被邀请坐在土王的右边,阿马尔·辛格王子坐在左边,面前的地毯上坐着全体臣仆。12位最博学的学者被紧急召到宫中,斯坦因趁势用他学习多年的梵语与他们进行交谈,还背诵送给土王的欧洲版《吠陀》中的诗句,获得广泛的尊重。

半个小时后,集会结束。当斯坦因进门和离开宫廷时,卫兵们给了斯坦因一个不该有的礼遇,即向他行军礼,斯坦因后来还曾在他的书信中印象深刻地谈到这样的礼遇,说"如此的礼遇使我的大象也受宠若惊"。这是斯坦因公关能力的又一次成功运用,此后无论是在印度、中国新疆、中亚其他地区,还是在西方各国,他的公关能力都得到游刃有余的运用。

离开克什米尔之前,斯坦因极力弥补一个缺陷,或者说是努力使他的成功变得更加完美无缺。用了几天时间浏览一捆捆抄本,同时让派来归他指挥的几名学者做出摘要,这段时间足以使这些学者了解斯坦因,并向他们寺院里的上级报告。然后,斯坦因对曾保存过手抄本的寺院高僧作了一次礼节性的拜访。他成功地扫除了那位高僧最初凝结在眉宇间的疑惑乌云,因为寺院住持尽管不能反抗土王的命令,起初确实对"亵渎"委托给斯坦因的宝藏感到不快。带着建立起来的友情和已经有了良好开端的抄本目录，斯坦因按时离开克什米尔，继续他在拉合尔东方学院的教学工作。

印度境内初次旅行考察表明，斯坦因还拥有一些似乎并没有事先培养的本事。他应该成为一名优秀学者，实际上他也是备受罗特、比勒等教授赞赏的学生。同样，他轻而易举地学会了克什米尔口语和书法，而且他对印度学者们的那种天生礼貌、尊重很可能本就属于家学渊源。但是另外一种看法认为，那是因为斯坦因内心自觉或不自觉地渴求在东方世界成就一番惊天动地的事业，为此他必须小心行事，在各方面逐步打基础，积蓄社会关系。这也是犹太人在中欧漫长的受压迫、被挤兑生活中形成的社会传统。

新的意料之外的成功是，他在第一次旅行中表现的野外考察生活能力出众。一个26岁的欧洲青年，从来没有荒凉边区的生活经历，在大城市里出生，大城市里成长，只认识学校和图书馆，又不是一个运动员、军人，或经过艰苦训练的登山行家，却穿越了许多崎岖难行的蛮荒山区，考察了当地的地理和历史。他从与英国军官同行的边界旅行中汲取很多有用的经验，但主要还是自己完成全部野外考察的工作。在斯坦因此次探险旅行结束很长时间以后，他获得了由专业工厂提供的装备齐全、便于携带的野外帐篷和全套野营器具。

斯坦因非常熟悉古代旅行家传世的文献报告，留心于其中记录的每一个细节。站在一座山口上，下面是乌云笼罩的河谷，斯坦因便知道，玄奘曾在这里“看见东北方的雪峰”。他始终轻装旅行，衣箱就是桌子，帐篷床就是椅子。为在野外生存，路途中一有机会他就尽可能地买些鸡蛋、鸡和牛奶，只用一个仆人做饭和整理帐篷，需要时在当地雇佣背夫、驮畜、向导，关注旅行途中值得注意的风土人情与历史文化遗迹，平静心态，从穿越雪山峡谷、通过密林和高山牧场中寻得乐趣。

斯坦因在就任旁遮普大学注册职员和拉合尔东方学院负责人的10年中，他的信中不时谈到收获。在这10年间，他逐渐放弃了像当教授那样创造自己知识王国的目标，已经不满足于在印度能够得到的东西，不再致力于获取那张写在印度次大陆传奇神话宝库上的空头支票。斯坦因事业的方向，已经转向与东方中国有关的中亚与西域。

斯坦因于1894年10月23日写给大哥厄恩斯特的信中附上了一幅

拉合尔地图，说："我与弗雷德·安德鲁斯先生租的屋子坐落在这个城市最古老和比较安静的地方，你在地图上可以找到它，它位于阿纳卡利的西侧，靠近旁遮普省府，右面上方就是'阿纳卡利之墓'的碑。"然而，对于厄恩斯特来说，一幅拉合尔地图就如同一张X光片子一样，虽能说明问题却毫无趣味，仅是知道小弟弟斯坦因正在逐步获得成功，并为此而十分欣慰。

由于生活环境上的这种差异，斯坦因信中大多只讲些与自己生活有关，大哥厄恩斯特和嫂子赫蒂又能理解和感到有趣的人和事。通过这些平铺直叙的事情，我们正好可以了解在印度苦苦探求的10年间斯坦因的点滴变化。倾听他抒发情感的只有大哥厄恩斯特，其书信沟通的内容有时是哀怨的思乡情绪，有时是充满希望的欢快心情。并且很快就出现一些新的主题，单调的抱怨不时被正事打断，比如存钱防老，赞颂克什米尔的美丽，还有寻找历史考古遗址遗迹的野外旅行等，其中大多与《克什米尔王记》有关。他的研究撰写工作分作三个阶段：首先是同梵学家戈文德·考尔合作完成于1892年的梵文校勘本；其次由他本人于1899年发表《克什米尔古代地理记》，因为"要彻底理解卡拉哈纳的编年史，对于这一地区古代地理的详细研究是必不可少的"；最后是1900年出版两卷本巨著《克什米尔王记（译本附导言、注释和附录）》，扉页上面的题词是"为纪念乔治·比勒而作"。

斯坦因这些成名之前的信函，其中既没有不可告人的动机与图谋，也没有吞吞吐吐遮掩之处，确实是批珍贵的资料。这些信件能够保存至今，也堪称是个小小的奇迹。它们先是由大哥厄恩斯特小心保管，大哥死后又由其妻赫蒂保存，赫蒂之后，他们的女儿塞萨·斯坦因博士继续保管这些信件，其中历经搬迁流徙，还有两次世界大战及纳粹占领奥地利的战火硝烟，直到最后于20世纪60年代移交给了英国皇家科学院。这样处理的原因在于，早在1921年，斯坦因便被选为该院院士。

在学校里，在所住的旅馆，在各种各样的场合，斯坦因结识了许多人。在拉合尔的所有人中，斯坦因认为最有趣的是洛克伍德·基普林格。后来，他成为拉合尔博物馆的主任，他的儿子拉迪亚德在小说《基姆》开篇处称拉合尔博物馆为"奇迹之屋"，因为其中存放着"只有学者才知道的以前由不知名匠人创造的希腊佛教雕塑杰作"，"数百件物品，带浮雕人像的柱楣，分别镶饰在北方省佛塔和寺庙砖墙上，雕像及绘有人像的石板残块，现在已被发掘出土并且拴上标签，成为该博物馆的骄傲。”斯坦因认为佛塔是种精心构筑的神圣纪念物，其形式源自坟墓上加一种蕴含特殊意义的球体。寺院则由一组佛像、僧人和寺庙组成。

在洛克伍德·基普林格的教诲下，斯坦因研究了拉合尔博物馆的藏品，熟悉了古希腊风格佛教艺术。在旁遮普以外，当时尚少有人知晓这些具有很高艺术价值的犍陀罗雕刻，其重要性在斯坦因之后逐步得到承认。恰如罗兰所言，犍陀罗艺术对“亚洲艺术的重大贡献就是佛像的创造”。斯坦因对博物馆收藏文物的精通将会意外地给他提供使当权者倾听的机会，并批准他在中国新疆和中亚其他地区考察。在中国西部和中亚其他地区考察及其他一些调查中，他在印度获得的希腊—印度佛教艺术知识，开始帮助他探索佛像经陆路由犍陀罗传播到中国的路径。

在完全不同的另一方面，洛克伍德·基普林格在斯坦因的生活中也起了作用。是他将斯坦因介绍给弗雷德·安德鲁斯，后者不久前担任了马约艺术学校的副校长。两个年轻人很快就成为莫逆之交，他们的友谊一直持续了53年，直到斯坦因去世。

1891年8月23日，斯坦因回到克什米尔，这期间他考察了“位于喀喇莫什冰川终端的湖泊。第一个湖是祭献湿婆和其忠实难陀（一头神牛，湿婆神之乘骑）的圣湖”。斯坦因记述：“经过巨大的冰碛层，历时一个半小时我才到达那里。冰川末端有一面宽大的冰墙，景象壮观。在这寂静的圣湖岸边，我看到一对朝圣的达德人。不远处就是另一个更为神圣的湖泊，被克什米尔人视作恒河源头之一，是他们每年顶礼朝拜的地方。我在这荒凉的湖边吃了早饭。那些由于自家财力不足，不能将亲人骨灰送往恒河的人，都把骨灰撒到这个湖里，因此岸边到处可见人骨。下午5点返回，尽管因渡过冰山雪峰间的河流而浑身湿透，但是跋涉途中山上新鲜的空气却使我精神振奋。”

1891年11月11日，在返回拉合尔东方学院后他写道：“我十分忙，从早晨7点钟工作到下午5点钟，中间没有休息。星期六晚上，鲁道夫·霍恩雷博士从阿姆利则来，他在那里为政府鉴定了一批钱币，在我这儿做客48小时。我很开心，好多年没跟人在自己的研究领域中这样畅谈

喀西库勒冰川源头

从塔木乌格勒向南远看尼萨河谷

过了。霍恩雷博士在印度已经居住了25年,有许多亲戚在这个国家当传教士,他在加尔各答很有办法。不过,我可不想像他那样去教孟加拉的巴布(Babu,能写英文的土著书记)读书。”

1892年的旅行,斯坦因首先是去寻找洛哈拉城堡。这个城堡“作为祖先的故居和卡拉哈纳著作最后两章所述那个王朝的根基之地,在克什米尔历史上扮演过重要的角色”,斯坦因《克什米尔王记》注释E就是这样开头的。在探寻遗址时,斯坦因行经“人烟稠密、土地肥沃的山区。这片山区由塔塔库提峰和托萨马达山口之间皮尔潘贾尔山脉南坡流下的河谷组成”。8月中旬,斯坦因来到西旁遮普与克什米尔之间的高山地区。

8月14日,斯坦因的日记中有这样的记载:“今年,我下决心学习克什米尔语,并且很高兴刚学到一点儿就派上了用场。”可以说,斯坦因一生最值得称道之处在于他做事从实际出发,总是在不断地想方设法弥补事先准备的不足,尤其是知识准备。他在学习克什米尔语言时,就是用尊重知识的方式来学习,毫无当时欧洲人的狂妄与傲慢。后来在他进入中国西部进行探险考察时,又开始学习汉语,只是由于选择或者说条件的不具备而仅是学到一些湖南方言,没派上什么大用场。

斯坦因旅行的第二阶段就是搜寻曾为克什米尔重要朝觐圣地的撒拉达寺庙。斯坦因对该寺庙的起源传说十分熟悉,朝觐的步骤就是源于这一传说。

斯坦因于1892年9月10日在给大哥厄恩斯特的信中详细地叙述了这一遗址。“我在一座保存完好的古寺院旁边搭起帐篷。这个圣地,也许是克什米尔最北的一处,至今仍然有印度人前来朝拜。据说,这里冬季的大雪能与寺院6米的高墙相齐。我很幸运地发现了这个地方,事实上完全是通过认真阅读卡拉哈纳著作,并按其中所述才找到它的。我花费了一整天对整座山进行勘察,在密集的灌木丛里发现了古墙遗迹,更证实了我的推断。”

斯坦因开始他的克什米尔探险仅仅5年,便创立了被称为“斯坦因方法”的探险规则,即从不两次行经同一条路线,这也是真正探险家的方法。当他后来从事中国西部和中亚其他地区探险时,每次从印度出去都选择了不同的道路。

1898年9月10日，斯坦因在克什米尔写出了转变其一生命运的报告书。报告书简短有力，写道："我荣幸地请求您将下列申请转呈副总督阁下审核，并请在副总督阁下允准后呈交英属印度政府。我申请的项目是，要求地方政府和最高当局支持由我计划的一次对中国新疆和阗地区及其周围古代遗址的考古考察旅行。"

斯坦因简单叙述了申请这一项目的理由。"据历史记载所知，今和阗地区曾经是古代佛教文化中心之一，这个地区佛教文化的起源和特点明显受到印度影响，近年来古代文书、钱币、雕刻等古代文物的发现已充分说明，如果对这些古遗址进行系统发掘，将会得到对于印度古代文化研究极为重要的发现。"为了证实这一论点，他还简述了许多由和阗地区获得的主要考古成果及有关历史记载，并进一步解释："所有目前获得的古代文物都来自当地寻宝人的胡乱寻找，寻宝人的说法全都有待考证。因此可以断言，当其来源得到确定之后，由这种途径获得的古代文物，将会对于研究古代印度历史具有更大的价值。"这是值得肯定的，具有独到的学术眼光。

斯坦因计划的目标，是从考古学的角度对和阗及其周围的古代遗址进行详细考察和考古发掘，寻找能够揭示其历史的出土文物资料，并于市场收集货真价实的古代文物。斯坦因还进一步指出，自他的计划初步形成并提交以来，俄罗斯帝国科学院已经宣布，准备派出3位学者考察中国新疆东部的吐鲁番，那里也曾发现过一定数量的古代文书。另外，斯坦因还得知，知名瑞典探险家斯文·赫定博士在中国新疆的新一次探险考察很可能就要开始。因为斯坦因注意到，已经成名的斯文·赫定在其探险考察活动中，过于注重新发现和新的探险体验，而往往忽略或者来不及深究他那些重大发现的具体内容。斯坦因心中明白，斯文·赫定的这个小小的忽略给了他获取名望和成功的大好机会，并因而深为担心：一旦斯文·赫定醒过味来，自己就将错失终生难遇的机会。

斯坦因考虑到了要走的路程，以及从拉合尔经喀喇昆仑去和阗一路上的旅行条件，预计来回大概各需要6个星期。"至于在和阗及其周围的考察和考古发掘，要想取得成效，最少也需要3个月的时间。这样，整个计划中的探险旅行将要求我离开拉合尔6个月之久。"他早已与学校当局做过尝试性的沟通。他们不反对给予假期，主要因为他的假期有一部分正好是在放暑假。“5月底由拉合尔出发，正好是穿越喀喇昆仑的夏季道路开通的时候，约7月中旬就能到达和阗，此后几周可以考察该地区及其附近的古代遗迹，等到天气凉下来再去考察沙漠腹地的古代遗址遗迹。10月末开始返回，可望在通常的旅行季节结束之前回到列城和克什米尔。”在斯坦因的头脑中，穿过和阗和拉合尔之间的大山，虽然很费时间，但并不困难，困难的只是财政问题。

他估算了考察的费用。“拉合尔至和阗之间来回旅费，包括雇佣驮畜、购置装备等，共约需4000卢比。假定我从6月1日至11月30日不在拉合尔，附加费用不会超过3个月（不算学校假期）。如果还按1895年、1896年、1898年夏季派我去克什米尔时的那种方式处理，大约应补还学校800卢比。另外还需要有考察和发掘某些遗址的费用，以及购买一些也许最终可以再售出的文物，为此约需要2000卢比，合计总费用大概为6800卢比。”虽然现在看起来这个数目微不足道，但在那个时候，政府官员一提到印度的考古工作，首先考虑的就是经费问题，因此斯坦因认为这是一个很可能不会被批准的大数目。

斯坦因为回报由他多方努力才从各级政府求得的物质帮助，承诺他考古探险获取的所有古代文物将交给英属印度政府，以便存入大英博物馆。获得的其他文物经政府同意后，将送给提供资助的学术团体，当然前提是如果能够获得相当数量文物的话。对于做出的承诺，斯坦因心里十分清楚，自己绝对不会空手而回的。

除上述帮助外，斯坦因还请求英属印度政府通过外交部与中国政府联系，为他获取在中国新疆旅行必需的护照和其他许可。他的打算是，假如在现有时间内能够完成所有准备工作，那就于1899年夏季进行这次探险旅行。当然，一些意想不到的情况可能会造成耽搁，也有延期的可能，因此斯坦因请求应使护照有效期确定为1899—1900年两年。

斯坦因还进一步指出，和阗地方当局是否支持，对于计划中的考察成功与否至为关键，因而希望英属印度政府能帮助解决这一问题，争取中国中央政府或新疆省政府能给和阗的办事大臣发去指示，证实他已获准勘察或考察其辖区内所有古代遗址，并许可在这类遗址上进行发掘，以及拥有其中出土的文物，如有人出售，还可以在当地购买这类文物。

新年前夕，斯坦因接到了好消息，内务财政部已批准他进行和阗的探险旅行，后来又听说外交部也已同意与中国当局交涉有关事项，这样斯坦因的计划就算是妥当了。此时，斯坦因仍然希望此事尽可能不引人注目，因为已经有一个俄国探险队可能正要前往同一个地方，过早泄露消息也许会促使俄国人提前采取行动。当其前往中国新疆和阗进行考古探险的重大计划被批准后，斯坦因第一时间就通知了安德鲁斯。

在给安德鲁斯的信中，斯坦因说："对我的任命不会与和阗之行发生冲突，反而能使我推迟到7月份或8月份才出发。这样做会有很大好处，因为冬季在沙漠中工作，困难反而要少一些。……还有一件事也要麻烦您。斯文·赫定的报告使我相信，如果使用一种便携式的钻井设备，在沙漠中工作会容易得多。在沿岸干涸河床的地方，钻下去不过3—9米就有水，但经过一天旅行之后，打井必然是件非常讨厌的事情，而且也不是总有掘井的可能。记得受军训时曾经学过，埃塞俄比亚战争时期，法国探险队在撒哈拉沙漠中曾使用诺顿式便携钻井机，非常有效。我很想了解一下，一部钻深9米的诺顿机器有多大重量，什么价钱。需要一部尽可能轻一点的机器，能被骡马驮过山口，平路上每匹骡马驮的重量只能在70公斤左右，最重不超过90公斤。另外补充一句，要钻井的地层由沙子和一层层的黏土构成。"从这里可以看出，有丰富东方学知识和一定考古训练基础的斯坦因，其所做准备工作在当时条件下是相当精细和富于预见性的。

直到1899年2月2日，斯坦因才向大哥厄恩斯特透露了消息。"简单地说吧，印度和旁遮普政府已批准我去中国新疆省进行考古探察的计划，并预支所需路费和购买文物费用7000卢比，此事现在尚未公开，保密原因是我听说俄国人正计划派一支探险考察队前往新疆阿克苏和吐鲁番等地，同时由于沿和阗河的道路正如斯文·赫定精彩著作中所描写的那样非常好走，我可不愿意让一个匆忙的宣告把俄国人引入我的工作区域里来。由于和阗被认为是位于'英国势力范围'之内，因此印度奥林匹亚山上的那些先生才会同意。现在，欧洲人在中国新疆就像在克什米尔及其周围一样安全，至于和阗沙漠地带的自然艰险，我可以吸取斯文·赫定的经验。"

“这次并不是去一块未知地区探险，而仅仅是对一些遗址进行考古勘察，如果有兴趣，许多旅行者都能够到达那里。如今，去和阗比40年代时去克什米尔还要容易。”

“安排好这次真正的考古旅行，其意义无法估价。它不仅能使我获得学术成就，而且可以大大改善我在印度的地位。如果成功，取得新的授权就有了保证。我完全有理由为至今取得的成功而高兴。在印度这里，政府的批准可不是件小事，它表明一种特殊的信任，何况我还是刚刚加入公务员的队伍呢。旅行推迟一点有几个好处，这样可以完成《克什米尔王记》的出版工作，周密地做好旅行的准备，还有一点就是获得时间把学校整顿好，以向各级机构官员先生们表明我的才干。”

第二章

初露锋芒
——第一次中国西部探险考察

第一节 塔克拉玛干古城的传说

塔克拉玛干沙漠无月的黑夜，就像这片茫茫沙海的历史一样充满了阴霾与无数传说。沙漠边缘分布着星星点点的绿洲，祖祖辈辈居住在绿洲的人们就在这样的夜晚听着有关塔克拉玛干古城的神奇故事，没有人不为之心驰神往。据说，在这茫茫的塔克拉玛干沙海里的层层沙丘中间埋有大量金银和各种财宝。这些东西对于那些敢于向沙漠里自然和超自然的恐怖力量进行挑战的人来说，是随时可以获取的。据说大约在17世纪，一个曾经在罗布泊附近的盐碱沼泽地带放牧的柯尔克孜族牧羊人，从远处看见过一座被湮没的城市，并做过生动的叙述。他说："城垣耸立在芦苇丛中，整座城市就隐藏在这些芦苇里边。我没有走到里边去，只要站在附近的沙脊上，就可以很清楚地看见它的城垣。因为它四周围绕着泥塘，草丛中有毒虫和蛇蝎，所以我没敢进去……所有确实进去过的人，几乎都因为经受不住其中储藏财宝的诱惑，而死在里面。这是众所周知的事实……可能你会不相信，但这里的人都知道我说的话是真的。有数以百计的人走进废墟中的寺庙里去祭祀神仙……在那些神像四周的架子上，摆满了巨大且光彩夺目的明珠、宝石和无数的金银财宝。但是谁也没有本事从这里拿走其中的任何一样东西……”

这样的塔克拉玛干古城的传说对塔里木河下游的罗布人来说是家喻户晓的。一份发表在英属印度政府官方公报上的文章说，有一个卡尔梅克人到庙里去祭拜神仙，但由于他财迷心窍，经不住诱惑，便偷了两个金元宝藏在口袋里。返回时，他还没走多远，突然感到非常疲乏，于是躺下来并很快睡着了，当他醒过来的时候，发现身上的金元宝不见了。因此他又回到庙里，打算再多拿一些。但当他刚一走进大殿就惊呆了，看见自己第一次拿走的那两个金元宝端端正正地仍旧放在原处。这种情景直接就把他吓蒙了，于是他赶紧跪在神像前，磕头如捣蒜似的请求宽恕。那个神像笑了，警告他今后再不许盗窃圣物。顿时，他感到如释重负，速速离去。

另外一种传说则是有关这些城市是如何毁灭的。一般来说，这是对于居民所犯罪恶的一种惩罚。16世纪，历史学家米尔扎·海达尔(Mirza Haidar)叙述过罗布泊附近的城市卡塔克(Katak)是怎样遭受这种命运而毁灭的。他记载，在那个城市当时只有一个伊斯兰教的学者和一个报呼祷告时刻的伊斯兰教徒得以免于被席卷而来的流沙所吞噬的厄运。当那个伊斯兰教徒正在进行晚祷时，天上便开始下起沙子。整个城市很快就消失在流沙之中。这个惊慌失措的教徒从清真寺尖塔的顶端向下看时，发现四周的地面一直在迅速地往上升。于是他赶快结束了祷告，迅速地跳到离他只有几尺远的沙地上。他和那个学者认为，远远地离开愤怒的上天，是一个聪明的选择。于是他们俩就飞快地逃走了。米尔扎·海达尔接着说，卡塔克这个城市就这样一直被沙漠掩埋到了今天。

有一些关于这类罪恶之地的故事，其流传的时间比上边提到过的还要早一些。那时候，佛教在丝绸之路沿线上仍很流行。公元7世纪，伟大的旅行家、高僧玄奘谈过另一个城镇曷劳落迦的故事。那就是在若干世纪之前，由于当地居民忽视了他们在宗教上应尽的责任，结果那个城镇就被沙漠风暴湮没了。玄奘说：“一阵巨大的风刮起来了，第七天的傍晚，正是昼夜交替的时候，沙土开始降落。”不多一会儿，那个叫作曷劳落迦的城镇，就被湮没在无边的沙漠之中。玄奘接着说：“附近国家的国王以及远处掌权的人们，曾不止一次地打算挖掘这个被沙漠掩埋的古城，拿走湮没在里边的珍宝。但是当人们刚一到达它的近旁时，突然就刮起一阵狂风，吹得滚滚黑云从四处围绕过来，接着这些人也就消失了。”（原文参见《大唐西域记》）据说，被埋藏在塔克拉玛干沙漠底下这样的城镇，有300个左右。

但是，近代的一个国王，却没有被玄奘的“狂风”和其他关于沙漠中的恐怖故事所吓倒，他决心在被湮没的城市中找到珍宝。英国的亚洲学者和旅行家奈伊·伊莱亚斯（Ney Elias）于1895年在他的著作中，把他所描绘的东西说成是“前所未有的对古代遗址的有计划地发掘”。有一个暴虐国王米尔扎·阿巴伯克（Mirza Aba Bark）派他的奴隶来发掘财宝，但他最终得到的是一个很坏的结局——在睡梦中，他的头被砍掉了。生活在同时代的米尔扎·海达尔对这个在和阗沙漠地带猎宝的故事做过叙述。伊莱亚斯在给他著作的翻译本所做序言中得出这样的结论：“我们可以推想，每一件具有内在价值的东西几乎都被挖掘出来了，因而使许多具有文物价值的东西都遭到了破坏。所以在未来的时日里，当有相当文化修养的探险者前来调查这些沙漠废墟，而同时又发现他们所付出的代价得不偿失时，他们会对米尔扎·阿巴伯克的贪婪野心所给予他们的失望感到不胜遗憾。”以上这些话只是在斯坦因越过冰雪封途的喀喇昆仑和昆仑山，奔向塔克拉玛干沙漠之前5年写的。

第二节 神秘的和阗古代写卷

斯坦因最早萌生去中国新疆和阗地区进行探险和考古发掘工作的念头是在1897年春，受到那个地区一些引人注目的重要古代文物发现的影响而产生。由此扬名的法国旅行家杜特雷德·兰斯所写的报告中，提及的那些写在古代桦树皮上的文书写本残卷，就与和阗有着密切的关系。其中最为著名的，要属英国军官鲍尔所获得的古代写卷，即“鲍尔古卷”。这些古代写本，经当时欧洲东方学专家研究发现，其中包括了一种用早期印度文字母书写的某种佛教经文，其年代可以上溯到公元1世纪，并且很快又发现它与已知最古老的印度抄本极其相似。

大约同一时期，在著名古代东方语言文字专家鲁道夫·霍恩雷的努力下，“不列颠中亚古物搜集协会”于加尔各答成立，他们收集到来自同一地区的另外一些值得注意的古代文物，包括古代纸质手稿残片、古代陶片及一些其他类型的东西。这都是当地的寻宝者在和阗沙漠古遗址中发现并卖给英属印度政府在喀什噶尔、克什米尔和拉达克的代理机构的。另外，俄罗斯圣彼得堡方面也通过其驻喀什噶尔及其他地方的领事官员，收购到与上述英国人搜集类似的所谓民间收藏品。这些古代写卷除了少部分明显地是用古代印度文和汉文书写的真正文献外，大部分搜集到的写本都有一种令人费解的奇特特征，即是用怪异的“不知名的文字”写成的，这不能不引起斯坦因的怀疑。同时，收集到的这些东西，都没有可靠的文献资料来判定其真正来源与真实性，销售者也没有提供所谓来源的那些废弃古代遗址的真实特征与详细资料。

这一时期，中国新疆塔里木盆地绿洲附近的沙漠古代遗址，还没有什么地方进行过考古学方面的探察和正规考古发掘，这些新发现和可能存在的探索前景，不禁使斯坦因为之心动。因为斯坦因知道，无论能干的欧洲东方语言学家对这些特殊的发现品如何重视，如不去当地进行系统的实地考察并进行考古工作，都无法真正认识其全部历史和文物价值。

对斯坦因而言，这个时期值得一提的是，斯文·赫定在1896年冬经过和阗东北大沙漠中两处被流沙掩埋的古代废墟地带的探险旅行成果，证明了斯坦因这种想法是切实可行的。由于在每个地方斯文·赫定只能作短暂逗留，对于古代废墟遗址的文化特征、年代等方面未作深入探究，因而这位有名的欧洲探险家并未能获得任何准确的历史文化证据。但是斯文·赫定的探险发现成果，不但百分之百证明了和阗沙漠腹地古代文化遗址与相当数量珍贵古代文物的存在，而且表明这些地方还比较容易进入，很值得前去探索考察并进行考古发掘。

经过斯坦因的努力，英属印度政府的税务和农业部门决定为斯坦因带领的这个肩负特殊使命前往中国新疆和阗的探险考察队负责为期一年的供给。同时，一笔部分来自王室资产，部分由旁遮普和孟加拉本地政府捐赠，共计9000卢比（合600英镑）的资助款也交由斯坦因全权处理，作为这次旅行和探险的预算费用。

以前在克什米尔、旁遮普和阿富汗边境地区进行的考古旅行，斯坦因已经认识到实地探险考察工作中结合地形测量之重要，在中国新疆塔克拉玛干沙漠，必须要精准地确定古遗址的位置，并对该地区的范围进行一般历史地理的阐明，这种必要性要求测量工作同斯坦因的直接任务最紧密地联系在一起。除此之外，英属印度政府也需要进一步实测此前未曾测量过的新疆地区并提出明确要求，这与斯坦因的学术研究并不相悖，更是他获得政府支持的必要条件。因而，斯坦因利用旅行可能提供的每一个机会，对新疆塔里木盆地那些未经实地勘测和考察的地区进行测绘。

斯坦因很清楚，不论是以前的阅历和经验，还是精心的物质细节准备和个人的热忱，都不足以保证成功。要去深入探察这一范围广阔的地区，可靠的资料极端贫乏，在限定的季节里到底能探察多少沙漠下面的古代遗址也值得怀疑。但毋庸置疑的是，斯坦因所期待的在新疆和阗沙漠中长期进行探险考古工作，尽管要面对实际上的特殊困难甚至危险，但是有英属印度政府的支持和充足的经费，一定会完成。斯坦因也清楚地意识到，在实施考古探险工作计划期间，可能会出现来自中国当地行政部门带有政治顾虑的猜疑所造成的阻碍，他的解决办法是打求法高僧玄奘这张情感牌。

佛教的教义和佛像崇拜从印度向中亚、中国及远东地区的早期传播，可能是古代印度对人类文化所做出的最引人注目的贡献。汉文古代文献的记载告诉我们，佛教不是直接从它的诞生地传到中国的，而是向北通过中亚和新疆传入中原的。这一点无须学者的论证，可从那些虔诚的中国古代取经人留下的记载中了解到。从公元4世纪起，中国取经僧人、行者就已来到了佛教圣地印度，在取经人所经过的许多尚未开化的西域地区，佛教已拥有无数信徒。这些来自中国各地的僧人旅行家们，包括旅行记述最为详细的玄奘法师，他们所观察到的这个世界的许多事情，都是历史学家极感兴趣的，甚至连印度的宗教势力范围都几乎不加选择地记录下来告诉后人。这些求法高僧，在中国人情感上有着极为厚重的分量，尤其是玄奘法师最具代表性。

不过，求法高僧旅途中访问西域诸国的简短记述，对于伴随着佛教传播而越过喜马拉雅和兴都库什山脉的印度语言文字和文化艺术的流传范围，却未能提供明确的说明。据中国古代正史及其他文献资料的记载，19世纪的东方学者早就猜测，佛教东传过程中印度古代语言文字和文化艺术对中国西域的影响应该较早发挥作用，有时甚至传入了更远的东方大地。但是，这些可能使学者们重新编织过去文明时期主要文化面貌的原始记录和遗物，随着伊斯兰教对西域地区的征服（公元9世纪末至11世纪），似乎都已消失殆尽。

1890年初偶然发现的古代梵文手稿——主要是佛经残片，即鲍尔上尉从库车得到的著名桦树皮古卷，就是这一类宝贵的古代文献资料，它们可能是现在仍然埋藏于中国新疆干燥沙漠之下最早的确切历史证据。这些古代文书遗存非常重要，除了语言学价值外，它们还清楚地表明，对印度古典语言及佛教研究来说，在遥远的喜马拉雅山另一边，也找到了一片历史久远的土地。但对于这种源于印度，经长途移植后曾盛行一时的文化遗存，仅仅凭借那些随手购买、来源地不明，又没有考古学证据的市场流通的古代文物，还是不能充分说明什么问题的。

能够提供这方面系统证据的唯一办法，就是到中国新疆塔里木盆地绿洲和沙漠地区进行系统的考古发掘。在斯坦因眼中，新疆和阗地区从一开始便显现出是这方面很有希望的一个区域。在浩如烟海的汉文史籍记载中，古代于阗——这个坐落在从中国到乌浒河流域，并由此到达印度和西方的交通要道上的塔里木绿洲地带，在推动源于印度并向东传播的佛教文化过程中扮演了一个非常重要的角色。自从和阗绿洲发掘出陶器碎片、硬币、图章等不同类型的古物以来，在斯坦因眼中，这些似乎都与古代印度艺术有着特别紧密的关联。这一切，都急切地催促着斯坦因想方设法地要尽快踏入中国新疆南部和阗地区。

斯坦因这次探险考察还有一项很重要的任务，那就是要做一点学术上的侦察工作。斯坦因急于探明用未知文字书写或木版印制的古书的真相。在斯坦因开始其中国新疆考古探险活动之前五六年里，越来越多的这种古书被从和阗卖到喀什噶尔、克什米尔、拉达克的欧洲收藏家手中。那时，斯坦因已经认为："对于这些东西，真正的学者早就怀疑其中充斥着数量不菲的赝品，只是尚有待确凿的证据，而与此同时，当时世界上的一些著名学术刊物却还在继续编辑、研究这些奇怪的文书。”

斯坦因急于想搞清楚的古书，即为后来知名度很高的“伊斯拉木阿洪文书”。19世纪90年代初期，在新疆发生了一个后来震惊世界考古学界的事件——鲍尔古卷的发现。1889年，一个英国军官为了捉拿杀害英国探险家达格利什的凶手，只身在南疆各处搜捕。凶手没捉到，他却买到了一本古书，为此他来到印度西姆拉，找到了霍恩雷教授，请他鉴定。霍恩雷认为这本用印度古代婆罗米文字母抄写的古代写卷，是一本关于医药和巫术的中亚语言古书，是无价之宝。从此，这个名叫鲍尔的军官和他买到的这本古书被载入了史册，史称“鲍尔古卷”。鲍尔古卷的发现以及随后被正确释读，使鲍尔古卷风靡西方学术界，导致新疆各个古代遗址出土的各种桑皮纸古本、桦树皮、贝叶、木本简牍等古代文书就成为西方各大著名博物馆竞相收藏的对象。

因为有较大数量的市场需求，在推动寻找古代文物，尤其是古代文书的同时，也催使了一个古老行业的复生，即伪造古物。欧洲最早安排在列城、喀什噶尔等地收购塔克拉玛干各绿洲地区所发现古代文书的代理人，就是解读鲍尔古卷的著名的德裔英国东方学学家霍恩雷。

霍恩雷以成功辨识和解读古代婆罗米文写本鲍尔古卷而名动世界，是19世纪末国际历史语言学界无可辩驳的中亚古代文字首席研究专家。此人不但影响力巨大，他身后还有来自加尔各答英国博物馆的雄厚财力支持。因而，喀什噶尔、列城等地的有关人士（以驻当地的西方机构的代表为主），也十分乐意向霍恩雷提供从文物贩子、职业寻宝人手中买到的不同形式的各种古代文书。

古代文书的交易大多在喀什噶尔进行，因为那里当时驻有3个国家的外交或宗教机构。英国驻喀什噶尔的外交代表乔治·马噶特尼，中文名字叫马继业，一到职就开始一个长期从事的业务，即通过各种渠道收集来自塔克拉玛干各古代遗址的文书，数量不限，文字类型不限，文书类型也不限。很快，马继业提供的古代文物就以量大、质高而享誉西方文物收藏界，马继业本人也以外交人员之外的另外一种形式向英国政界显示着他在遥远中亚腹地的存在价值。这位英国外交官驻扎喀什噶尔长达28年。前19年，马继业的身份仅是英国驻克什米尔公使的中国事务特别助理，而后才得到英国驻喀什噶尔领事的名分。如此长的时间内，他基本上没有太多的业务可做，一直是作为英国与在中国新疆的俄国势力对峙的目的而存在。他的对手——俄国驻喀什噶尔总领事彼得罗夫斯基也在其政治使命之外从事收集古代文物的活动，此外还有瑞典传教公会驻喀什噶尔传教站的传教士贝克伦德，他也于宗教业务之外兼职收集古代文物。

霍恩雷严格要求他的文物代理人提供文书时一定要说明来源和出土地点。细心的霍恩雷很快就发现他收藏的文书大部分都来自和阗沙漠腹地的古代废墟中，他所做记录中的文书出土地点仅和阗就有15处之多。而众多文物代理人所列供货人名单中最常见的一个就是和阗寻宝人伊斯拉木阿洪。伊斯拉木阿洪是个聪明的生意人，一开始就发现与其深入沙漠腹地的废墟中寻宝售卖，不如自己动手仿制直接售卖来钱快。经他手卖出的各种"古代文书"在大约10年时间，几乎遍布当时西方各主要博物馆。"伊斯拉木阿洪文书"字体繁杂，被当时学术界认为分别属于十几个中亚古代民族或国家曾经使用过的文字，应该是蕴含着无尽的历史文化信息的宝藏，不少学者专门研读这些古文字，希望能够一举解开人类文化史上最大的谜团，从而名扬青史。

为了真实起见，伊斯拉木阿洪详细地向他的客户介绍所出售文书的发现经过。正是由于霍恩雷的严谨学风和代理人马继业这个外交官的讲究根据的职业习惯，伊斯拉木阿洪讲述的诸多奇迹般的古代文书被发现时的一些情景才被记载下来。根据霍恩雷1899年发表在《孟加拉亚洲学会会刊》增刊上的报告《漫谈中亚古代文物收集》的记载，他所得到的一批重要文书，是伊斯拉木阿洪与同伴托合提在沙漠腹地一个阔纳奥依（即旧房子）中发现的。他们偶然注意到一个大沙丘中原来掩埋着一座房子，但由于沙子覆盖得太严实，根本找不到可以进入的门窗。他们在墙上掏了一个窟窿，爬了进去，房子内部空间很小，还堆积着许多沙土。刨开积沙，他们就发现了许多简牍文书，另外还有很多纸质文书，都已经朽败不堪，无法拿起，更无法带走。屋内漆黑一片，还不时从上方传来沙土沙啦沙啦流下来的声音。因为害怕被活埋在里面，他们只带出了那些文书，没敢也来不及再看看还有什么东西，因而更具体的情况他们也说不清楚，等等。

　这期间也并非没有人怀疑"伊斯拉木阿洪文书"的真实性，最早的怀疑者是瑞典传教士贝克伦德。贝克伦德也是霍恩雷的文物收集代理人。根据中国社会科学院文学研究所研究员杨镰先生实地考察，认为目前仍然放在瑞典国家民族博物馆地下室中的几箱“伊斯拉木阿洪文书”就有不少是当年贝克伦德提供的。一次，伊斯拉木阿洪专程到喀什噶尔出售他的古代文书，返程时前去看望老主顾贝克伦德，还带给他3卷木版印制的古书。介绍过程中，恰巧被伊斯拉木阿洪过去邻居的孩子，现在做了贝克伦德的仆人看到。伊斯拉木阿洪走后，觉得这些文书眼熟的仆人，在仔细看过后，告诉贝克伦德他所知道的伊斯拉木阿洪制作假文书的实情。贝克伦德仔细审视新买的文书，发现所用纸张就是当地用来印制经文的桑皮纸。当然许多古代文书也用这种纸，不过这次所买文书的纸质却过于新了。贝克伦德写信把这一情况告诉了霍恩雷和其他他所认识的收藏者。不知出于什么原因，霍恩雷却驳斥了贝克伦德的说法，声称根据他的研究和鉴别，完全肯定“伊斯拉木阿洪文书”真实不伪。以霍恩雷的声誉，“伊斯拉木阿洪文书”得以继续上市。然而，学术界的怀疑也就此传扬开来，并成为斯坦因第一次中国新疆探险考察的主要任务之一。

第三节 进入新疆的路

一交出建议报告书，斯坦因立即着手实施自己的计划。在印度及其边疆地区的旅行，把斯坦因锻炼成了在野外长途跋涉、工作和生活的专家。但这些旅行全都在印度境内，处于英国军队的保护之下，时间不长，而且他还精通当地人的语言。而中国新疆就不同了。和阗在中国境内，他不懂汉语，何况他的工作还要求他越过环绕塔克拉玛干的绿洲，深入罕有人迹的沙漠中去。历史上有玄奘和马可·波罗可以作为忠实的向导，近人有斯文·赫定，但不管过去还是现在，谁也未曾企图在真正的沙漠中停留和工作。“野外生存”的口号当时还没有出现，不过斯坦因已经在他之前的考察中实践过了，知道只要有人居住的地方，就能找到食品、衣物、住处和交通工具。但是在塔克拉玛干则不然，那里根本没有人类居住。因此，除了携带工作必需的写作、照相、测量设备，还必须为野外生活做好充分的准备。

无论当时的地理知识多么有限，中国新疆是连接亚欧大陆东西方文明区域令人敬畏的主要通道的门户，在东西方文化交流过程中具有重要的战略意义，俨然已经为学术界所认识。当然广为世人所知还要再过十几年，那是在大量考古探险的重大发现之后了。

新疆是连接亚欧大陆通道的门户，而所谓的亚欧大陆通道也就是我们常说的丝绸之路。“丝绸之路”已被人们习惯用于概括性称呼古代中西交通路线。我国很早就与中亚、西亚和欧洲，以及北非等地区通过陆路交通有着密切交往。对于进行这些交往所使用的交通路线，我国丰富的历史文献中有大量的记载。不过“丝绸之路”这一大家耳熟能详的名称的出现却是19世纪末的事情，至于它完全成为古代东西方交通路线的总称已经到了20世纪上半叶。

19世纪70年代，德国著名地理学家李希霍芬在其名著《中国》一书中，把公元前114年到公元127年之间经我国西域地区，连接我国与中亚的阿姆河与锡尔河一带，以及印度的丝绸贸易诸道路总称为“Seidenstwassen”，汉语名称“丝绸之路”和英语名称“Silk Road”等无非是其德语原称的译名而已。后来，德国著名东方学学者阿尔马特·赫尔曼在他的名著《中国与叙利亚之间的古代丝绸之路》中进一步主张，应该把“丝绸之路”这一名称所包含的地理范围扩大到叙利亚。

19世纪末至20世纪初，新疆成为列强势力争夺的热点地区之一。俄、英、德、法、日和瑞典等国纷纷派遣探险队在我国西北地区频繁活动，在收集政治、地理、人文等方面情报的同时，大肆劫掠珍稀的动植物资源和被喻为绝世奇珍的古代文物（文物盗窃活动的高潮，就始于斯坦因本次新疆之行）。外国探险家、游历者在我国西北地区（主要是新疆的塔克拉玛干沙漠各绿洲地区和甘肃河西走廊一带）的古文化遗址上，盗取了大量极其珍贵的文物。这些古代东西方文明交流的产物，证实了丝绸之路的存在和发展的历程，同时引发各国东方学学者的极大关注。外国探险家、游历者满载珍贵的中国古代文物回国之后，在其游记、探险考察报告、研究著作中也大量使用“丝绸之路”这一名称，把古代东西方文明交会融合的所有区域都包括在丝绸之路的范围内，并很快得到国际学术界的认同。于是“丝绸之路”就成为从中国出发，横贯亚洲，进而连接欧洲和北非的古代陆路交通路线的总称。

丝绸之路涉及的地域异常辽阔和复杂，历史上有无数的民族与这条道路发生过关系。其规模之宏大，要说整个人类文明的孕育、发生和发展与之有关也毫不过分。丝绸之路之所以广泛地受到各方面的重视，主要有以下几个原因：第一，丝绸之路作为连接亚洲、欧洲和非洲三个大陆的动脉，是世界历史发展的中心。丝绸之路犹如人体动脉一般把古代中国、阿富汗、印度、阿姆河和锡尔河地区、伊朗、伊拉克、叙利亚、土耳其等地区相连接，并使之相互依存地发展。在这一历史大动脉上，穆天子、大流士、亚历山大、汉武帝、唐太宗，以及贵霜王朝诸王、萨珊王朝诸王、伊斯兰教的教主们、蒙元王朝大汗等各代天骄都曾施展过他们的雄才大略，也创立了许多让历史永远铭记的业绩，并留下无数惊天地泣鬼神的传说和故事。他们在丝绸之路雄伟的自然景观中留下了许多伟大而神圣的历史遗迹，为丝绸之路经行地区的后人，也可以说为全人类留下了宝贵的历史文化遗产和悠远的追思。第二，丝绸之路是孕育世界主要文化的温床。最值得注意的是，在这条道路的末端部分曾经分别产生了美索不达米亚文明、埃及文明、地中海文明、花剌子模文明、印度河文明、中国文明等许多著名的古代文明。还出现了佛教、袄教、基督教、摩尼教、伊斯兰教等影响巨大的宗教，这些宗教向东西方传播并给予各地的人类文化以极大的影响。从这个意义上来讲，丝绸之路也可以说是“求道之路”。在古代，宗教不仅仅是精神文化，而且也是伴随许多物质文化的综合文化，它作为不同性质的文化给东西方文化带来的冲击是不可估量的。第三，丝绸之路是东西方文明交流的桥梁。出现在丝绸之路各地的文化，依靠商队传播至东西方各地，同时又不断接受着各种不同的文化，促进了各地文明的发展。丝绸之路之所以受到人们的广泛关注，主要是因为它是东西方文化交流的动脉。

要阐明这一点，我们至少有人和物两方面的线索。人这一方面，是来往于这条道路上的许多旅客。著名的有张骞、甘英、法显、惠生、玄奘、慧超、马尼亚赫、蔡马库斯、耶律楚材、长春真人、常德、柏朗嘉宾、罗伯鲁、马可·波罗等。虽然来往于丝绸之路上的人很多很多，但是能够保存下来游记，并留下姓名的人却十分有限。而这些留下的姓名和相关记载大多要归功于我国古代文献。除此之外，在丝绸之路上往来不绝的人数最多的是那些不畏艰险逐利往来的商人，以及那些为了信念而千里奔波的传教士。当然，还有大量的工匠、士兵、俘虏、难民也曾来往于这条道路上，以追寻他们各自的命运，完成每一个人都必须走完的生命旅程。这些人当中有的曾中途掉队，或者成为冰山上永远的雕塑，或者成为沙漠中随风呼啸漫游的鬼魂，或者成为草原上长伴鹿石的枯骨，而所有这些都会引起我们这些愿意追溯丝绸之路历史的人的兴趣。物的方面，指的是来往于丝绸之路上的东西，包括物质文化与精神文化两种。用骆驼驮运到东西方的物品，即使在今天看来依然十分可爱和漂亮。从诺音乌拉、楼兰、尼雅、吐鲁番和叙利亚的帕尔米拉出土的汉锦，从中国各地出土的玉器，另外还有罗马的玻璃、伊朗的银制品，犍陀罗和克孜尔以及敦煌的佛教美术，中国制造的纸张与陶器，米兰出土的波斯锦，等等，这些东西无论哪一件都是那样的细腻与华丽，是宏伟历史与文化的写照。

为了在塔克拉玛干沙漠中工作，斯坦因定购了一些特殊装备。在加尔各答制作了一对白铁皮水箱以解决水的问题。由于骆驼负载的限制，每箱容量仅有77升。为在0℃以下的气温中宿营，他又给帐篷加上了一层哔叽里子。

除了其他实际事务中的操作本领，斯坦因还是个装箱的能手。在他做完一系列紧张、喧扰的最后分类、检验、包装、付账工作后，5月已快要过去。用不着再与商人、工匠吵吵嚷嚷、讨价还价，斯坦因终于可以平静、安详地与学者朋友们告别了。准备工作基本就绪。就在预定启程的前两天，考察队的另外3个人按计划前来会合。他们中有印度大地测量署总监派来专门负责地形测绘和编制地图的拉伊·拉姆·辛格，英国驻喀什噶尔代办马继业为斯坦因雇佣的仆人沙迪克阿洪，厨师贾斯旺特·辛格——一个矮瘦的拉其普特人。

斯坦因的考察旅程按期开始了。1900年5月31日清晨，16匹马驮着探险队的帐篷、日用品和器材等整装待发。

从斯利那加到第一个目的地喀什噶尔，最快的道路就是经过吉尔吉特和罕萨。既然英属印度政府批准使用新近建成，用以供应西北边境省被群山阻隔的驻军军需的吉尔吉特运输公路，于是斯坦因就取了个捷径。在得到负责此事的行政、军事官员极为内行的帮助之后，斯坦因制订了相当精确的计划，使远方的哨站都能预先知道他的到来并做

斯坦因所摄吉尔吉特山谷的米尔哨卡要隘

好准备。长途旅行的开始阶段很不错，沿着一条宽阔的山谷前行，到处长满嫩绿青翠的小草。道路呈长长的“之”字形，伸向把克什米尔与下一个峡谷分开的山顶上，到达2700米高度时，进入一块松林环抱着的狭窄平地。那里的积雪刚刚融化，潮湿的地面上遍是初生的高原花草。宿营地是吉尔吉特运输公路沿线按每日路程而建的休息场所——一座简陋的木头小屋。营房虽然简陋，却也备受欢迎，因为天黑时刮起了风暴，又下了一场新雪。

根据斯坦因后来的记述，下山简直是场搏击。探险队的赶马人，即那些吃苦耐劳的山民——半克什米尔、半达德人血统的马尔克班人，赶着自己的马匹，拼命要走最短的冬季道路——一条山间小路。突然间，探险队一下子就落入了堆满松软深雪的山涧，马匹滑得东倒西歪，虽然最后总算平安到达涧底，但当他们发现急流沿岸的冰壳已经坍塌时，也已没法子回头了，只好走上那条很窄很危险的冰堤，小心翼翼地择路而行。但是当来到涧水已把河面上积冰冲刷得干干净净的地方时，他们彻底没有了不下水又能够通过的可能。这下子该怎么办？越过全是岩壁的涧岸根本不可能，掉头回去重新沿长长的“之”字形路下山又太丧气，马尔克班人决定试试仅剩下的一线雪脊。第一匹马尽管有3个人推扶，还是滑到了水里边，而且把试图拽住它的沙迪克也带了进去。幸好人、马都没受伤，驮子也捡了起来，于是更加小心地重新开始尝试。

在最难走的地方，他们摆上一排排的石块，然后牵着马通过。后来又下起了大雨，人和牲口都被淋得湿透了。花了7个小时才走了18公里的路，再加上此处的小屋污秽不堪，惹人讨厌，斯坦因看天色尚早，决定再赶22公里到古尔扎去住宿，因为那里条件较好。不能尽快通过的近路，不一定优于好走的远路。这一天之后，斯坦因下定决心，不再允许赶马人或其他雇工擅自做出决定。及时吸取经验教训，使斯坦因后来得以避免了那些曾经发生在斯文·赫定身上的风险。

斯坦因东行路途中遇到的第一个达德人村落——古尔扎是个贫瘠的山村，由散布在狭窄的基申甘加（即黑恒河）山谷斜坡上的木屋群组成。河流的名字来源于河床上黑色的沙子。河谷两岸夹壁高山上长满松树，加上天色阴沉，使这个地方看起来有些阴森森的。这里海拔2438米，夏季短暂，少见太阳，谷物产量很低，严重限制了这里的人口。不过斯坦因惊奇地发现，他们已穿过了一条非常明显的人种界线——克什米尔与兴都库什之间山谷中的达德人，在语言与体质方面都与克什米尔人不同。古尔扎过去是达德小王国的中心地带，该王国曾经常使克什米尔的统治者感到头痛。斯坦因告诫所有人员不得生事，小心通过。

经过休整，行李也干透了，他们开始为翻越古尔扎和阿斯托尔之间的布尔齐尔山口做准备。新换了些马匹。为保险起见，斯坦因让民工背上精密的测量仪器和照相机。6月3日，他们向山口出发，牵着马通过雪崩阻塞的道路，用两天时间走过新近融化了积雪的高原草场，越过一个个古杰尔牧人夏天使用的小屋，来到管理通信线路的电报室。在海拔3000米处，他们尝到了夏天里寒冷如冬季的滋味。

达尔阔特山口

只能在雪变得松软以前早早地就动身向上爬，一个钟头后队伍已行进在满是积雪的峡谷中。经过持续两个小时的攀爬，他们到达10米高的电报棚。结实的雪面使行进速度加快，到清晨第一缕阳光照亮东方雄伟高大的山脉时，他们已爬到了4114米的山顶。从休息的小屋到山顶仅10公里路程，共用了3个小时。在一座邮政小棚，斯坦因匆匆吃过早饭。随着太阳升高，路越来越难走，下山十分累人。后来发现经过12个小时，他们到达雪线下仅3.2公里的奇陆木乔吉，是阿斯托尔一侧第一个休息处。

前往阿斯托尔比较容易，不过翻过杰卢姆河与印度河的分水岭，意味着完全进入更严酷的地区，风化岩石坡上点缀着杉树和松树，而矮小的植物表明土地和气候条件都很恶劣。当地的风俗比较特别，那就是在不止一个村子的梯田旁，都可以看到用石头仔细标出的椭圆形草场，即村民们的马球场。打马球的风俗，斯坦因从这里一直看到中国新疆境内的色勒库尔（今塔什库尔干塔吉克自治县）。在山谷周围赤裸的石山上面，斯坦因看见高达8125米的帕尔巴特雄伟群峰尖顶上的冰川在闪闪发光。一道道石岭上的果园和田地，一条条被凶猛的山洪冲击出来的沟壑，简直像是一首首赞美达德人勇敢、灵巧的颂歌。这里虽然海拔2743米，却几乎与克什米尔一样闷热。继续下望印度河谷，越向下山谷越显得幽暗。从它的第一个村落开始，山谷左侧的每一冲积扇都是翠绿的梯田和灌溉着的耕地，右侧山谷中也都是肥沃的土地和果园。

● 坎巨提人

前往罕萨的14天（6月15—29日）路程中，斯坦因充分认识了山地马匹的持久耐力和坎巨提人异乎寻常的体魄。坎巨提人是指罕萨及其附近那噶尔的居民。

在有些地方，栈道在悬崖边变成急促的“之”字形，一步走错就会粉身碎骨，而另一些地方则陡得像是梯子。负重走过这类栈道十分困难，即使是脚步稳健的马匹也根本不能行走，甚至连斯坦因那条在陡峭岩石上活蹦乱跳的猎犬达什——“行者伯克”也畏畏缩缩，死也不肯向前。栈道过完了，越过沙砾斜坡，便走上了遍地碎石的荒野。

那噶尔的第一个村庄名叫尼尔特。罕萨和那噶尔两个小山国被合称为坎巨提山谷的两条侧谷分开，曾长期保持着独立。到下一个村子阿利巴特还大约有42公里，道路在光秃秃的石坡上忽上忽下。

斯坦因从这里雇了两个熟识帕米尔的罕萨人带路前往色勒库尔。当地土王米尔的卫队首领负责率领60个雇来运输的民工。由于人数增加，当6月20日出发时，斯坦因的队伍显得非常庞大。不到一天，他们就到达了巴勒提特，即罕萨的首府和土王米尔的驻地。

山谷各村寨的头人热情地把斯坦因送到一处美丽可爱的杏园中扎营。斯坦因很高兴，他终于听到了瓦罕语言。作为古代东伊朗语残存

斯坦因所摄罕萨阿利巴特的拉克普什山

下来的重要一支，斯坦因曾在第一次来印度之前就关注过这种语言。现在亲耳听到学习历史语言学时就曾向往的语言无疑是一个好征兆。斯坦因注意到这里的瓦罕人有1000多，身材比罕萨人高大，长着古代波斯人那种鹰钩鼻子。

接下来，斯坦因见到小吉哈亚尔的瓦罕人，这意味着他的队伍已接近帕米尔。帕米尔不仅是巨大地理区域的交界处，而且是几大语族的交会点。斯坦因知道基里克山口附近是阿姆河、印度河、叶尔羌河3个流域分水岭的汇合之处，斯坦因的历史知识告诉他，这一广大区域分属于伊朗、印度和中国统辖。

6月24日，斯坦因的队伍越过冰川。那是一条宽2.4公里的冰河，冰面上有一层特别厚的碎石、沙砾，保护冰川免遭太阳直射。

过了冰川，顺着几乎垂直的岩壁上一条长长的栈道下山，斯坦因再一次走进罕萨的领土，瓦罕人的村庄已在身后。当地人警告他，去米斯噶尔的路途是最难走的一段。队伍第二天早早就动身，爬上垂直的岩石，又更加困难地下到河床底部，通过悬空100米以上的岩壁栈道，行

斯坦因所摄罕萨附近的佛塔遗址

进速度变得更为缓慢。穿出石峡来到宽阔的山谷时，斯坦因精神大为振奋。经过6天的行程，斯坦因抵达距基里克山口不远的希里—马伊达（即乳白色的平原）。

骑在行走缓慢、步履稳健的牦牛背上，斯坦因的队伍沿着空旷、陡峭的山谷向基里克山口爬去。在那白雪覆盖、起伏不定的群峰中，有一个山头比其他的都高，那似乎就是阿姆河、印度河和叶尔羌河流域的交汇之处。风急、地高、阴云和大雪，使天气更加寒冷。来到塔加杜姆巴失平川，又经过29公里行军后，斯坦因第一次看到了闪闪发光的大雪山，那就是他长期向往的“冰山之父”——慕士塔格阿塔。接着斯坦因就看到矗立在远方山崖上的色勒库尔石头城。那天晚上，斯坦因有幸寄身于弗朗西斯·杨哈斯本（1863—1942）少校深入帕米尔调查俄国势力侵入情况时住过的豪华毡房中。这是他出发以来最满意的一天，他向往进入的地区现在近在眼前。同时斯坦因还听说，色勒库尔地区的中国地方官员一点儿也不反对他继续向西前往慕士塔格阿塔雪峰地区，这对斯坦因而言无疑是好消息和好兆头。毫无疑问，当地地方官员并不知道从他的领地上通过的人即将成为20世纪中国文物最大的盗窃者，最主要的原因是他不敢怠慢大英帝国的人。此后斯坦因四次考古探险活动除最后一次因政治形势的变化而受到官方的限制外，前三次均得到了中国地方官员的配合。以今人的眼光来看那已经过去100多年的中国境遇，慨叹之余还能说什么！

根据斯坦因的恩师亨利·罗林森爵士考证，亚历山大时期的天文学家、数学家托勒密的地理书里所谓的“石塔”，就坐落在色勒库尔。石塔是中国境内最西端的大商业中心，从西方罗马、帕提亚、天竺、贵霜来的商人，在这里与中国人及其中间人相会。中国一方带来柔软、轻薄、鲜艳的丝绸，而富有的罗马帝国需要这种奢侈品，为此不惜付出征战掠夺得来的黄金。在古代那条很重要的丝绸之路连接东方和西方的时候，色勒库尔一直是一个便于商业交往的地点。在色勒库尔，有一条路直通塔克拉玛干北缘的喀什噶尔，另有一条路通塔克拉玛干南缘的和阗，而那两个地方，都有大路通向中原大地。色勒库尔就是汉代的蒲犁国、唐代的朅盘陀国，据玄奘所记：“城基大石岭，背徙多河（今叶尔羌河）……山岭连属，川原隘狭。谷稼俭少，菽麦丰多，林树稀，花果少……敬崇佛法。伽蓝十余所，僧徒五百余人，习学小乘教说一切有部。”斯坦因没有费多大的劲就认出了古城池遗址，还看到当时中国的要塞就筑在遗址中间，而当地的自然环境、物产也与玄奘的记载基本一致。

关于色勒库尔，玄奘记载了这样一个传说：朅盘陀国人自称“至那提婆瞿呾罗”，汉语意思就是“中国与天神之种”。此地原先就是群山间的一片荒原，波利剌斯（即波斯）国王从中国迎娶公主，迎亲队伍走到这里时，正好因为战争，东西方道路断绝，队伍被迫滞留下来。为了保证公主的安全和贞洁，众人商议把公主安置在一座险峻高绝的孤立石峰上，沿着山崖架设云梯上下，部队环列山下警卫，昼夜巡逻。经过3个多月，战事平静了下来，正当大家准备上路回国之时，却发现公主怀孕了。对于迎亲的使臣和部属来讲，这无疑是天大的祸事。使臣非常害怕地对跟随他来迎亲的部属说：“国王命令我们来迎请中国公主，正好碰上战乱，不得已驻扎在这荒山野岭之中朝不保夕、诚惶诚恐至今。由于我国国王的无限威德，今日战乱得以平息。我们即将启程回国了，却意外地发现公主有了身孕。出现这样的事情，我非常担忧，不知将会受到什么处罚和死在哪里。当务之急是查出与之相关的人。”询问喧哗之下，未能搞清真相。这时公主的侍女告诉使臣：“你们不用担心，公主是因为与天神相会有的身孕。每天中午，都有一个男子从太阳中乘马而来。”使臣说：“虽然如此，但我们怎么能够洗脱罪名？回去必然会被诛杀，留在这里，国王一定会派军队来讨伐，进退两难，我们该怎么办？”众人说：“事已至此，我们只有留在这里，先顾眼前的安危吧。”于是，众人就在石峰上筑起宫殿馆舍，环绕四周又修建了周长300多步的城池，拥立公主为国王，设立官职，管理朝政。再后来，公主生下一个容颜俊逸的男孩，大家推举男孩为国王，仍然由公主摄领政事。随着国王逐渐长大，逐渐具有一些特异功能，能够虚空飞行，控御风云。国王的威德远及四野，声望和教化也广为传播，远近国家都来纳贡称臣。国王去世之后，埋葬在王宫东南100多里处的高山岩洞中。尸体干枯蜡化，至今仍然保存完好，外形如同一个十分瘦弱的人正在沉睡。国中百姓按时为故去的国王更换衣服，贡献香花。国王的子孙后代也一直治理这个国家到现在。由于他们先祖的母亲是中国人，父亲是天上的日神，所以国人都自称是“汉日天种”，而王室贵族的容貌大都具有中原汉人的特点。

玄奘记载下来的这个故事反映的是这样一个历史事实：色勒库尔河谷与瓦罕走廊是帕米尔高原沟通中国新疆塔里木盆地，并进而进入中原的主要交通路线，这一区域的古今色勒库尔人与中原汉族人民之间存在着源远流长的交往交流交融的亲密友好关系。

玄奘的记载深深地吸引了斯坦因，为识别、考证诸如佛塔、废墟那样的古代遗存，斯坦因感到很有必要准确地测量一下色勒库尔古城。为了不在一开始就给以后的考察带来外交方面的麻烦，斯坦因十分小心谨慎地做事。他在后来出版的报告或著作中不止一次提到：“测量工作需要某种外交上的谨慎，因为中国长官或其下属也许会误解其目的。”此时此地，斯坦因表现得与过去他在印度时大不相同。过去他总是直截了当，无所顾忌，但这次虽然有英属印度政府的支持，却还是有所变化，总是秘密行事。斯坦因的谨慎说明，他自己心中也觉得将要进行的考察、发掘和测量不是什么正大光明的事。

这次，斯坦因在色勒库尔县境南部塔格敦巴什河的一条峡谷里发现了一座用土坯和松树枝条相间砌筑而成的古城堡，名叫“公主堡”。当地民间传说，古时候有一位皇室公主从中国出嫁到波斯去，路经此地，特建此城堡以保证安全。据此，斯坦因认为这个公主堡就是上文所

斯坦因第一次看到的石头城

说石峰上的宫馆。

斯坦因7月10日离开色勒库尔，用了13天，到7月23日才开始穿越盖孜隘道接近喀什噶尔，其间曾忙于个人的项目，即勘测慕士塔格阿塔雪峰。有3天时间，队伍行进在一片原野起伏、下面环绕着山峰的高原世界，并经过了一些小山村。距离还很远，"冰山之父"便开始显示它寒冷的威力，斯坦因重新穿上皮大衣。经过4267米的乌鲁克—拉帕特(即高站山口)时，一场雨夹雪倾泻在他们头上。这山口是块宽大横向山脊上的小盆地，连接着慕士塔格峰与当时俄属帕米尔的东缘。

那天晚上和第二天，雨雪一直未停，队伍只得休息一天。但恶劣天气并没能阻止斯坦因前往当年斯文·赫定曾安营扎寨的喀喇库勒湖。云雾遮住了视线，看不见"世界屋脊"(塔吉克语中，"帕米尔高原"意为"世界屋脊")巨大的群峰，它的下面就是俄国、印度和中国。

斯坦因开始实施他的5天计划，企图爬上高达7546米的慕士塔格阿塔峰顶。据斯文·赫定说，他曾骑牦牛上到6096米，地面几乎没什么雪。斯坦因用小望远镜观察了斯文·赫定走过的那条山脊，估计雪线比斯文·赫定所说足足要低900多米，而且曾为斯文·赫定做向导的柯尔克孜族牧羊人也证实了这一点。这些新的积雪深浅难测，成为斯坦因走向成功的障碍，但同时似乎又正是它们增加了斯坦因的决心。

"冰山之父"旁柯尔克孜族牧民的毡房

斯坦因开始他第一次超越斯文·赫定纪录的尝试。一踏上斯文·赫定走过的路，一路上因其稳健而被斯坦因赞不绝口的牦牛便开始表现出一种懒散的脾性，以一种斯坦因无法忍受的速度缓慢移动。在海拔5029米处，牦牛大口喘着粗气，挣扎着爬行在被大雪覆盖的山坡。前进速度越来越慢，所有的人都被迫越来越频繁地从牦牛身上下来，不断地把陷入雪堆的牦牛拖拽出来。又向上走了121米，一直步行赶牦牛的柯尔克孜族牧羊人开始头痛，高山反应强烈。到海拔5791米时，雪越来越深，山顶浓雾弥漫，斯坦因明智地选择距离他最近的山脊作为攀登的最后目标。到达那里，实测的海拔高度是6096米，平了斯文·赫定的纪录。是否进一步攀登？斯坦因看看同伴和自己的身体感觉，明智地决定下撤。这次斯坦因在深切感受到慕士塔格阿塔的威严之同时，也深深感受到斯文·赫定纪录之不容易超越，以及斯文·赫定野外探险精神的坚韧。

看着脚下帕米尔高原无穷无尽的山谷和峰峦，斯坦因知道他已经真正到达马可·波罗所载的"世界屋脊"的广大地区。

7月28日一天走了两天的路，他们来到盖孜隘道尽头处第一个绿洲塔什玛里克。最后两座山口十分陡峭：第一座陡得即使不驮东西，马

斯坦因所摄守卫边境哨卡的清兵

清末喀什噶尔徕宁城（图片摘自《1910，莫理循中国西北行》）

匹也很难攀登；第二座迫使他们绕了最后一个非常大的弯子，进入荒凉贫瘠的丘陵山地，使漫长的一天变得更长。

7月29日傍晚，斯坦因的队伍进入一片荒凉的平原，顺河边没走多久就遇到一条水渠，接着到了水利灌溉的沃野。

昏暗中突然出现了喀什噶尔城城墙高大、威严的身影。城门已经关闭，沙迪克向左拐去，走过一小段林荫路，灯光照亮了马继业的住处秦尼巴克（意为“中国花园”，是英国驻喀什噶尔总领事马继业的办公地和居住地）的大门。穿过宽大的门道来到花园里，斯坦因一行人受到了马继业夫妇的热烈欢迎。

第四节　马继业其人

斯坦因与马继业两人从见面开始便十分投缘，此后他们的友谊持续了整个后半生。这种友谊的产生带有必然性。他们当时不仅都是英属印度政府的工作人员，代表英国政府的利益，而且还因为大英帝国在远东、中亚与俄国的扩张竞争的需要，都被派到了远离英国本土的中国西部地区。另外，两人在性格、志趣等方面多有相似之处。他们俩都在不拘小节的外表下面掩盖着不达目的誓不罢休的倔强劲头，其个性只是由于早已习惯了英国社会所要求的谦恭有礼的所谓“绅士风度”，而在表现形式上有所缓和罢了。

正是这种执着为斯坦因争得了前往喀什噶尔的旅行，也正是这种执着为马继业争得了自己的地位，使他尽管长期没有什么实力，却能在这个遥远而具有战略意义的地方发挥重要作用。那个时代，在喀什噶尔这个地方，任何政治行动都会引起英国、俄国、中国发生利益上的冲突，区别只在于英国和俄国是侵略性的进入，大清朝统治下的中国仅是被迫防御。

马继业是一个经历非常特殊的人。他是个混血儿，1867年出生于中国，成长在一个东西方文化融合的家庭。父亲是苏格兰人，母亲却是一位中国上流社会的女子。其父母亲的结合有很重要的外力作用，直接起因是太平天国运动的冲击。这样的家庭背景使得他的早年经历就十分独特。直到10岁，他还生活在南京一个中国式家庭里，后来因父亲被中国政府任命为驻英国公使馆的秘书兼翻译，他便独自跟随父亲来到伦敦。对于幼年的马继业而言，伦敦是个无情的地方，他母亲很快就被父亲绝情地遗忘，并在他12岁那年于绝望中死去。在英国，他父亲的童年好友詹姆斯·博兰的家成了他度过孤寂假期的唯一“家庭”处所。上大学以后，这种不平常的生活和受教育方式仍然一如既往地持续下来。由于他父亲又娶了位法国女人，马继业也被迫选择了法国大学。不过语言对于他来说并不困难，除了汉语和英语，他很快就能够流利地使用法语，随后还掌握了德语和俄语，再后来又学会了波斯语和印度语。

1887年，马继业与斯坦因同一年跨海来到印度，虽然未能实现其在驻中国领事馆谋职的愿望，却意外地被任命为孟买公署的中文翻译，成为英属印度政府的低级雇员。马继业的传记作者克拉蒙特·斯克林爵士本人也是英属印度政府文职雇员，后又接替马继业任职于喀什噶尔达4年之久，他这样描述马继业的职业选择和所作选择的社会背景：马继业在欧洲充分接受了公立学校（中学）和传统大学系统教育，他在重返东方时心中充满了白色种族的民族优越感，相信自己的能力，因而

● 英国驻中国新疆喀什噶尔领事馆总领事马继业

也自命有统治的权力。作为维多利亚时代上流社会的产物,他将自己社会和文化的优越感转化为种族优越感,坚信英国人有统治有色人种的神圣权力。这种社会达尔文主义思想成为印度的英国人观念中牢不可破的法则——任何僭越种族和习古的行为都遭到鄙弃。马继业自觉遵守了这个圈子里的第一条戒律——不得娶外族女子为妻。为此他终生未曾提及他的母亲,甚至从不谈起自己的童年。

马继业在喀什噶尔这个职位上一直干了28年之久,这种状况几乎就是他一生状况的缩影。他生活在中国西部边境小城,这个地方虽与南京不同,但仍使他多少有种回到故乡的感觉,而作为英国政府的代表,他又在为父亲的祖国尽忠尽孝。对他而言,喀什噶尔这个地方和这个职位可以照顾到父母双方。

1890年,马继业作为弗朗西斯·杨哈斯本士尉的中文翻译初次来到喀什噶尔。当时,杨哈斯本已经因为其从北京到印度的旅行报告和有关帕米尔的专著而成为著名人物。当时的英国上流社会知道并赞赏他那种将人的实践与神秘主义融汇一体的书写方式。杨哈斯本对喀什噶尔的访问是西方世界殖民大角逐的一部分,英国与俄国曾为了争夺通往印度西北边疆的山口而明争暗斗了几十年。

英国警惕地注视着俄帝国的疆土从中西伯利亚向南扩张了几千公里,中亚的独立汗国一个接一个地被其吞并,1865年夺取塔什干,3年后是撒马尔罕,1873年6月吞并希瓦。具有讽刺意味的是,俄国在吞并希瓦之前5个月,曾信誓旦旦地向英国郑重保证:“这类事情以后再不会发生。”同样,就在俄国保证不占领谋夫之后,1884年,俄国占领了谋夫。只是事后厚颜无耻地声称当地居民要求归并。当时的这一切，如果只是在俄国外交部门不知道的情况下军队擅自干的事情，那就很明显是利用了预先安排好的事件和借口来为俄国军队的推进做掩护。针对俄国人所做的一切，英国人又恨又怕，积极使用同样的推进政策与俄国人抗衡，全然无视中国的主权。

1882年上任的俄国驻喀什噶尔总领事彼得罗夫斯基是个能干、傲慢、狡猾而精于诱惑的家伙，任职的21年间对中国官员、百姓使尽了阴谋恐吓、威胁利诱、收买强迫之伎俩。他的目的便是将新疆最西部的绿洲区域从中国瓜分出去，使俄国得以控制通往印度后门的战略性出口。英国希望通向山口的地区留在阿富汗的管辖之下。英国的军事战略研究者巴尔福曾经说过：大英帝国的防线，可以用一个词来概述，那就是阿富汗。

派杨哈斯本去喀什噶尔是为了看看俄国人在干什么。为了保持监视，曾在共度艰难岁月时得到杨哈斯本表扬的马继业被留了下来，24岁的马继业成为在新疆的英国利益的唯一代表。但是有19年之久，他的头衔仅是“克什米尔公使负责中国事务特别助理”，一直没有什么正式官方代表含义。迫于当时的国际政治形势，积贫积弱的中国政府只有容忍马继业的存在，而彼得罗夫斯基则根本没把这个没有正式名分的马继业放在眼里，常对他大加奚落。

马继业的地位和孤立处境可以从英国助理外交国务秘书给加尔各答英属印度政府外交部的答复中看出，问：“喀什噶尔有个英国领事或代表，可以给他发电报吗？”答：“喀什噶尔没有英国领事，只有驻克什米尔公使的中国事务特别助理马继业先生在那里。如有急事与他联系，可以通过北京花上三四天给他打个电报。但在这种情况下，我们必须把电报打给北京太后陛下的大臣，由他通过中国电报局转递。这种情况很少发生，而且也不太安全。一般情况下，应该通过克什米尔公使把指示转给马继业。他会将此指示电告吉尔吉特方面官员，然后由邮差将信送到喀什噶尔，大概两个星期可以到达。”

直到1909年被任命为总领事，马继业都是凭借着他长久的远东和中亚生活的经验进行工作的。这些经验出自他对各种根深蒂固文化态度的深刻认识，即欧洲人蔑视中国人，而中国人也蔑视欧洲蛮子。由于自童年时就已习惯于这种危险的仇外观念,他知道如何去保持自己的镇静、均衡和"公正"。

19世纪末20世纪初,当大量西方列强国家形形色色的探险家纷纷到中国西部进行探险考古发掘之时,马继业扮演了一个相当特殊的助力角色,这在很多来华探险家的日记或报告等资料中不难发现。而这其中,马继业对于斯坦因在中国西部的考古探险中能够取得很大成就应该说是"功不可没"的。

马继业与斯坦因有着很相似的童年经历。虽然他们都没有当时英国主流社会可以炫耀的出身和背景,但却在那个特殊的年代里,凭着一种韧劲十足的精神,在遥远的东方成就了他们各自的功名。我们在这里做个假设,如果他们不是生活在这远离英国本土的中亚腹地,如果不是在那个"最后的"考古发现的年代里进行着引人关注的工作,而是混迹于讲究血统和出身的所谓英国上流社会的社交圈里,那么他们能否被这个圈子所接受,还是个很大的问号呢!可是在西域大漠里,他们却如鱼得水,游刃有余。晚年的斯坦因受封爵士,能够真正成为英国上流社会的一员,那正是因为他在西域的沙海中拨开层层浮沙,捧出了一颗颗"宝珠"戴在了自己的桂冠上,才使他光彩照人。而马继业和他的英国驻喀什噶尔总领事馆就像是在沙海中的一艘航母,为大英帝国的扩张侵略,为斯坦因等人的肆意盗宝活动保驾护航。

亲眼见到马继业之前,斯坦因完全没有意识到马继业那种微妙的处境。实际情况是,斯坦因从马继业那里得知,对他的探险和考察活动可能制造麻烦的是俄国人而不是义和团。他随身带来的武器在中国新疆根本微不足道,不过是几支供马继业打猎用的枪支和送给道台的一份小小礼物。要想达到目的,最好的选择在武力之外。

现在,在马继业家中,斯坦因可以得益于主人对于中国当地官员的影响力。马继业很熟悉与这些人打交道的方式。斯坦因是幸运的,正如洛克伍德·基普林格将希腊—印度佛教绘画艺术教给斯坦因一样,马继业也向斯坦因介绍和讲解了中国官场中的微妙之处。

显然,对于马继业而言,斯坦因这样的客人出现在秦尼巴克也是一件值得欢迎的事情,客人和要做的事带来了印度总督乃至英国上流社会的关注。以致俄国领事,就是那个彼得罗夫斯基有两年时间未与马

秦尼巴克（英国驻中国新疆喀什噶尔领事馆）

继业说过一句话。喀什噶尔的欧洲人圈子小得可怜，只有两对瑞典传教士夫妇与亨德里克斯神父——一位荷兰天主教教士，类似于乔玛那样的人物。被教会开除后，他漫游于中国、蒙古国和西伯利亚，最后定居于喀什噶尔，依靠施舍为生。他是个杰出的语言学家，擅长交谈，精通天文、地理。斯坦因评价他“总是那么快乐、充满希望、心地善良和易于满足”。但是神父从未改变信仰，仍然每天在一个用货箱改制的圣台上做弥撒。自从神父由于彼得罗夫斯基教唆别人而被逐出自己的小屋后，马继业便邀他住进秦尼巴克。直到1898年马继业结婚，神父一直是他的密友。

在马继业的热情接待下，斯坦因的心情很好，心中也十分踏实。经过前两个月的帕米尔高原旅行，斯坦因已经觉得极度疲乏，于是在马继业别致的住所里开始休整。首要的是，斯坦因要为今后的旅行和沙漠考察组织一支新的队伍。斯坦因知道，在有限的时间内，要完成一个地域十分广大的探险考察计划，成功的保证很大程度上在于细心挑选考察队伍的组成人员和用于骑乘、驮运辎重及协助工作的牲畜。为了行动方便，有必要限制行装，同时还要保证在各种地面和气候条件下，8个多月连续旅行所需的全部给养和装备物资能够随时方便地取用。也就是说，斯坦因的准备工作必须遵循两点原则：第一，必须为在恶劣天气和地形进行工作携带给养，以便随时取用；第二，为了行动迅速，必须对行李加以限制。经过仔细的推算，斯坦因估计他的考察队伍需要12匹马和8峰骆驼。这个季节，在喀什噶尔购买骆驼十分不容易，因为夏季从新疆前往俄国贸易中心安集延和阿拉木图的交通极为繁忙，绝大多数可供旅行使用的大牲畜都已经被雇走了。经过长时间的搜寻和洽谈，运输所需的补充装备和供骑乘的牲畜逐渐凑齐了。

在挑选牲口时，斯坦因通过马继业广泛听取当地老驮工的建议，细心挑选。在这方面花费的精力，最后被证明是完全正确的——当这次探险考察结束时，尽管历经千辛万苦，总行程共计4800多公里，在喀什噶尔买的牲口没有一匹倒毙。

这种精心的准备和有计划的实施能力是探险家在野外工作中必须学会的，斯坦因无疑是这方面的高手。这种做法和经验对于现在的专业考古工作者和那些喜爱探险旅行的人来说，无疑也是值得借鉴的。

从考察队的供应安排和经济方面考虑，旅行队伍的人员必须认真挑选，以使随行人员的数量保持在最低限度。斯坦因的私人仆役——从白沙瓦来的米尔扎·阿里木因高山急行军而筋疲力尽，不能继续随队前进，因而斯坦因另外找了一个体格强壮的半克什米尔血统的人来代替。此人名叫穆罕默德·朱（Muhammad-ju），在喀喇昆仑交通线上长期从事贸易交通方面的活计，有着在昆仑山中驾御驼马的丰富经验，还擅

斯坦因组建于喀什噶尔的驼马队伍

长照料“白人先生”的生活起居。至于翻译和马夫，找了几个人都不合适，最后在马继业的帮助下，斯坦因设法将会说汉语的喀什噶尔人尼牙孜阿洪招来做翻译兼马夫。尼牙孜阿洪是个体格强壮、极善行走的人，从外表上看，他是一个相貌堂堂、举止得体的人，曾经陪伴过英国贵族在中原各地和西藏旅行。在斯坦因其他没有见过世面的维吾尔族随从面前，尼牙孜阿洪常常毫不掩饰地摆出一副高人一等的架势，对此，其他人都以十分怀疑的态度对待他，并联合起来排挤他。通过卖骆驼的商人，斯坦因较为轻松地雇到了精通各种与骆驼相关的复杂技艺的肉孜阿洪和哈桑阿洪负责照管骆驼。这4个人，再加上拉姆·辛格和他的仆人，就组成了斯坦因探险队的核心。

野营装备所需要的不少修理和备用工具也要及早着手准备。马具、驮箱和大多数装备中的物品在经历了由克什米尔至此的长途旅行后都有严重磨损。斯坦因在日记中记录：“自从我们走出罕萨峡谷后，在四面岩壁的帕米尔山地道路上，骆驼和马匹在陡峭山路上行走除不时相互挤撞之外，还与岩石擦碰，许多器材受到损坏，必须维修和补充新的装备。”与此同时，斯坦因还认真地研究了一下水的携带能力，由于队伍扩大并要在沙漠中旅行和工作，加尔各答买的两个水箱已不够用，于是临时又用俄国进口的马口铁油箱做了4个水箱。

斯坦因还花费很多时间系统地查阅了中国古代文献中关于天山南部的记载，如中国历史、中国古代取经僧人和早期欧洲旅行家们的记述。马继业由于长期居住在这里，因而对新疆南部维吾尔族人聚居区的社会经济状况极为了解，在向斯坦因详细介绍之余，马继业还尽其所能搜寻了许多有助于了解这一地区古代情况的资料给斯坦因。在他们二人的讨论涉及有关历史知识时，马继业还常常把领事馆的孙师爷请来询问。孙师爷是一个全面精通中国古典史料的学者，而且对这个地区的事物有着独到而又精辟的见解。斯坦因对汉语一无所知，这一语言上的巨大缺憾，令斯坦因悔恨不已。一想到已经没有时间来学习汉语，斯坦因只好感慨来生“一定首先学习汉语”。

斯坦因在喀什噶尔停留的另一个目的，就是想与喀什噶尔道台衙门搞好关系，争取地方官员对他考察计划的理解与支持。斯坦因心中很清楚，这一点是实现他的探险考察计划必不可少的条件。这一方面仍然是马继业给了他最实际的帮助。马继业陪伴斯坦因拜会了当地道台及其他显要人物。马继业富有经验的指导，使斯坦因收益极为丰硕。一系列的拜会活动，以及随后地方官员的回访和其他非正式的会见，使斯坦因初步认识了中国官场所谓有礼貌的交往所必不可少的礼仪和表达方式。通过向马继业这样熟悉和了解中国风俗习惯的辅导教师学习东方古老的社交法则，斯坦因在后来的人际交往中可谓是得心应手。斯坦因并不因为对这一过程中某个小小的动作和礼仪感到生疏、离奇，或与自己的习惯完全背离而不予以重视。认真学习、努力实践的结果，在此后远离喀什噶尔的衙门时得到了充分的发挥，作用也出奇大。最后，斯坦因从道台那里得到了发给和阗知州必要的明确指示，以保证获得运输、供应和劳力等一切所需，以及充分的行动自由。

有鉴于18个月以前一位名叫迪西的英国上尉在这个地区由于某种半官方的阻挠而遇到的重重困难，起初斯坦因很怀疑能否在这条线路上顺利地进行活动，特别是在和阗南部远处的测绘工作。马继业和斯坦因共同做的努力，最后证明取得了成效。这其中，马继业在当地政府官员中所拥有的个人影响和威望作用甚大。经过一系列会见和冗长的文书往来，道台同意发出斯坦因所期待的行政公文。马继业在场的游说，以及斯坦因向道台做的关于古代印度文化和佛教信仰与新疆历史联系方面的解释，一定程度上消除了道台对斯坦因他们将要进行的发掘和测绘工作的疑虑。

在这些会谈中，斯坦因只要有机会就一定大谈《大唐西域记》。斯坦因知道，以玄奘在中国的知名度，这应该是一个较好的话题，同时也可以以崇拜玄奘换得中国人的同情与理解，这样他就可以在这里自由地去追寻玄奘的历史足迹了。当然，斯坦因的内心也很可能把这位中国古代神圣的旅行家认作阿罗汉天国中自己的特别保护神。

1900年已经是清朝末年，正是中国历史上的多事之秋，北京当时一片纷乱，战事不断。而偏居西北边域的喀什噶尔一带并无什么不安定景象，除了个别谣传偶尔蛊惑人心之外，一切都很平静。水果丰盛的季节早已开始。从秦尼巴克放眼望去，高处梯田的果园中，苹果树、桃树、李树、无花果树、核桃树等各种果树上硕果累累，压弯了枝条。院内葡萄架上的无数成熟的葡萄也闪着诱人的光亮，坐在葡萄架下的斯坦

喀什噶尔古城一角

因时常看到当地的农民和他们的家小闲适地骑着毛驴，带着自产的水果、粮食和其他物品快活地沿着庭院、小河间的乡村道路走向城里的巴扎。步行的似乎只有乞丐，不过乞讨的人中有时能看见牵着毛驴的。这时不仅是喀什噶尔，即便整个中国也没有什么人意识到自斯坦因开始的大规模盗取中国文物的浩劫，即将降临在这片土地上。

斯坦因利用休整期间的间隙，拜谒了刘锦棠将军的纪念祠堂，还组织了一次热身的考察活动——前往汗诺依古城考察了莫尔佛塔。从莫尔佛塔返回的路上，斯坦因发现一座6米见方、高约5米的奇怪建筑，当地人称为“凯普台尔哈纳”（鸽子屋或鸽子庙）。这个顶端敞开的土坯建

斯坦因所摄莫尔佛塔遗址

筑的墙壁内侧整齐地排列着一排排25厘米见方的小龛，墙内地面上铺了一层厚厚的碎人骨。根据当地人的介绍，这个建筑一直如此已经很久了。在这座废弃建筑物的里面或附近没有什么证据能说明其年代，但是它的形状和外观令斯坦因奇异地想起古代西方的骨灰安置所。这块神秘墓地，类似于古罗马用来安置骨灰盒的地方。由于斯坦因印象中无论是佛教徒还是伊斯兰教徒都没有如此安置遗骸的习俗，自然认为这是以前喀什噶尔有大量聂斯脱利派基督教居民的有力证据。

第五节　开启古和阗珍宝之门

随着休整工作的很快完成，9月11日，斯坦因告别了马继业，经莎车向和阗进发。

为了前往莎车，斯坦因选择了一条常行大道以东的路线，以便横越沙漠地带前往著名的奥当麻扎遗址。虽然在此之前，道格拉斯·福赛斯使团的成员与斯文·赫定访问过它，但这座麻扎的主要位置从来没有确定下来。因而斯坦因得到一个新的地形作业机会，同时还可以在这次短途中取得有益的初步经验。通过英吉沙、汗南里克前往奥当麻扎，是斯坦因第一次体验穿过越来越高的沙丘的滋味。

这段路对于人和牲口都是十分难走的。在向导的带领下，依靠沿途沙丘或小山上为朝圣者指路的叫作乌鲁克尼桑的高标杆，斯坦因依次确定了奥当麻扎、苏赫塔里木麻扎和克孜勒加依木麻扎遗址的方位。到达时已近黄昏。遗址中残留着一些显然用于本地防卫者和往来僧侣住宿休息的小屋和客舍，正受到一座10多米高沙丘的威胁。附近一些古代居民区的遗址早被滚滚而来的黄沙掩埋，后来沙丘逐渐过去，就只剩下了一片光秃秃的地面。庙里的井水很咸，过滤和大量使用澄清剂也无济于事。

离开奥当麻扎遗址，他们重归大路。斯坦因注意到，在驿道边常常可以见到一种用泥土建成的正方形塔状建筑，当地人称为“炮台”，即清代驿站。两个驿站之间的距离通常在3—4公里，这叫“一个炮台”。除炮台之外，还有一种路边的简易房屋叫“兰干”驿站，主要供过往官员休息使用，也接待过往的商旅。兰干多设在路途上一天马程所及，又有水

斯坦因所摄莎车衙门建筑

草的地方。

第二天，斯坦因的队伍穿过一片干燥且碎石满地的长达46公里的灰色荒野，其中没有一棵树和一株灌木。与此形成强烈反差的是，他们随后又经过叶尔羌绿洲长达29公里的耕地，最后到达了莎车城。莎车是通往印度、阿富汗和塔里木盆地北部地区道路的会集中心，也是新疆南部的商业中心。居住在莎车的印度商人身着盛装，匆匆忙忙出来迎接远道而来的“白人老爷”。在喧闹人群的簇拥下，斯坦因被领进马继业为他安排好的夏宫。晚上的庆祝宴会有葡萄和桃子，差不多是无限量供应，要多少有多少。

斯坦因已深深体会到“马继业”这个名字在喀什噶尔、莎车绿洲等地的印度人中有着多么大的威力。来自希卡普尔的放利者在这里也照样搞旁遮普那种历史悠久的高利贷活动(某个18世纪旅行者曾在撒马尔罕见到他们的踪迹)。他们人数众多，利率高得出奇，这只能意味着农夫的负债越来越多。他们告诉斯坦因，生意是很兴隆的，虽然经常不那么令人羡慕，但保卫这一阶层人士的利益是英属印度政府代表无法推托的任务。因此对于欢迎者交口称赞马继业，斯坦因也就不感到惊奇了。印度商人的发言人向斯坦因保证，他的支票要换成现金毫无困难。但不幸的是，他们的大部分现金已汇回印度，而且他们很高的兑换率也使斯坦因只能把支票送到喀什噶尔去换取需要的金银币。为了等待现金，他延长了待在莎车的时间。

在莎车，斯坦因惊异地获悉，有两峰骆驼和两匹马伤势很重，给它们敷药以后，斯坦因下令休息一周，让牲畜去牧场吃草。使他生气的是，骆驼和马匹受伤这种情况一直被隐瞒，直到很严重时才告诉他。他把这个教训牢牢记在心里，此后几乎每天都要检查一下牲畜。斯坦因

坐者为莎车官员刘大人

严厉警告管理牲口的人，另雇牲口替换伤病驮畜的钱要从他们的工钱中支付。斯坦因用了两个星期等待兑换的现金从喀什噶尔送过来和让牲口养伤。日子过得很快。这个城市有个面积很大、历史悠久的克什米尔人、吉尔吉特人、罕萨人以及其他边境地区移民的居住区。访问者像潮水般来到“白人老爷”斯坦因的住处，以致斯坦因眼前的地毯上总是有许多客人。

除了访问者以外，还有一些人拥挤在斯坦因临时住处的外厅里。因为秘书本亚德·阿里已广散传言，说“白人老爷”希望获得当地古代艺术品，结果，临时凑起来的这类艺术品代理商每天早晨便蜂拥而至。斯坦因尤其期望得到曾一度出产于和阗，广为中亚艺术品爱好者喜爱的黄铜装饰工艺品，虽然当地人并未意识到这一点。斯坦因还是通过中间人从当地富豪家里搜集到了大量精致的、漂亮的水壶、水盆、缸，以及其他金属物品。斯坦因根据向他兜售的这类物品数量料定民间存货仍然相当可观。

斯坦因从拿来出售的物品中挑选了一些制作精美的金属工艺品。虽然器物纹路清楚地显示出深受波斯花卉图案的影响，但仍具有当地独特的艺术风格。在这些当地的工艺品旁边，还有更为稀奇的零星中原工艺品——古老而有价值的陶器，以及来自远东的美丽刺绣品。那些富有的伯克从衣着服饰来看的确非常奢华,大红或深蓝丝绸斗篷上普遍装饰着纯中国式的艺术图案,可见这种样式是当地时尚与身份的象征。

精美的土库曼、呼罗珊地毯表明西方进口贸易也同样兴盛。这说明,莎车在伊斯兰教传入前不但融合在中国文化中,同时还受到伊朗和印度的影响。但和阗似乎才是当地工业真正的发源地和中心。十分奇怪的是,几乎所有给斯坦因带来这些可爱的各种古代艺术器皿的商贩都是克什米尔人,他们超群的商贩本领,看来并没因翻山越岭的迁移而泯灭。斯坦因仿佛感觉到自己又被斯利那加营地那些喋喋不休的克什米尔手工艺品代理商包围住了。

下一个目的地叶城位于叶尔羌河的另一边。叶尔羌河流经慕士塔格峰和喀喇昆仑山之间的整个山区。斯坦因看见夏季时河床有1.6公里宽,当时的叶尔羌河分成三股,每一股上都有摆渡船。因为渡船不能装载负重的牲畜,因此必须三次卸载、重装,耗去了很长的时间。在那段时间里,每股河汊上都有足以装满两到三只渡船的负重的马或毛驴,以尽可能加速工作。第二条由昆仑山流下来的河比较好过,因为有座很坚固的大桥。根据桥头的汉文、维吾尔文碑铭记载,该桥建于25年前,全长250步。

9月28日下午很晚,斯坦因才进入叶城。这是座繁华的城市,位于去喀喇昆仑山口的道路与连接和阗、莎车的大道交会的地方。他将帐篷安扎在一片美丽的老桃树林掩映下的草地上,周围的景色使斯坦因不由得回想起克什米尔那漂亮的小山村。斯坦因的随行人员在附近一所小屋找到了住处,马匹也获得了优良的草料,大家都很满意。

10月1日是叶城的巴扎天,斯坦因决定等到这一天,希望能在城镇巴扎上见到被称为“帕喀珀”的奇怪的山里人,他们住在科克雅尔南面的山谷里。有关他们的人种学数据在西方极受欢迎,因为对他们的种族渊源存在着疑问。根据在莎车的传教士的描述,帕喀珀人在体格特征上显示出雅利安人的特点,但又不同于色勒库尔的塔吉克族人。据说他们操中亚方言,人口很少,居住偏远,习性羞涩,因而在很大程度上妨碍了进一步观察。这次斯坦因很不走运,尽管知县下令派人一直查找,在巴扎拥挤的人群中竟然没有发现一个帕喀珀人。等待从山里请一个人来又意味着要多等一个星期，斯坦因负担不起这么长时间的等待，无奈之下，只好继续上路。

离开叶城才走了不到2公里，道路又进入了不毛之地，沿路相隔不远就有插着的一根根木棍作为标志，考虑到当夜晚或沙暴发生时旅行者极容易迷路，这确非杞人忧天。旅店为行人提供水和住宿，驿站上有马和邮差传送公文。虽然山丘清晰可见，但没有河流和渠道从那里流出，凄凉的路途中只有牲畜的遗骸。这片缺水的荒漠地区的尽头就是皮山绿洲。

到达皮山，标志着斯坦因的和阗古文物与遗址考察就此开始，不过重点在于寻找写有未知文字的古代写本文书和木简牍文书。自1895年以来，这些东西就已进入了西方各国高等级博物馆的收藏领域。这些奇怪文书大多是从一个叫伊斯拉木阿洪的和阗寻宝人那里获得。斯坦因急切地想要去完成已经宣布过的任务，即证明这些奇异文书的真实性。皮山是第一个他可以通过直接调查来验证伊斯拉木阿洪文书是否真实的地方。

当地伯克没听说过发现古代写本文书的事，但知道伊斯拉木阿洪所说的地名中两个靠近皮山的地方。伊斯拉木阿洪讲到过喀喇库勒麻扎(黑湖墓地)，说那是片墓葬群。斯坦因发现了一个长满芦苇的小咸水塘，半圆形沙丘顶上竖着根杆子，上面绑满了祭献的破布经幡，此地即是西方新疆古代文书写卷收藏者心目中神圣的喀喇库勒麻扎。伊斯拉木阿洪说到的另一处地方是个小绿洲村庄，仅仅15年前才从沙漠中开辟出来，有个小小的露天纸厂，用桑树皮制浆造纸。当地居民根本不知道什么古代遗址和古代写本文书。斯坦因心中一阵暗喜，初步比较确切认为伊斯拉木阿洪是一个瞒天过海的造假骗子。

在喀喇沙尔(今焉耆回族自治县)，斯坦因第一次经历了不可思议的迷惑。那儿几乎完全衰落和荒芜，根本就没有遗迹，但意外地存留着曾一度有大量居民居住的痕迹。但是，该地出土的铜币却是一个早期统治者发行的，而与地表露出的人骨混杂在一起的破布却是近期的产物，他无从为发掘到的一些陶器确定大致的年代。

就在和阗的边境上，在一片低矮的沙丘中，斯坦因访问了一个被当地百姓称作“鸽子塘”的地方。

1917年,《新疆游记》的作者谢彬也曾来到鸽子塘。在驿站小憩时,他亲自考察了该地。当地建有一组房屋,都是作为鸽舍而存在的。鸽子数以千计,甚至有像公鸡那么大的老而无毛的鸽子,被当地人视作鸽神。

在鸽舍边有口古井,因怕被流沙埋掉,特在井口上建了一间土屋,而浮沙聚积在土屋附近,几乎与屋顶一样高,不认真找就发现不了这口井。附近有几处颓房,5个坟包,由星星点点的胡杨把这些地域联结成片。谢彬特意向当地居民和向导询问了鸽子塘的历史背景。据说,清军将领兆惠在平定西域时曾挥师至此,迷失了道路,后来得到鸽子指引,才找到正路。于是兆惠就在附近划出一片土地专种鸽粮,并为之凿井建巢。到了清末,左宗棠部将董福祥追剿叛军至附近,全军饥渴难忍,即在附近凿井十几口,但都挖不出清水。突然,有鸽子飞经此地。有经验的人立即想到,鸽子在沙漠中,无水必不能生存,只要随鸽子找到它们的老巢,必有水源,后来果然如此。所以,等战事一完,便由左宗棠亲自批准,扩大了鸽粮地亩,以酬其功。到谢彬路经时,这儿还有专门的鸽粮地700多亩,由7个人分种,收成不交赋税,专作鸽食,并轮流由一人在这儿散发鸽食。听了介绍,谢彬心想,这一带已颇荒凉,单行过客路经此地最容易迷失道路,而常常不分日夜有鸽群出没,鸽铃、鸽哨响彻云天,等于是行人的向导,所以人们才特别乐于散给鸽食,也是解旅人寂寞的一大乐事,因此,人鸽才相安无事地在此地聚会。鸽子塘今址在和阗地区墨玉县扎瓦镇以西十几公里处。

和阗位于丝绸之路要冲,自古就是闻名中外的货物集散地和商贸旅游城,是著名的唐代西域安西四镇之一。和阗,早从汉代开始商旅便不绝于途,一次经过的商旅少则十数人、数十人,多则数百人,运输丝绸的商队最多一次达4000多匹驼马。在过去2000年的历史长河中,以朱士行、法显、玄奘、宋云、马可·波罗等为代表的中西文化交流使者都曾到达或途经和阗。和阗毫无疑问也是中西文化交流的枢纽,各种文化曾在这里冲撞、交融,从而创造出了包括昆仑神话在内的璀璨夺目的古代文化。和阗地区古代文化遗址和出土文物众多,它们是记载人类文化交流史的无言史书。

走过扎瓦,斯坦因就进入了和阗。由此向前的路途中,沙土极深,两侧树木带着秋季的黄色和红色，令人高兴地取代了沙漠的景色。路上充满了商业贸易的喧嚣嘈杂声，成队的毛驴驮着山一样高的珠巴斯，即著名的和阗羊羔皮大衣。潮水般的人，骑着马、驴和牛来来往往，这标志着该地是一个重要的商业中心。不久，斯坦因的考察队抵达宽阔的喀喇喀什河，即墨玉河。这是和阗河的第二大支流，夏天河床宽达半公里，现在则减到约50米宽，仅及膝深。

次日即10月13日清晨，由政府官员指定的伯克与和阗阿富汗商人的头领巴德鲁丁汗陪同，斯坦因沿着新城四方形的巨大城墙游览了一番，然后又穿过老城郊区，最后住在阿洪伯克的家中。在安顿下来之前，斯坦因已给知州潘效苏送去了礼物和口信。营地一收拾停当，他就前往当地官府去做首次拜访。斯坦因发现潘大人是个老态龙钟，然而似乎极善深思的人，言谈举止温文尔雅，学识和礼貌令人敬重。

斯坦因雄心勃勃的计划就是发现和探索和阗古代沙漠遗址，考察和阗河主河道，揭穿那些可疑古代文书的真相。斯坦因按部就班地照计划行事，而潘大人的帮助则使斯坦因加快了计划完成的速度。但是，在完成这个计划的过程中，斯坦因个人的品性也表露得淋漓尽致。

淘金挖玉长期以来吸引着和阗的富商们，而寻宝活动则是当时穷人们的时尚。斯坦因很快就意识到他是在浪费时间，结果是到出发时也得不到任何有关某一遗址的情况。巴德鲁丁汗自愿负责派人出去打探，但那些人要一个月才能回来，于是斯坦因就用这个月的时间进行测量工作。

在准备山地测量工作时，斯坦因虽没有寻找什么古书，但却有人送上门来了一本。他本来已有些怀疑，近年来有过这么多古书从和阗送出，为什么至今还不见影

坐者为和阗知州潘效苏

子呢？一个俄国亚美尼亚人带来一本这样的书——残剩的10页桦树皮书页，写着不认识的文字。斯坦因一眼就看出桦树皮书页未经他在克什米尔所见古代桦树皮文书全都做过的那种处理，伪造者也没想制造在桦树皮上写字需要的那种特殊墨水。因此当斯坦因做水洗试验时，只要一个湿指头就可以抹去那些奇异的陌生文字。这个明显的伪造与加尔各答霍恩雷藏品中的一些木版印刷品极其相似。在一次偶然的交谈中，斯坦因得知，将抄本卖给亚美尼亚人的那个家伙与伊斯拉木阿洪有关。伊斯拉木阿洪，总是这个伊斯拉木阿洪。事实上，巴德鲁丁汗出去寻找那些寻宝人之前，伊斯拉木阿洪没有出现已令斯坦因十分怀疑。但为了避免引起伊斯拉木阿洪的警觉，斯坦因什么也没做，什么也没说，打算以沉默和时间来消除伊斯拉木阿洪的犹豫。

昆仑山中的玉龙喀什河是和阗河的发源地，一直未曾得到实地勘测，有关的资料也很贫乏。设法绘制和阗河源头玉龙喀什河的地图也异常艰难，是对斯坦因当年所受军事训练以及早年对古代地理学爱好的最好检验。

为了便于下一步旳工作，斯坦因在沙石逐渐向山脚升起的地方前面的一个山村里停留了整整一个夜晚。在玉龙喀什河边一个古代遗址，村民给斯坦因带来了古代钱币、念珠和一些小印章，其中一枚刻着一个形似爱神手中所持的弓箭。离此不远的洞穴和大量碎石头，表明这里仍在发掘玉石。玉石在中国乃至整个东亚都价值极高，此河便是以白玉命名。

巴德鲁丁汗

斯坦因的直接目的是昆仑山北脚下最后一个村庄——喀让古塔格。这是块铺满碎石、粗沙的平地，一直延伸到山里，除了能看见下面很远处的和阗，整个地区一片荒凉。走上巨大台阶的最后一级，他们来到一个山口，能够看见远处群山的全景，玉龙喀什河就从山中一道蜿蜒的峡谷流出。当从海拔4300米左右的山脊上俯视大地时，斯坦因有一种难以名状的激动，在他的叙述中充满了欢愉和无上的荣耀："自从站立在这座高峻的山峰上，就再也没有比此处更壮观的景色让我难以忘怀了。东边屹立着昆仑山的主峰，以及它那些被冰川分隔开的神奇山脊，山脊的旁边，劈开一排排巨大悬崖陡壁的玉龙喀什河，一切都清晰可见。"

这个山脊还提供了颇为理想的观测地点。斯坦因用照相机拍下了四周景色。完成勘测工作，他们又回到喀让古塔格山谷。最初三四公里的下坡路比较好行，当夜幕降临时，他们已进入峭壁林立的石岩峡谷，即使是在白天，骑马走下陡峭的"之"字路到达900多米以下的河源也是不可能的，只得弃马步行。松动的岩石增添了危险，路上厚厚的尘土又很滑。他们就这样跌跌撞撞、一步一滑地走了一个半小时，行进在扬起的尘土中，人和牲畜都感到窒息难忍。

不久，他们来到从喀让古塔格山谷中流出的小溪与玉龙喀什河主流相汇的地方。直到夜幕低垂，他们才渡过河去，渡河靠的是一座只有3根桥墩支撑的石桥，下面是宽达21米的河谷。虽然此刻天色已晚，但桥下狭窄的峡谷中河水激起的泡沫仍然依稀可见。要是在白天，在不怎么疲劳的情况下过桥，恐怕会更吓人了——"喀让古塔格"的意思正是"黑盲山"。

11月9日，在返回和阗途中扎营于乌鲁克哈特时，斯坦因在给马继业的信中简要地述及此次旅行："我到达了人畜所能到达的极限，即玉龙喀什河主流从绝对无法接近的隘谷中流出的地方，然后沿着一条完

测绘点昆仑山远景

全没有被考察过的路线进入喀喇喀什河流域(与玉龙喀什河汇合形成和阗河,再奔流北去,最后与叶尔羌河、阿克苏河合流成为塔里木河)。必须穿过4道高高的山隘。”不知是运气还是意外,斯坦因他们竟然爬上了每道隘口,找到了极好的勘测点。路十分差,山谷和山脊都是光秃秃的,比斯坦因所见过的任何地方都更为荒凉和更难接近。天空出奇地晴朗,也非常寒冷。

在通往和阗的最后一道隘口上,斯坦因很高兴,由于视野十分开阔,他们的勘测能与印度测量局所做的测量联结起来。使斯坦因颇感奇怪的是,这里离和阗只有3天路程,过去却从来没人来过。虽然缺水和高海拔使人困倦,斯坦因还是在此待了一两天以完成任务。如果没有政府官员的帮助,斯坦因几乎不可能再返回山下,少数零散分布的塔格里克人(高山人)既胆小又固执,但政府官员的指令却显然如斯坦因所希望的那样有效,借此斯坦因行至人畜所能到达的所有地方。工作的直接成果是绘出了和阗河的发源地与河道,以及喀让古塔格南部和西南部昆仑山山脉诸小河源头的地图。

回到和阗,像以前那样扎好帐篷,受到阿洪伯克——斯坦因到达和阗后第一位房东的热情欢迎。经历一个月艰辛旅行劳顿的人畜,确实也需要休息一下。

在此期间,斯坦因仔细研究了巴德鲁丁汗打发寻宝人找回的资料。就是在这个时候,斯坦因见到了一位后来证明对他很有帮助的富有经验的寻宝人吐尔地。吐尔地装束简朴,却显示出一种贵族气质。他出生于玉龙喀什河流域的一个乡村,就像熟悉自己的村庄一样熟悉塔克拉玛干沙漠的全部。从当地人称作“丹丹乌里克”的沙漠最深处,吐尔地曾带回一些上面写有印度婆罗米文字的壁画,还有佛像浮雕的残片,以及很小但无疑是真正用中亚婆罗米草体写成的纸文书。正是他带回的样品引起了斯文·赫定的“塔克拉玛干古城之行”。斯坦因的下一个目标将是沙漠中的丹丹乌里克。至于“丹丹乌里克”的含义,当地人解释为“象牙房子”。

回来后,斯坦因紧接着就拜访了他那和善的朋友——和阗知州潘大人,感谢他的全力协助,使山区勘察测量工作得以顺利进行。同时斯坦因又借助取经人玄奘的事例,向潘大人阐明他沙漠之行的目的。两天之后，潘大人回访时，斯坦因给他看了吐尔地带回来的古物样品，潘大人亲自审视后确信，斯坦因是怀着一个美好的愿望在著名的古代取经者的路线上旅行。潘大人答应斯坦因，在今后的考察中，尽其所能使考察工作更深入些。斯坦因激动之余无法找到更恰当的言辞来表达他的感谢之情，只是一再表示希望玄奘的圣灵能够使他有机会报答潘大人的帮助。对斯坦因这一番诚挚的敬意，翻译尼牙孜要比所期望的更好地做了一次翻译。之后，潘大人极为严肃地问斯坦因“是否相信玄奘的灵魂仍然存在？”斯坦因自然连连称是。由此，斯坦因明白玄奘在中国佛教徒心目中的神圣地位。

前往约特干的路上，斯坦因途经现在仍然在开挖玉石的古河道石滩。河滩里碎石铺地、纵横交错的壕沟已部分为沙子掩埋，斯坦因由此判断那些壕沟想必久已被废弃，这一证据似乎说明在古河道挖掘玉石是一个古老的行业。斯坦因稍作停留，观察发掘过程，不久就看到从地下3米深处的洪积碎石层里挖出了小块玉石。许久以来，当地人就一直在这里面寻找玉石。具有很大价值的发现一直持续不断地出现，吸引了商人持久地投入资本来拼力一赌。由贫苦农民中征集来的挖玉者为了食物、衣服和区区几文钱而工作，利润没有他们的份。对商人而言，尽管机遇难得，但也不断有获利的情况。

斯坦因确信，于阗绿洲古都就掩埋在约特干地下，其位置也与中国古代编年史文献提供的地理根据相吻合，而曾被玄奘描述过的最雄伟辉煌的佛教寺院，也已和其他地方一样，早已变成了纪

斯坦因在和阗市场收购的约特干文物

念场所。

12月7日清晨，在多雾阴霾天气的笼罩下，斯坦因他们动身开始了沙漠里冬季的考察。斯坦因决定挑选丹丹乌里克这个古代遗址作为第一次探险的目的地。在那里，由于有塔克拉玛干干燥沙层的掩护，斯坦因期望会找到一些关于和阗古都城的证据，因为在约特干没有找到任何有力的证据。要明确地证实他的发现，除了钱币和壁画、陶质小雕像以外，斯坦因还需要拿出更多的东西来证明。

第六节 发掘“象牙房子”丹丹乌里克

为了缩短对于人和牲畜都同样危险的沙漠旅程，斯坦因选择了一条途经塔瓦库勒沿和阗河畔行进的稍远路线。路途上，一边是乏味单调且一眼望不到边的流沙丘，另一边是一片又一片的芦草地。第三天下午，他们与塔瓦库勒伯克带领的一队人马会合，一同顺着灌溉渠道进入绿洲。

沿途中，斯坦因亲眼看到了水在改造沙漠方面的作用。修成后仅仅使用了60年的水渠，就已经造就了一个上千户人家的繁盛村庄。他还注意到，由于引洪水灌溉造成泥沙淤积，沿途田地已比道路高出了30多厘米。

斯坦因在这个绿洲最后一个村落里逗留了两天，招募民工，筹集给养。他共招募了30个最健壮的民工，定购了4周的食物给养。在招募的雇工中，斯坦因挑选了一位掌握裁缝技术的人，一位懂得皮革制作的人，还有一位会书写维吾尔文字的农村青年。

他们第一天晚上的宿营地选在河畔，在进入沙漠之前，让牲畜最后饱食饱饮一顿。人畜行走在松软的沙丘中，每走一步都十分困难、劳累。为使身驮重物的骆驼不致过分劳累，一天下来走了还不到16公里。起初，红柳和芦草还很茂盛，但是第二天已渐渐稀少，活胡杨树则完全消失了，只是在裸露的沙滩之间还稀疏地生长着一些红柳。路途上，不时可以看到大大小小死去的红柳包，沙漠中红柳干枯的根是极佳的燃料。一些沙丘旁边分布着被风蚀而成的深达4—6米的坑，通常在那里再挖下去不深就会有水。至于水是只适合骆驼饮用，还是人也能

从塔瓦库勒招募的民工

饮用，则全凭运气。

天气很冷，夜晚温度下降到-10℃。起先由曾跟随斯文·赫定进过丹丹乌里克的塔瓦库勒人卡斯木带路，迷失方向后，斯坦因大胆起用有“沙漠罗盘”之称的吐尔地老人。在他的引导下，他们穿过许多高高隆起的沙丘，来到一个随处可以见到枯死树木的地带。这些死树枝杈像动物骨骼一样干硬，色泽斑白地竖立在那里。一眼之下，吐尔地老人马上就能够分别叫出枯树的树种名称，如杨树、胡杨或桑树及其他当地生长的树种。这就明白无疑地表明他们已进入一个古代农耕地区。离开塔瓦库勒绿洲6天后，斯坦因一行人马来到了丹丹乌里克遗址。

丹丹乌里克遗址的分布范围很广。在一片沙丘低矮，自北至南长约2公里、宽约1公里的洼地里，孤零零地耸立着几块硬土台地，台地上的建筑遗址十分显眼，这是辨别丹丹乌里克遗址的主要标记。

遗址规模虽然不大，年代却很古老。用树枝和灰泥做成的断墙残壁有的暴露丹丹乌里克遗址一瞥在光天化日之下，但即使已被沙子掩埋的那些，也可凭伸出来的木柱辨认其轮廓。所有暴露在外的建筑遗物都明确地显示出寻宝人到过的痕迹以及破坏的迹象。斯坦因粗略地看了一下，在一些损坏严重的建筑墙壁附近发现了佛像和菩萨像壁画残片。这些壁画的特殊形式似乎说明，这些寺院与居住地被放弃和毁坏，是在伊斯兰教传入之前数世纪的事情。从建筑附近的堆积物中，斯坦因捡到一些中国古代铜钱,上面镌着开元年号(公元713—741年),从而更坚定了他对壁画绘成年代的看法。

老吐尔地在这荒凉的环境中完全像是到了家一样,从童年开始他就经常访问这些荒漠地带,那些地下的财宝构成了迷人的梦想,吸引着他和他的亲属一次又一次地来到这里。虽然他们艰苦的旅行所获甚微,可是由于对这些沉寂的古代遗址十分熟悉,致使他对这里一切生命的痕迹都很有兴趣。当他引导斯坦因来到这些残损的遗址当中,并回答许多斯坦因所提出的关于他本人寻宝过程中遇到的问题时,这个平时沉默寡言的老人逐渐变得活跃起来。根据吐尔地的谈话,斯坦因很快明白长久以来这个遗址附近的沙包群没有多大变化,因此吐尔地很容易就认出了他和他的亲属曾经访问过的地方。

斯坦因心中暗暗庆幸,幸亏那些寻宝人的物力有限,使他们无法克服各种困难载运物资供应其长期逗留所需,也不可能带来人数较多的队伍,否则丹丹乌里克的珍宝早已经流入欧洲文物市场,而轮不到斯坦因来挖掘了。

由于上述原因,凡埋入沙土中较深的建筑物均未被挖开过,这似乎就是上天冥冥之中留给斯坦因的运气。斯坦因首先选择那些深埋在沙土之中,从来未曾被寻宝人挖过的建筑遗址作为发掘目标。斯坦因把营地扎在主要聚落建筑遗址旁边,目的在于让民工们减少他们穿过沙堆往返于营地与遗址的路途时间花费,每天尽可能长时间地进行发掘。

选择这个营地,还有一个更重要的原因,是让这个营地能得到充足的燃料。丹丹乌里克遗址未曾发生过被人大规模挖掘的状况,使得斯坦因当即决定要在这里尽可能长期停留。他看中的燃料就是遍布于遗址的各种木料和古代果园的枯树。这处沙漠腹地保存千年的古代聚落遗址群,即将遭受的浩劫便由营地开始了。

确定了营地,斯坦因马上安排把行装卸在条件合适的地方,随后又立即打发驮工带领所有骆驼向东出发,走大约3天的路程前往克里雅河畔饮水和放牧。在那里顺着河边的胡杨树丛林,能够找到骆驼休养生息所必需的饲草,恢复它们的体力以便于以后的沙漠旅行。

发掘工作是从清理一座很小的正方形房屋建筑遗址开始的。吐尔地将此建筑称作“布特哈纳”,意即“佛寺”。遗址一直没人动过,埋在沙

营地之中斯坦因自己的特制帐篷

漠下只有0.6—1米深。它的发掘对于斯坦因了解塔克拉玛干沙漠腹地遗址中古寺庙的规范性构造提供了十分有用和最基本的知识。

那是一座四面环以外墙的正方形小型房屋建筑，按照印度寺院结构形式，正方形外部墙壁与正方形内里建筑墙壁之间是一个过道，专为崇拜者行礼仪时绕行所用，整个建筑直观的结构布局呈"回"字形。过道的墙上都装饰着壁画，画着比真人还大许多的色泽鲜艳的佛像。佛像如通常所见的说法图那样，高举着手，或者静坐冥思。这里尽管仅残存佛寺墙壁和佛寺主尊佛像的下半部分，斯坦因还是能够辨识出它们与印度北部地区犍陀罗古典佛像雕塑间毫无疑问的联系。

初步的清理工作为斯坦因提供了沙漠中发掘古物的经验，为指导下一步发掘被沙漠埋得更深的古代建筑进行了实践性的尝试。虽然是尝试性的发掘，但还是出土了150块适于运往欧洲的胶泥泥塑浮雕残块。摸索出考古发掘工作的基本方法后，斯坦因随即确定的下一步目标便是发掘埋在两三米深沙子下的一些规模不大的小建筑物。虽然显露在沙漠表面的只有已打碎的晒得发白的柱子底部，但是仍能精确地判断出建筑遗址的构造和特征。

佛殿遗址结构形式和壁画绘制特点具有和阗古代佛寺的典型特征。较大的佛殿建筑遗址有3米见方，门开在北墙。整个建筑使用木框架卯榫方式构建四面和上下主体结构，再以木柱和树枝编制成篱笆墙体，篱笆墙体两面用灰胶泥抹平形成视觉上的泥墙，墙体的厚度约16.5厘米。佛殿四周环绕一条宽约1.4米的过道，外墙以同样方式和材料建造。过道，其实是佛教徒诵经礼佛时围绕主尊佛像举行绕行仪式用的回廊，斯坦因认为这是印度佛教寺庙传统建筑形式。

佛殿进口也在北墙的正中，佛殿内曾有过一尊用胶泥塑造的彩色塑像，很可能是一尊坐佛像。遗憾的是，只有右脚尚残留至今。右脚长约33厘米，保留在一个精致的高约1米的长方形基座上。佛像的其他部分很久以前就已经碎裂无存。基座上面和附近地面沙土中可以捡到能够拼凑成小腿和部分服饰的碎片，轻轻一捏就碎了。曾经支撑这尊厚重泥塑佛像的木质支架，只残留着下面固定在左脚中的部分尚保存完整。佛殿的四角，每个角上都有一尊站在莲花座上斜披袈裟的灰泥塑像，但是只有西北角上的一尊腰部以下尚保存完整。

礼佛回廊过道两侧均绘有佛教壁画。斯坦因对工作进展和所有出土物品均进行拍照和登记，并详细记录下来整个发掘过程，注明每一件出土文物的发现位置，然后一个个包装好下面有题记的小坐佛泥塑，以便安全运输。在这里，他意外发现佛和菩萨的服装颜色与现在印度僧人通常穿的那种略有点红的褐色毫无二致。寺院的外墙有一圈用泥塑小座佛构成的饰带和壁画，画中一排排骑在马或骆驼上的年轻人，每人

丹丹乌里克 D.II 遗址出土的回廊墙壁壁画

张开的右手上都拿着一只杯子，这些人物上方画着一只鸟，也许是一只鹰，正向着供奉物飞下来。

发现这个已消失千年的世界级艺术宝库，使斯坦因受到鼓舞和激励，他催促民工加紧工作，并给出奖励悬赏发现新文物的人。这个保留得比较好的佛殿的东南部分和其他3个房角的情况基本一样，墙壁毁坏倒塌至30厘米高。每个角落的泥塑像也已毁坏。尽管如此，精致圆形莲花座和部分残块依然保存了下来。幸运的是，其中一个墙角还保留下来一些较好的装饰物。斯坦因在房间屋角神像底座和主尊佛像底座之间的平台上发现一个独立的小灰泥塑像，高23厘米，除头部和手臂已经残损之外，身体其他部分保存较好。

小塑像造型精致，服饰刻画细致精美，袈裟颜色为红棕色，安放佛像的小木板亦很完整。很明显，这块木板是用来搬动佛像的底托。造像灰胶泥虽然相当结实，但是斯坦因不敢冒风险去搬动它，而是先小心谨慎地用在和阗就已经准备好的棉絮和大量柔软的桑皮纸将它包裹好，再放入一个合适的驮箱里。最终，这个小塑像完全如斯坦因所期待的那样经过漫长旅程安全顺利地到达伦敦大英博物馆。

有趣的是，在主尊佛像底座附近以及佛殿的其他地方，斯坦因还找到了几把当年僧侣使用过的古代扫帚。过去清扫沙土以保持佛寺圣地清洁的扫帚正是被它的清扫对象——沙子完好无缺地保存下来。其中一把长度约41厘米，用一种硬草的茎秆巧妙地捆扎而成。茎秆末端被连续编为辫状，然后用搓好的草绳捆扎成圆把。披散开的一端则组合成羽毛般的扇形条状，发挥扫地的功能。

发掘工作继续进行。他们在清理佛殿东墙时发现一系列非常引人注目的壁画与一个风格独特的灰胶泥泥塑毗沙门天像。塑像除头部和左臂外基本完整，脚踏一个倒在地上的恶魔（敌人）。塑像从脚跟到腋窝残高约1米，身着遮住膝盖的铠甲，铠甲上似乎有连缀成排的小金属片，红绿相间，色彩仍很鲜艳。胸前、衣服下缘和腰带上的装饰品色彩鲜亮，甚至连接铠甲上小金属片的金属钉和下垂的衣裙都雕刻得惟妙惟肖。毫无疑问，毗沙门天独具匠心的铠甲和服饰都是和阗佛教盛行时期当地武士的着装。塑像脚上穿着的宽头皮靴，样式仍然与斯坦因当时在和阗绿洲所见居民所穿皮靴一样。被毗沙门天一只脚踩着的恶魔，斜扭着身躯，头从地面略微抬起，眼睛圆睁，龇牙咧嘴，一副惊骇神态。恶魔的密发被精巧地挽成一束螺丝状，与斯坦因很熟悉的拉合尔博物馆的许多犍陀罗地区希腊化佛教人物雕塑头上的发式几乎完全一样。尽管身穿东方装束，但这塑像实际上是佛教传说中的一个门神——夜叉。

毗沙门天塑像右侧墙上画着一系列彩色壁画，其中最为著名的就是吉祥天女（又称“鬼子母”）。画面是一个美丽女性在方形水池中沐浴，环绕着水池的地面铺有棋盘格状地板，水面漂满莲花。浴女全身裸露，头上只有一块印度风格纱巾，颈部、两臂和腰上束有饰物。面部轮廓精致漂亮，颇具活力神韵，右手纤指轻抚胸口，左臂自然弯曲至腰部，身材优美迷人，4条系着小铃的带子系在臀部周围，酷似早期印度雕塑美术中的舞女。浴女的脸侧向右方，眼睛向下看着一个小男孩，男孩似乎是刚从水中爬起来正要依偎到她身边。

还有5块带有彩绘图画的木版斜靠在主尊佛像基座的底部，都是长方形，但大小各异。最大的一块长5厘米，高12.7厘米，厚0.6厘米。由于紧贴地面，所有彩绘木版明显地受到潮湿侵蚀，致使木质和薄薄的水彩层损坏严重。同样的原因，清除黏附在木版表面的泥土硬壳和沙粒也非常棘手，让斯坦因本人受了不少罪。根据当时初步清理后的木版画显现出来的画面，斯坦因清楚地辨认出这些木版画所画内容是佛传故事中的人物形象和印度教场面，其中有印度众神之中常见的智慧神（即象头神）的古怪形象。另外一块木版上还画有一个跳舞的女神，舞蹈姿态活泼潇洒，后仰的头上垂下浓密的黑发，左手举起的彩带在头顶上呈现

丹丹乌里克D.II遗址出土的毗沙门天塑像与吉祥天女壁画

出优美的弧形。

这些木版画和后来在丹丹乌里克各荒废寺庙神像底座旁发现的其他木版画一样，无疑都是佛教信众放在主尊佛像附近，作为供奉者还愿供品。大多数木版画盗运至大英博物馆，经过谨慎细致的清洗后都恢复了本来面目。其中两幅木版画直接与古代于阗历史相关，同时也验证了玄奘《大唐西域记》记载得真实可靠。

第一幅木版画是鼠神崇拜。玄奘关于于阗国的记载中有“鼠壤坟”的故事。在王城西方一百五六十里远的地方，驿路两侧尽是大丘陵，这些丘陵其实都是鼠壤坟。这儿的老鼠像刺猬一般大，其中金色、银色的全是鼠王。早年间，匈奴以几十万大军入侵于阗，就驻扎在鼠壤坟。于阗王手中只有几万士兵，大敌当前，只得求助于鼠神，专心焚香祈祷，希望鼠神显灵以保国土。当夜，于阗王梦见鼠王前来相见，并说：“请放心，明早整军与敌一战，必定大获全胜！”次日拂晓，于阗王亲自率领精兵奔袭敌营，而匈奴军马则乱成一团，溃不成军，原来匈奴全军军械凡是带子，如弓弦、衣帽鞋带、马挽具和肚带，全被老鼠咬断。匈奴将士纷纷束手就擒，以为有神灵保佑于阗。此后于阗王为报大恩，世代敬鼠如神，全国上自君主下及百姓，无人不拜祭鼠神，并以衣物、弓矢、佳肴为贡品。在斯坦因发现这幅木版画前，人们不大关注这个传说，也没人把它与于阗国历史结合起来。正是这幅偶然为斯坦因发现的木版画，才使人们把敬奉鼠神视为于阗国基本国情。

另一幅木版画是传丝公主的故事。这也是玄奘讲述的故事。早年间，于阗国不知道怎样种桑养蚕，而东方某国却是桑蚕之区，得尽丝绸之利。于阗王派使者向东国乞求蚕种，但东国以桑蚕之法为国家机密，

鼠神崇拜木版画

不但不传，还严令边境关防，不准任何人把桑蚕种子与种植方法传到于阗。于阗王想了一个特别的办法，他先是派专人向东国的公主求婚，东国君主正有向西扩展的想法，就应允了婚事。吉期将至，于阗王向迎亲特使做了如下训令："在公主与你独处时，你私下告诉她，我们国家不能生产丝织品，她如果想始终身着美丽的绸缎，就请把蚕种作为陪嫁带过来。"公主为其所动，果然在离家前私下收集了桑蚕种子，并准备携带到于阗。在过边防哨卡时，东国边关严密搜查了公主的嫁妆，没发现违禁品，就放行了。原来聪明的公主把种子私藏在帽子里，带到了于阗。到于阗后，她先住在一个叫麻射的地方，就把桑蚕种子种在麻射，并留下了蚕种。入宫后，她时常来麻射管理桑蚕，并刻石为律，要求国人爱护桑树，珍惜蚕种。从此，桑蚕遍及于阗境内的绿洲，于阗也成为蚕丝生产之区，并闻名西域。为纪念公主传入桑蚕，人们在麻射修建了庙宇。当玄奘于唐初来访时，还在麻射庙里见到几株枯死的古桑树，人们告诉他，那就是东国公主传入桑种时种下的那些桑树。

虽然有些学者并不认为斯坦因发现的这幅绘有高发髻女像的木版画就是所谓的"东国公主传丝图"，而只是佛画而已，但是蚕丝业发达的中原通过丝绸之路既远送了珍贵的丝织品，也同时传播了桑蚕业，确是有据可考的，说明当时丝路古道对于东西方经济、文化交流所起的重要作用。

早期的印度绘画在印度本土保存下来的极少，因此，丹丹乌里克寺庙壁画与木版画中保存下来的那些移植到和阗佛教地区的真正印度艺术就有了更加重大的意义。壁画的种类很多，不过斯坦因最为关注的还是这样一幅壁画。壁画主要人物是一位面貌年轻的男子。他盘腿端

东国公主传丝木版画

坐，披一件深蓝色斗篷，裸露右肩，表明是一位佛教学者。他右手持着一束婆提书卷(印度传统形式的梵文手抄书卷，按书页顺序串联，夹在两块薄木板中间。这种形式的书页在印度一般在中间或右侧打孔以便于穿绳固定，斯坦因在丹丹乌里克所见的壁画及此后获得的实物都在左侧打孔)，正在专心致志地攻读研学。画像旁边描绘着一位侧转向右正在说教的老人。老人的袈裟由各种深浅不同的棕色布块连缀而成，表现出印度化缘僧(行脚僧)的典型模样。他伸出右手第二和第三根手指，以说法式样高抬着，左手掌托着闭合起来的婆提书卷。夹着书页的两块薄木板也画得很清楚，这种书卷形式至今仍常见于梵文抄本。这幅壁画的出现极大地增强了斯坦因在丹丹乌里克获得出土文书的信心。

斯坦因接着又选择发掘另一座建筑，其木柱结构布局表明这是一座住宅，其周围分布着干死的已变得发白的苹果树枝。挖出来的墙显然属于一座房子的底层。屋内虚松的沙土中发现了一小片写有几个婆罗米字样的纸片。为鼓励民工努力工作，斯坦因悬赏第一个发现古文书的人。不到一小时，一个喊声宣告了古代写本的面世。斯坦因辨明这确实是张精美的纸，擦拭干净后斯坦因就拥有了第一张保存完好的古代写本长方形纸页。这片纸是婆提书卷的一部分，写有6行清晰美观的婆罗米文中的笈多写体文字。

喜讯接踵而来。婆罗米字体抄本的其他几页又很快挖出来了，一些是单页，另一些数页相连。它们的页码、尺寸和书写特点表明分属于三种不同的婆提书卷，所有内容都是梵文的佛经。看来，它们是在底层沙子不断掩埋的过程中，从上层散落下来的。斯坦因完全有理由认为，落到有沙土保护的安全底层的时间越早，保存下来的文书残片就会越多。斯坦因满怀期望地注视着民工们清理地窖。不久，两捆，甚至更多的婆提书卷被发现，根据古文字字体特征，斯坦因断定文书年代应在公元7世纪以前。

斯坦因的考察活动一开始只一味强调西方和印度对古代新疆的影响，而他的实际发现却在反复提醒他中国文化的影响更为强大。一只彩绘漆木碗的出土竟然成为斯坦因的新问题，因为它证实了汉族人在丹丹乌里克的存在。继之发现的汉文文书进一步说明了汉族人存在的

丹丹乌里克遗址出土的婆罗米字体贝叶文书残页

丹丹乌里克遗址出土的汉文文书

真实性，证实了这所房子主人的族属。第一件是块长方形的胡杨木片，两面都竖写有汉字。第二件汉文文书几乎是粘在房子地面上，折叠成小卷的很薄的水纹纸碎片，内容为祈求找回一头遗失的毛驴，下面标明的年代相当于公元780年，而地名也许是例谢（Li-Sich）、离谢（Lich-sich），或者离查（Li-tsa）。其他的汉文文书涉及一座名叫“护国寺”的佛寺。这些世俗性质的内容，表明了寺院组织中的最高佛僧即僧团住持是汉族人，而皈依者显然都是当地人。汉文纸片上记述的琐碎事务则是当地居民于8世纪末放弃此地的原因。这些薄薄的易破碎的纸，年代在公元782—787年间。紧粘在地面上，说明这些内容琐碎的汉文文书散落下来不久，沙漠便吞没了小屋，因为小纸卷不可能抵挡住年复一年春、秋季节风沙对这个地区的侵蚀。

斯坦因共清理和勘察了丹丹乌里克沙漠中分布的房屋遗址14座。细致谨慎的勘察有助于他恢复当地曾经繁荣的生活情景。1901年1月2日，他写了一封短信给英属印度政府。信中说：“在沙漠里这个古遗址度过的最后数周中，我在古代梵文和汉文手写古代文书的出土，以及佛教壁画与相关文物方面取得了令人满意的成就。”

某些纸抄本书页和小纸捆，斯坦因几乎马上就辨认出是用早期印度婆罗米字体书写的，但语言不详，可以肯定的是其形状、抄本的排列，以及它们的手迹源于印度，使用的语言则是于阗语。凭借这一语言认识，斯坦因清楚地感觉到，印度佛教在传入塔里木盆地途中曾吸收了伊朗语成分。

一幅供养人木版画是这种外来文化最好的例证。木版画人物是一位体态、服饰全然为波斯风格的强壮男子形象，却完全表现为一位佛教的神。他修长而红润的脸庞，脸上浓黑的眉毛，更加强了面部的男性特征。头上一顶很高的金冠，极像波斯萨珊王朝万王之王头上所戴。腰部纤细，保持了传统的波斯男性美。他穿着一件长及腰下的锦缎外衣，足着高筒黑皮靴，腰悬一柄短的弯剑，围巾由颈部垂下，绕着臂部，恰如在中亚地区所见的菩萨形象。与常见的此类画像一样，这个神有四只手，其中三臂擎有法物，两件清晰可见，一只酒杯，一个矛头，俱为世间常物。

木版另一面的图画则完全是印度式的三头魔王形象。一身暗蓝色

波斯风格供养人木版画

的肌肉，呈裸体，腰下系虎皮，交叉的两腿下部是昂首俯身的两头动物，四臂各执一法物，这一切都同印度密宗的神相像。这一面图画的主题和风格与反面的波斯像相比大相径庭——两者之间是否有联系，这一疑问直到15年后斯坦因才找到答案。

在丹丹乌里克遗址中，宗教建筑占有引人注目的数量优势，斯坦因认为它提供了这样的可能性，即在居民点被遗弃一段时间之后，这些寺庙和僧侣的住房仍然继续存在并接受朝拜者的造访，或许成了朝觐地。这种情况，与现今在绿洲耕作区边缘常可找到很多麻扎的情况一样，有着诸多共同点。这种情况也说明，整个被遗弃的居民房屋颓毁速度的加快，是由于寺庙的僧侣和朝拜礼佛的人们出于对这些房屋里的遗留木料和其他物资的需求而进行的拆除破坏。这个居住区的遗弃是逐步进行的，并非像一些欧洲旅行家早已相信的那样，是由于突然发生的自然界大灾难所造成，这是因为他们听到了所谓"塔克拉玛干古城"的传说。其实，这个流行于天山南部的所谓"罪恶之地"或"罪恶之城"的古代城镇被埋没在沙漠之下的传说，其年代比丹丹乌里克本身要早得多。

丹丹乌里克这块土地，是由一批一直存在到很晚年代的渠道引进来的水灌溉的，它们将策勒、固合拉玛、达玛沟诸河流的水引入这个遗址正南方的沙漠。丹丹乌里克最后废弃是因为不能维持有效的灌溉系统，原因是政治动乱导致人口减少，还是由于自然条件变化影响了河流的供水量，斯坦因没有找到证据。

3周后，斯坦因怀着复杂的心情向沉寂安静的丹丹乌里克沙漠遗址告别。现在看来，丹丹乌里克遗址在新疆考古发展史上有着十分特殊的地位。在这里，一位经过考古专业训练且有经验的学者初次冒险进入塔克拉玛干沙漠进行考古发掘，为他的学术假设寻找证据，并获得成功。这是第一次现代科学意义上的考古发掘。从此，斯坦因开创了将塔里木盆地丰富的信仰伊斯兰教之前时期的历史带入现代国际学术研究殿堂的先河。

神像木版画

初次发掘的丹丹乌里克佛寺遗址

第七节 尼雅遗址的恩赐

在结束丹丹乌里克的工作之后，斯坦因接着便开始尼雅河之旅。

“塔克拉玛干”这一名称属于何种语言，学术界目前还没有定论，现在较能为大家接受的解释是“失落的家园”。尼雅就位于失落的家园腹地的南端。2000年前，这里曾是西域三十六国中的精绝国，人口虽少，但生活安乐。东汉末年，精绝为鄯善所并，但仍称王。公元三四世纪，这一曾经一度繁荣的丝路明珠被废弃。

尼雅绿洲即现在的民丰，当时的民丰绿洲归于阗管理。这个小绿洲给斯坦因的直观印象，就只是沿着尼雅河岸两旁分布的一片农田和村落。斯坦因认为它可能就是玄奘访问过的尼壤，玄奘记载说该地被“瞿萨旦那(于阗国)以为东境之关防”。19世纪以前，尼雅绿洲仍然还是和阗地区最东部的一个辖区，后来才分成一个独立地区。

斯坦因在尼雅绿洲只见到一件古物——一个巨大的陶瓶，直径将近1米，几年前发现于他即将前往的那个伊玛目贾法·沙迪克麻扎。随后一个偶然的机会，斯坦因的驮夫——年轻机敏的哈桑阿洪在巴扎上闲逛时，碰到一个出卖写有文字木牍的农夫，哈桑阿洪随即把农夫和木牍一并介绍给了斯坦因。斯坦因一看便惊呆了，所见的是佉卢文木牍，字体、字母与公元1世纪贵霜王朝时期流行的一种写体很相近。

佉卢字母(Kharoṣṭhī、Kharosthi)，由阿拉米字母(Aramaic alphabet)演变而来，其原型可能在公元前500年间传入波斯，公元前4世纪由波斯统治者带入北印度。佉卢字母使用区域极广，包括中国新疆、印

尼雅遗址全景

度西北部、巴基斯坦、阿富汗和一些中亚国家。中国新疆塔克拉玛干沙漠遗址考古发掘中已发现不少佉卢文残卷，新疆主要使用地区为和阗绿洲向东一直到若羌绿洲，使用时间开始于公元2世纪，截止于公元4世纪左右。

民丰绿洲的男孩

阿拉米字母，也称阿拉姆字母、阿拉美字母、亚兰字母，是一种源自西亚闪米特字母的辅音音素文字（abjad），通行于今日叙利亚以东的西亚地区。阿拉米字母主要用来书写阿拉米语。现存的阿拉米字母碑文都在公元前9世纪到公元前7世纪，大约在公元前8世纪开始与腓尼基字母分化，直到公元前331年波斯帝国瓦解后，开始分化成西亚地区的各种文字，包括今日的希伯来字母都是源于阿拉米字母。

这些木牍是民丰绿洲居民在前往伊玛目贾法·沙迪克麻扎的途中捡到的。原始发现者是一位名叫伊卜拉欣的青年农民，他于数年前在沙漠中的一个遗址掘地寻宝时找到。携带木牍走在回家的路上，他觉得这些东西好像没有什么用处，带回去不会有任何价值，所以他嫌累赘便将一些木牍遗弃在回家的路上，但还是带了几个拿给自己的孩子玩。截至斯坦因看到这些佉卢文木牍，佉卢文写体虽已在新疆发现，然而仅仅是在早期的于阗钱币（汉佉二体钱，又称“和阗马钱”）上，年代约为公元2世纪，此外就只有法国旅行家杜特依兰1892年获得的一卷佉卢文桦树皮抄本。斯坦因立刻雇请伊卜拉欣为向导，马上改变预定计划，仅3天就到达伊玛目贾法·沙迪克麻扎附近的古代建筑遗址分布的沙漠地带。

再往前走，沿着一条曾经为河流的小路，穿过一片奇异的矮树丛，那里除了枯死的树干外，还有些部分干枯但仍生长茂盛的红柳包。斯

尼雅N.III遗址外景

坦因发现自己已经进入尼雅河下游古代居民区范围，因为可以持续看到许多散落在地面上的碎陶片。不久，斯坦因又见到用厚芦苇圈成的篱笆和枯死的果树、杨树等，这些表明这是一座古代的农舍遗址。接着又出现两间类似于丹丹乌里克建筑遗址式样的房屋，不过尼雅河下游的比那些更大些，修造得也很精巧，并且极牢固。还有希腊风格佛教题材木雕刻散布在遗址表面，看到的一切都说明这里的建筑遗址十分古老。继丹丹乌里克古代建筑遗址群考古发掘工作之后，斯坦因又走进了后来闻名于世的尼雅古代建筑遗址群。

斯坦因在遗址中心选择了一个合适的地方安营扎寨，以便于发掘散布在其附近的遗址。他的心中忐忑不安，因为目前还不能够确定伊卜拉欣的故事是否真实，也不知是否还能进一步发现其他一些文书。斯坦因就这样在尼雅遗址度过了进入该地后的第一个夜晚。

第二天，斯坦因满腹狐疑地尾随着伊卜拉欣前往发现木牍的地方，还在途中捡到了一块之前被伊卜拉欣丢在沙地上的木牍。斯坦因欣喜若狂，不过他还是控制住情绪，继续稳健地指挥工作，很快伊卜拉欣就带领斯坦因来到那座古代房屋遗址。随后立即进行考古发掘。仅在一开始对房子进行清理时，民工们就发现了100多枚木牍文书，所有木牍文书交给斯坦因时都完好无损。

斯坦因很快就弄清楚了这些木牍文书的用途和外表特征。它们大多呈楔形，长17—37厘米不等，原先显然是每两块紧捆在一起。文件内容只是写在木牍里面，外部有一下陷的凹形槽，用细麻沿槽口捆绑，

尼雅N.I遗址地表景观

并于凹形槽密封口钤一封泥印，确保密封和函件内容保密。另外，凹形槽旁边常有简单的记录，可做分类或者写上发信人和收信人的姓名，那些仍然成对地留下来的完整木牍里面文书的墨迹犹如刚写上一样鲜艳如新，只有少数字迹难以认读。

第一天考古发掘出土的所有木牍文书，经过认真捆包，做标签，清点数量之后，斯坦因发现，这一天的发现数量竟与在此之前国际收藏界与学术界保存的所有用于研究的佉卢文资料总数相等。这对斯坦因而言无疑又是一次巨大的成功。

在帐篷里，斯坦因裹着皮衣，忍受着寒风对身体的侵袭，认真地对这些木牍文书进行研究。初步确定，这种语言是一种印度西北部流行的早期俗语(东伊朗语支语言)。几天内他便掌握了文书的基本内容和书写程式——大王陛下敕书，从而明确了这些文书所载为官方命令。这是从事历史研究意想不到的最新的资料，而且这种研究一直处于迷雾之中。经过细致调查，斯坦因很快大致确定了有可能埋藏有佉卢文木牍文书的古代建筑遗址分布范围和重要地点，随即便将民工们派往那里开展考古发掘。

这个古代建筑物侧面有一个小厅，由此通向一间8米见方的大屋，

尼雅遗址出土，具有防泄密功能的佉卢文木牍文书

该屋三面都有一个隆起的灰泥平台，给人感觉这好像是一座当地官吏们办公的官署，保存在上面的沙层只有60厘米厚，在平台上发现60枚木牍，一些紧靠着摞成小堆，显然这是最后居住在这里的人们遗留下来的。木牍形状、大小不等，多数呈长方形木板状，一些有18厘米长，大多数字体排列错落不齐，字行很小，末尾缀以数字，书法不一，有涂改抹掉的痕迹。其内容既非文献，也不是连贯的报告，大概都是些备忘录、账簿、草稿，以及便笺之类。只发现木牍，没见一片纸质文书，恐怕就是这个遗址的特征。只有陶器和很小的玉器或铁器的碎片遗物证明这是古代居民居住之地。

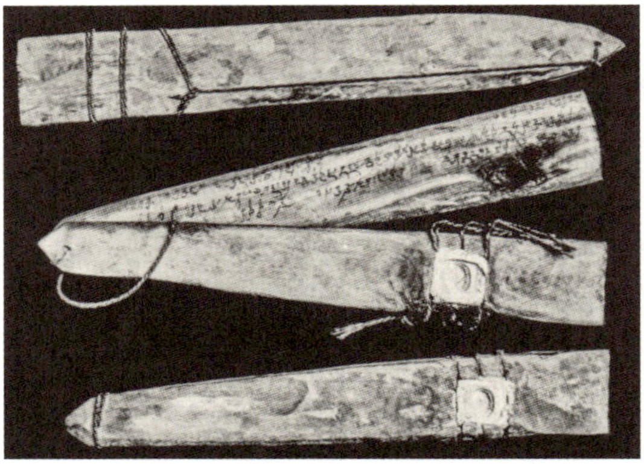

尼雅遗址出土，具有防泄密功能的双楔形佉卢文木牍文书

在一间只有15厘

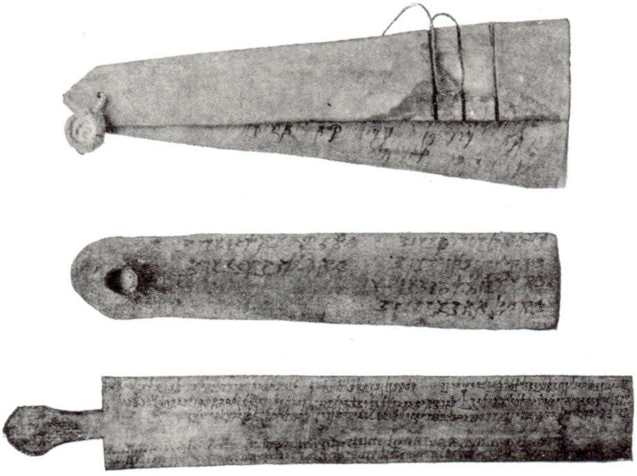

尼雅遗址出土的佉卢文木牍文书

米厚沙层的房子里，除了出土一个捕鼠夹和一只靴子外，还有一些上面紧凑地写着各种名称账目款项的木牍，无疑，这是一些官署的记录文件文书，木牍的规格大致为 19 cm×10cm 的长方形。

为了重现尼雅遗址原貌，斯坦因绘制了房屋、棚圈的平面图。在一座宅屋中，保存下来一个冰窖，两棵白杨树干并排放在一起，这样使冰块离开地面，上面盖上厚厚一层树叶以遮蔽夏日骄阳。时迄今日，此法仍为当地富足百姓使用。另一座大厅的墙壁上绘有一幅巨大的旋涡形花纹及雅致

尼雅 N.III 遗址墙壁壁画

的莲花蓓蕾垂花图案，4根长达12米的横梁被厚厚的沙子支撑着仍搁在原来的地方。横梁、壁画和炉底残存的灰烬，除此之外别无他物，看来最后的居民已把大厅搬空了。

斯坦因并不满足于单纯的古代文书和艺术品的发掘，他要了解有关这个居民区所有的事情。他考察并确定了居室、佛寺、官署、大厅、厨房、物品储藏室、冰窖等建筑物的布局，不放过任何一件能重现那早已消失的日常生活情景的东西。斯坦因进行尼雅遗址考古发掘与调查时，也许并不清楚考古学是一门实证性的历史学科，即用出土文物和历史遗址遗迹复原或再现历史文化面貌，但是却在他的考古发掘与调查中有意无意地运用了这一概念。

各处建筑遗址都不断出土一定数量的古代物品，不过大多数物品都是残块。有衣服和毛毯之残片，有做工精细的带几何图案的地毯残块，一些骨制品碎块，一些厨房用具，一个木制的弓和盾牌、纺锤，甚至还有一个苹果木制成的拐棍。最能证明古代木制品工艺制作技术精良的是两把精雕细刻的木椅。它们的制式与犍陀罗艺术风格相同，在年代上与出土的佉卢文文书，以及东汉时期的中国钱币相同。找到的日用品不多，这一现象表明，居室中凡有价值以及尚可使用的物品都被最后的绿洲居住者搜捡一空。漫步在这条古代的乡村小路上，不难发现大量已枯萎干死的果树，其中以桃树、李树、杏树和桑树居多，显然这里的果园曾一度花红果绿，十分茂盛。斯坦因此时常常有一种仿佛时间长河在倒流的强烈感觉。

考古调查与发掘工作继续进行。当一处处遗址相继被发掘出来时，斯坦因认识到：虽然古代尼雅居民已带走了所有有用的东西，但在某个地方肯定会有他们留下的垃圾堆。不过要想在广袤无垠的沙海中发现这些垃圾堆，则犹如在大干草堆中寻针一样不可能。一次散步时，一座外表毫不起眼的土包遗址引起他的注意，土包表面散落着一些已晒得发白的木牍。斯坦因敏锐地意识到他一直寻找的目标可能就在这里，便马上安排民工在此进行发掘。也许是斯坦因的学术直觉起了作用，也许是斯坦因运气好，半个小时后，30枚写有文字的古代木牍出土了。

其中两枚颇为有趣。第一枚是写着汉文的长木条木简，另一枚是写有佉卢文的皮革碎片，上面还写着日期。对这个意外发现的文书“宝库”持续进行发掘的过程中，斯坦因才意识到，自己真是运气爆棚，居然能偶然遇到了一个古代尼雅垃圾堆。而且更令斯坦因想象不到的是，垃圾堆的每一层中都有许多古代木牍文书同各种古代废弃物品混杂在一起。数百枚木牍文书沉睡在那一堆高出地面1.2米左右的古代垃圾堆内，垃圾堆表面全是破陶器、干草、毡片、各种毛织物残片、小块皮革等废弃物，正是这些废弃物保护了垃圾堆里面那些珍贵的古代木牍文书，避免了太阳和风沙的侵蚀与损坏。

考古发掘持续了很长时间，冬季狂风不时将垃圾堆中的沙尘吹向空中。斯坦因及时地给每一枚木牍文书写好标签，登记列表。经过3个令人难以忍受的冗长工作日，所有人都饱吸了古代垃圾散发出来的臭气，文书“宝库”——垃圾堆的发掘告一段落。

从垃圾堆中共出土两打书写在精心制作的光滑羊皮上的完整佉卢文文书，斯坦因认为这些都是操印度语言、有印度文化背景之人书写的皮革文书。这一观点至今仍然没有得到学术界的完全赞同，但是斯坦因找到的佉卢文皮革文书确实是学术界的首次发现。数量这么多的古代佉卢文皮革文书，表明通常的宗教戒律并没有阻止这些虔诚的佛教徒使用动物皮革。

通过观察这些大量出土的楔形简牍，斯坦因搞懂了这种楔形简牍信函的用法。楔形简牍通常都是大小合适的两片，两片一端削成方形，另一端削成尖形，靠尖形处两片凿一绳孔，文字通常写在底下一片

尼雅N.XV遗址出土的羊皮佉卢文文书

光滑的里面，上部为一个外套或函套，起保护作用，穿过尖端小孔的绳子通过和印槽相通的槽沟引至方头处将两片紧紧缚在一起。槽内用胶泥塞满，盖住麻绳，发信人的印章盖在还湿着的胶泥之上，于是简牍就被固定密封妥当。只有将封泥弄破，或者将绳子割断，才能阅读里面所写内容，所以能绝对防止私拆信函，保证不泄密。

之后，在尼雅遗址东部的调查活动中，斯坦因一直不断地发现这种保密性极强的佉卢文木牍信函。关于这种木牍的来源，斯坦因认为：这种精巧的器具原来始于中国，后来随着纸的发明，这种木牍信函形式才逐渐作废（斯坦因将发现最早的纸标本定为公元105年）。公元3世纪后半叶尼雅被废弃前，纸还没有传入这里。也就是说古代尼雅人没有享受过用纸书写的便利。

尼雅N.XV遗址出土的楔形简牍文书的组成部分

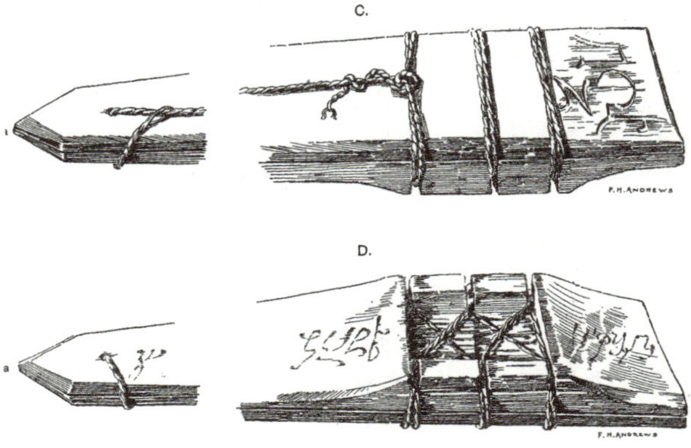

尼雅N.XV遗址出土的楔形简牍文书的密封方式

斯坦因还发现，虽然木牍信函、佉卢文信函上的封泥形式都源于中国，但是

尼雅遗址出土的佉卢文简牍文书

封泥形象则显然取于西方的古典艺术，其中有一块是执盾和雷电的雅典娜形象，便是古希腊风格；立或坐的伊洛斯和赫拉克里斯则是公元1世纪希腊或罗马的作品风格。非常有趣的是，有一块木牍上并排盖着两枚印，一枚镌刻汉字篆体，属于中国朝廷官署；另一枚作人首状，显然是模仿西方式样制作的。当初在约特干瓦砾中找到古希腊或罗马风格的小石刻时，斯坦因虽然还不知道那些古典印文是在于阗刻成的还是从犍陀罗运来的，但总的来讲，他认为在当地制作的可能性较大。

最令斯坦因满意的是，他获得了印度西北边境地区古典艺术传入

尼雅遗址出土的简牍封泥上的古希腊神话人物形象

尼雅遗址出土的佉卢文木牍文书封泥压印

中国新疆的路线的根据。这个特别例证就是尼雅垃圾堆的出土文物。尽管只是些小东西，但却是东西方文化在此相会的铁证。它们的存在似乎与玄奘所记述的当地传说相吻合，即和阗地区约于公元前2世纪有一定数量来自旁遮普西北地带的呾叉始罗，即希腊人称作“塔克西拉”的印度移民进入。从其他遗址垃圾中出土的证据使斯坦因确信：公元3世纪末是尼雅以及和阗地区其他小居民点的最后期限。当中原王朝的政治、军事力量从这些地方撤离的时候，该地居民便自行销声匿迹了。

2月13日，斯坦因完成了对埋在尼雅沙漠下面有迹可循的每一个古代建筑遗址的考古调查与发掘工作。他站在尼雅遗址北端5公里外的高沙梁上，用望远镜向远处的沙漠中搜索，再没有发现其他建筑遗址遗迹，只有光秃秃的沙包夹杂着一些体量不大的黄土雅丹。现在他可以满意地离开这个将给他带来运气和无上荣光的遗址了。至此，斯坦因已经获取数量巨大、价值不菲、极其珍贵的西域古代文物。

至于古代尼雅遗址废弃的原因，斯坦因的考察与判断如下。斯坦因于他的尼雅遗址第一个营地（C.93）南面，侵蚀严重的胶泥塔提地面上捡到过加工燧石片（N.003），据此他判断早期尼雅河尾闾绿洲就有居民活动。早期居民活动的时期要比建筑遗址所属时期早许多世纪，上限到什么时期很难确定。唯一可以确定的是，有建筑遗址的地方可以根据出土文物判断居住期和放弃居住的大致年代。各建筑遗址周围广泛分布塔提类型遗址，地表散布陶片和其他遗物碎块，构成与建筑遗址关联的生活区范围，并发现钱币、印章和其他大致可确定时代的器物。

斯坦因详细调查编号的尼雅建筑遗址，标明了尼雅遗址群的范围，

尼雅N.VIII遗址

从北边的N.VIII到南面枯死的果树林，足有11公里；由东面的N.I和西面的N.XII所示的最大宽度超过3公里。在那些沙丘更加高大的地方，很可能还掩藏着斯坦因当时未曾见到的建筑遗址。现存建筑遗址的数量很少，且又分布很广，不像和阗东部古代绿洲城镇。与丹丹乌里克的情况类似，考古发掘出土文物证明所有建筑遗址基本上都是在同一时期修建，并且大约也是同时废弃。

斯坦因发现的尼雅遗址群，总体而言，建筑规模和建设相对坚固的住宅少而分散。他总结了两点情况并做出解释：第一，很明显，较坚

尼雅N.VIII遗址地表散布的雕花木构件

固的房子比小耕种者土筑住宅更经得起风沙的侵蚀，尼雅遗址现存建筑废墟只是少数建筑得较好的住宅。第二，在所有未形成市中心的现代小绿洲，如和阗附近的皮山、木吉和策勒，或者喀什噶尔附近的塔什买力克（Tashmalik）、汗阿里克（Khan-arik）等绿洲，那里的情况与尼雅完全相同，即居民都散居在许多彼此被田地、果园甚至沙漠远远隔开的小村里。上述绿洲中，没有一处居民房屋建筑密集程度和数量达到或接近可以称为“城”。作为这些绿洲的商业中心的所谓巴扎，也只不过是一条摆摊的街道而已，除巴扎日以外，实际上并没有什么居民。现代绿洲的明巴什（Mingbashis，即千户长），或担任其他官职执掌当地行政大权的富裕伯克们，则通常都远远地住在各自小村里，或住在离其领地最近的单独农庄里。以塔里木盆地的标准衡量，这些伯克的宅邸通常都修建得相当好，而且非常舒适，正好与尼雅遗址较结实的建筑遗址相当。通过这样的观察，斯坦因判断这些尼雅古代建筑遗址所代表的，原本是很舒适并有相当社会地位的住所建筑，然而把这样的自然聚落环境说成“镇”或“城”，甚至“国”，肯定不怎么恰当。至于沙漠丝绸之路商队由此经过，休整补给，也只是交通路线的自然选择。

尼雅原本是一个位于古代河流末端的绿洲，依据调查，这个古代聚落曾经拥有的人口、耕作区域范围与现在的皮山、策勒和塔瓦库勒绿洲大致相当。可以肯定的是，尼雅绿洲与前面这两个绿洲一样，是一个典型的末端绿洲。与丹丹乌里克不同，尼雅绿洲供水水源来自尼雅河，基本有保证，且尼雅河古代河道直接通到尼雅绿洲附近。斯坦因观察到，当时即便夏季洪水期间，河水也仅能到达距遗址最南端11—13公里的地方。斯坦因发现，自从尼雅绿洲废弃以后，尼雅河水所能到达的地带距离现在的遗址区已经后缩了约24公里。

尼雅的废弃很可能与河道的后缩有关，当然还有一个原因——河流改道。斯坦因发现，源出昆仑山而注入塔里木盆地并消失于塔克拉玛干沙漠腹地的所有大河小溪，其河道的末端部分都很容易发生大规模频繁侧移，即向东或向西侧移。发生侧移的原因，是这些河流在末端河道沉积了大量淤泥，淤泥又变成流沙，它们反过来又迫使河流呈三角洲形分叉或周期性地形成新的河道。

尼雅河东面最近的牙通古孜（Yartunguz）和安迪尔两河尾闾就是

末端河道侧移的最好证据。斯坦因看到，最近成为牙通古孜河末端绿洲的吉格代里克布隆（Jigdalik-Bulung）和喀喇苏拉克（Kala-sulaghi）两个居民点，在斯坦因到访之前好几年就已面临着缺水的危险，原因并不是河里没水，而是由于上游河道向西发生了相当大距离的侧移，从而使浇灌牙通古孜塔里木（Yartunguz-Tarim）田园的渠道失去补给水源。小绿洲居民村落人口实在太少，根本无法通过加强渠道水利设施来防止河流反复改道，因此，只好到被称为伊勒巴萨力格（Yilba-Sarigh）的新的河流末端区去开垦新的耕地。

至于尼雅废弃的原因，斯坦因认为，尼雅河末端河道的某种大侧移具有较大的可能性。根据在于，尼雅遗址93号营地以西约13公里处有许多胶泥洼地，洼地里分布有大量死胡杨，再往西约3公里甚至还看到了活的胡杨树。也就是说，这两个地方现在都可作为河流在某个时候曾改道流到那个方向的证据。

斯坦因认为另外一种可能性是政治变迁。比如10世纪和阗地区伊斯兰教最后兴起，以及他到来之前阿古柏的入侵与残暴统治所导致的动乱虽然为时不长，却使和阗各绿洲人口、耕地和手工业生产大幅度减少。但即便如此，仍无法推测公元3世纪尼雅绿洲是否曾经发生巨大政治变动，导致河流改道，进而影响水利灌溉。

斯坦因确定，尼雅的废弃，主要原因是河水不再能够到达这里。主要证据就是最后的河道及其灌溉的公元3世纪，尼雅绿洲地带至少后缩了24公里，这种河水后缩也是塔里木盆地逐渐变干的结果。但是，这个自然事实并不能证明它就是尼雅废弃的直接和唯一的原因。有一个难以解释的情况，为什么当耕作无法在古代遗址维持的时候，尼雅绿洲居民没有往南迁移，而是在靠近现在河道尾闾的地方继续生存发展下去？因为伊玛目贾法·沙迪克麻扎上游和下游都是植被茂盛的绿洲。然而，斯坦因也看到，在他到来之前几年，麻扎上游约42公里处新开辟了一条灌溉渠道。让斯坦因无比疑惑的是，在尼雅遗址和现在河流终端之间，没有在任何地方找到过任何古代遗址，也没有听说过曾经发现过古代遗址。

塔里木盆地南缘各条发源于昆仑山的河流，从历史上地表径流水量来看，其实是逐渐减少的，因而其流入沙漠腹地的距离也就随之减少，也就是说，尼雅河的流程在不同历史阶段会呈现逐渐缩短的趋势。另外，沙漠河流流入沙漠腹地之后，因地势趋于平缓，坡度大为减小，泥沙淤积河道使之淤塞，加之洪水季节洪流冲击，河流改道应该是常有之事。因而来自昆仑山的河流出山口之后，便因自然之力成为漂流之河。河道变了，水流不再光顾的绿洲便会逐渐荒芜，如果没有一定数量的定居人口和相应的水利设施组织人力维护，绿洲便难以维持。

伊玛目贾法·沙迪克麻扎的出现，说明伊斯兰教进入尼雅绿洲的时间，应该与佛教退出尼雅绿洲的时间一致，大致在10世纪上半叶。那时的尼雅河下游绿洲应该就是麻扎所在位置，由此推断，尼雅河地表径流水量已经远小于公元3世纪的尼雅绿洲的时代。

斯坦因在尼雅遗址进行考古发掘工作期间，绝大多数时间天气都很好，夜里和早晨天气清冷，最低气温通常在-8℃左右。2月11日，天气特别晴朗，斯坦因的助理测绘师锐利的眼睛清晰地看到了尼雅南面大约250公里处的雪山。但是斯坦因很清楚，沙漠中的工作能有如此良好的条件，是不可能持久的。他想，在风暴季节到来之前，还有许多遗址尚待探察，因此，应该尽早出发前往新的探险考察目标。

斯坦因将下一个目标确定为安迪尔古城遗址。他认为，与其途经民丰绿洲，绕很远的路浪费时间，还不如向东穿越沙漠直达东面的安迪尔古城遗址。虽然他曾被告知，没有这样的一条道路。但经反复打问，最后终于找到一位曾经在尼雅河与安迪尔河之间的牙通古孜荒漠草场上放牧的牧民。不久，他又找到一位自称曾去过那些遗址的疯癫朝圣者。在两位向导带领下，斯坦因启程东行。两天后，亦即2月17日，在经过穿越高达45米沙丘的艰苦行程后，他们到达冰封着的牙通古孜河。

离开牙通古孜河小绿洲，告别放牧黑山羊的荒凉地方，途经低矮的沙丘，他们便到达了安迪尔古城遗址的标志——一个很久以前已被寻宝者和探险家劫掠过的残破佛塔。

2月21日上午，斯坦因来到了安迪尔古城遗址。古城现存土墙大致呈圆形，残存的城墙南段最大，保存得也最好。经过仔细测量，古城直径将近128米，近圆形城墙东段那边的大型建筑E.III没有沙子掩埋，空空如也，没有考古发掘意义。城墙西边在靠近城中央处，沙丘上露出成排的排列成同心方形的木柱，与丹丹乌里克遗址带回廊的佛寺极为相像。

这就是斯坦因在安迪尔古城遗址开始考古发掘的第一个目标。在佛寺遗址的一个角落里，一个小时内便有些与丹丹乌里克同一形状的胶泥塑像残块出土问世，随之还出土了一件纸文书残片，这是件用婆罗米草体书写的文书，但使用的也不是印度语言。内殿另一侧出土了藏文佛教文书，写在一种特殊的粗黄纸上（后来的研究证明，它们是目前所知最古老的藏文文书）。在灰泥墙上还有一些胡乱写的藏文涂鸦，其中有一处是汉文，标明的年代相当于公元719年或791年。

佛寺遗址是一处“回”字形佛殿，已经被寻宝人光顾过。经考古清理，发现殿堂四角有灰泥塑像，几乎全都分别独立于基座上，基座为盛开的莲花形，莲瓣下垂。只有西北、东北和西南角的胶泥塑像保存下来，而且只有下半部分。至于东南角的塑像，除第一天试掘时发现的难辨的胶泥塑像残块外什么都没有。东北和东南角的塑像旁肯定还各有一尊小塑像，但仅存莲花座。这些塑像的位置表明他们可能是天王（护世天王）或四方守护神，塑像垂衣无论是浮雕还是描绘方面都类似于丹丹乌里克造像，明显源自犍陀罗式原型。

安迪尔古城遗址的考古发掘对于斯坦因而言，最大的收获应该是各种古代文书的发现。第一天下午的试掘使斯坦因感到有发现古代文书的可能，后来发掘中出土的古代文书，使希望变成了现实。安迪尔古城遗址出土了多种古代语言文字文书，更有价值的是大量手稿的出土。

第一天下午的试掘，斯坦因就于中心基座东距地面约0.3米高的地方发现一部部头较大婆提梵文佛经中的3张左半页。第二天早上，在其东北离地同样不很高的地方又发现两捆残页，其中包含同一手稿的12张左半页和4张右半页。最后，当发掘完殿堂的剩余部分后，中心基座东面和门口之间的地方被完全清理出来，这时在寻宝人所挖直达地面的约0.6米深的坑中，又发现了两捆属于同一经文的散页，包括8张左半页和19张右半页，此外还有2张零散的半页。对比左右半页的总数，并据标记的页码，斯坦因当时就推断，他已拥有了这部梵文佛经手稿的绝大部分。这部婆提梵文佛经在左、右半页分开之前肯定曾合在一起搁置了很长时间，这似乎是很有可能的。书页的破损很可能是上次直达中心基座的盗掘造成的，而其被散失到殿堂的各个角落则无疑也是之前那次盗掘使然。

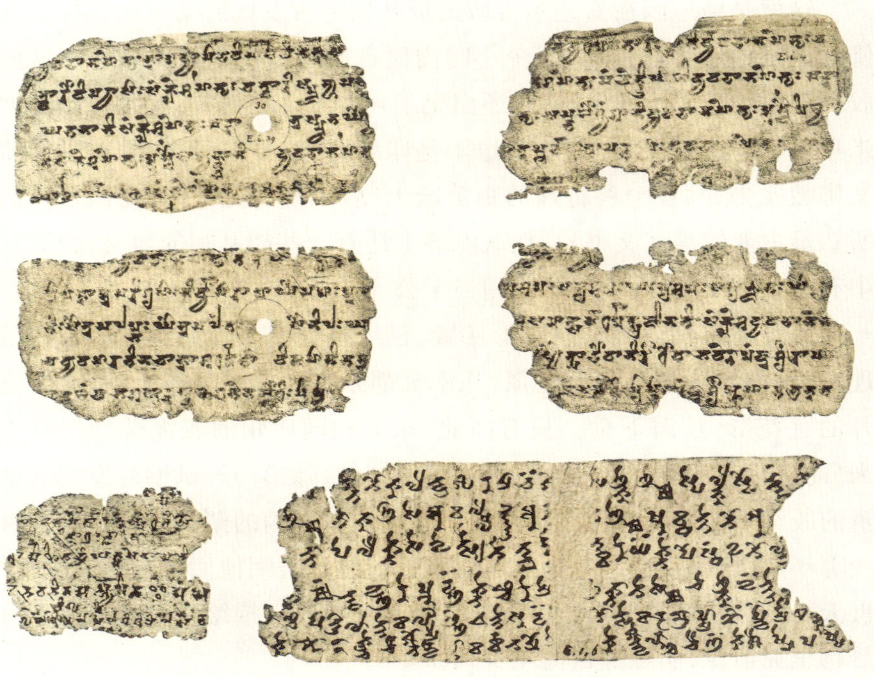

安迪尔古城遗址出土的婆罗米字体婆提梵文佛经

凭借丹丹乌里克遗址获得的经验，斯坦因一开始就认为，发现的古代文书手稿散页应该是许愿供品。很快，在紧靠中心基座北面基底处发现两卷捆得很紧的纸，从位置判断它们可能是从上方雕像的基座上掉落的。文书尺寸约为23cm×7.6cm，写着一种非梵语中亚斜体婆罗米文。另一卷发现时中间仍用纸绳牢牢扎着，到了大英博物馆后才被打开，结果是四大张46cm×9.5cm的纸页，写着竖体粗笈多字。后来考证，这是一部非梵语医学与巫术著作，语言为原始吐蕃语（proto-Tibetan）。之后，吐蕃文文书的发现一发而不可收，中心基座底部四周，以及西北、西南和东南角雕塑基座附近的地面上，发现了一大张保存完好的吐蕃文手稿纸页文书和大量吐蕃文婆提文书残页。婆提文书为收录于《甘珠尔集》（Kanjur）中的规范的《稻秆经》（Śalistamba-sutra）。吐蕃文手稿纸页也是佛经，不过随后的研究证明，纸张是由一种瑞香科植物生纤维制成，尼泊尔造纸的纸浆常使用这种生纤维。由于这种植物和瑞香科不见于新疆，所以手稿很有可能并非写于此地，而是从西藏输入至此的。这些纸张与丹丹乌里克发掘出土的其他古代手稿用纸有一个明显区别，那就是采用了非常特别的方法来防止纸张渗墨，从而使纸面更适于书写。这种效果并不是用上浆（这是新疆早期各种造纸法之一）方法获得的，而是只在用来书写的那一面上涂上厚厚的米浆来实现。

吐蕃文婆提文书《稻秆经》残页是目前所知最早的吐蕃文写本。安迪尔古城佛寺遗址发现的文书残页的年代早于8世纪，这些资料涉及吐蕃字母的发明和佛教最早传入西藏的真实年代问题。在远离雕像基座的地面上，斯坦因发现3张写有汉字的小纸片，与丹丹乌里克古代住宅和寺庙遗址中发现的那种世俗文书一样，一份是官方文件的残部，书有“左羽林軍大將軍王（?）直將”。这些汉文文书的发现，足以说明安迪尔佛寺及其周围建筑的废弃肯定不晚于8世纪末。幸运的事不断出现，斯坦因又发现佛寺殿堂西面墙壁上题写着一则署有日期的汉文题记，题记刻写的日期是开元七年，即公元719年。题记已残缺不全，尚能解读的部分明确提到“四鎮”“大蕃”（即吐蕃）和“大蕃官”，接下来是“太常卿秦嘉興歸本道”。其前一句中所谓“聞其兵馬使死”的那个兵马使是否即秦嘉兴，还是指另外某位官员，不能确定。公元719年开始，很可能“安西四镇”便已名实俱亡。考虑到汉文题记中明确标明的日期，得

安迪尔古城佛寺遗址

出佛寺最后废弃的时间可能在8世纪中叶这一推论。

中心基座西北面附近沙子中发现一张长方形纸页，上面画着一匹正在喂奶的双峰骆驼，画面简洁生动，色调明快，母骆驼的臀部似乎有一个烙印。斯坦因认为很可能是物主以此画作为还愿物而放于此，目的是要找回丢失的牲口。塑像基座前发现很多三角旗形小布条，从精细的丝锦到类似现在的“哈姆”（Kham，一种粗棉布）等简单而结实的棉织品应有尽有。斯坦因认为这些是佛教经幡，与那些装点着伊玛目贾法·沙迪克麻扎入口处，以及飘扬在新疆其他地方很多麻扎高大旗杆上的奇怪碎布条一样。

古城墙之内的建筑物中没有发现什么东西。这个遗址究竟是一座外有围墙保护的寺庙，还是一座内有寺庙的城堡？斯坦因最终倾向于城堡。斯坦因认为，公元645年前后，玄奘法师从尼雅遗址东经行此地。《大唐西域记》卷12记载：“而瞿萨旦那以为东境之关防也从此东行入大流沙，沙则流漫，聚散随风。人行无迹，遂多迷路。四远茫茫，莫知所指，是以往来者聚遗骸以记之。乏水草，多热风。风起则人畜昏迷，因以成病。时闻歌啸，或闻号哭。视听之间，恍然不知所至，由此屡有丧亡，盖鬼魅之所致也。行四百余里至睹货逻故国。国久空旷，城皆荒芜。”睹货逻故国，即安迪尔古城。

2月26日，斯坦因在安迪尔古城遗址的考古探险工作基本结束。那天，斯坦因让他的民工铆足了劲儿，从清晨一直干到日暮之后，借着生起篝火发出的光亮才完成最后的工作。过去数周，斯坦因不断到处打探各处有关古代遗址的信息，归纳信息结果，斯坦因认为东边且末绿洲一带没有特别值得他前往进行考古探险的古代遗址，更何况仅仅往返一次路途就要两个星

安迪尔古城遗址出土的纸质骆驼画

期，所以决定不再东行，立即掉头返回于阗，去克里雅河下游绿洲与和阗绿洲以北的古遗址去考察。

沙漠边缘，前往克里雅河的路上。所经途中不时出现池塘、沼泽和长满芦苇的咸水湖。2月的最后一天，斯坦因记述："经过一段难行的沼泽地后，我又进入了一个小绿洲民丰，暮色中，似乎又重回安迪尔古城遗址古代所在的文明世界。"自元月份因在伊玛目贾法·沙迪克麻扎发现佉卢文木牍文书之事离开民丰绿洲以后，斯坦因除了发掘之外，还完成了一次椭圆形状的450多公里的旅行。离开安迪尔，他将行走缓慢的探险队大队人马甩在后面，轻装急忙往前赶路，两天内行走了230公里而抵达于阗（克里雅）。因为他需要时间撰写报告和复信，整修器具，换去冬装，招募新民工和补充给养，在天气变暖之前再次进入沙漠。

第二天，斯坦因第一时间拜访于阗长官黄大人。为了向黄大人持续不断地从远方给探险队提供支持和帮助表示感谢，斯坦因从探险队储备品中挑选了最好的罐头食品作为礼物。随即，黄大人就以隆重礼仪回访，带来探险队急需的饲料、羊只等作为回礼。斯坦因向黄大人展示了佉卢文木牍文书，黄大人则立即判断出使用木牍的时代应该在纸张发明使用之前，与竹简的使用年代相当。

喀喇墩，是"黑色土墩"或"大土墩"之意，位于克里雅河下游242公里处。它是斯坦因探险考察的下一个目标。吐尔地知道这个地方，他认为这个遗址不重要，但是由于斯文·赫定曾将该地称为"古城"，故斯坦因认为有必要前往探察。像这样遥远的一段路程，斯坦因却不打算花费很多时间。催促之下，驮工们被迫急急忙忙赶路，到3月10日已经到达克里雅河畔的一个地方。

于阗黄大人与衙役

他们的行程经过生长着茂盛芦草的广袤土地，那里劣质的芦草看上去像是成熟的庄稼。途中他们遇到一个不大的放牧点，斯坦因在此找到两个向导。在前往喀喇墩古城遗址的路上，斯坦因碰到一次真正的沙暴。开始时，风不甚大，空中的沙粒仅仅像胡椒面一样。继之，狂风大作，掀起的尘埃沙浪使他无法看清楚100米外的东西。沙子打到脸上，虽然带着防风镜，依然聚集在斯坦因的眼睫毛下面，要看清楚路线变得非常困难，因为眼前的沙丘都十分高大。在这种天气中吃力地走了一个小时，向导宣称：喀喇墩到了。

喀喇墩与在此之前发现的遗址有所不同，这里完全没有几乎所有遗址都具备的用于建筑材料的杨木遗存，在河边树丛中也仅有已枯死的胡杨，沿途经过的地方陶器碎片很少，分布地域也很有限。历史上某一个时期，克里雅河水曾经直接流进塔里木河，从而直接将和阗东部绿洲与塔克拉玛干沙漠北缘的重要绿洲库车联系在一起。喀喇墩古城位置处于两者之间。

发掘两天后，斯坦因最主要的发现是一个不大的但相当完整的贮藏谷物的库房，里面有一些塔里克豆子。这是一种当时克里雅周围地

喀喇墩古城遗址

区仍然在种植的豆类作物。斯坦因找到一些煮过的塔里克豆子，还发现了古代麦片，甚至还可用来粘信封。随后，第二次西伯利亚寒流的来临使得帐篷里面的温度与外面的一样令人难以忍受。

4月17日晚，这个荒凉地方的考古发掘工作均已完成，斯坦因感到由衷的高兴。同时，斯坦因对斯文·赫定关于喀喇墩是古城的说法不再给予任何肯定，并为他在此耗费的时间而懊悔不已，因为收获的出土文物并不令人满意。遗址的年代，斯坦因根据捡到的中国铜钱定为东汉时期。

离开喀喇墩，斯坦因就立即把注意力转向南方。斯坦因要去探寻玄奘记载中的媲摩城，即位于于阗和策勒之间的固合拉玛北部沙漠中的乌宗塔提遗址。玄奘在从和阗到尼雅的途中曾经访问过它，那里很可能就是马可·波罗曾经停留并称作"培因"的居民点。

在固合拉玛，斯坦因看到克里雅地区（当时策勒各绿洲都归于阗管理）的一大胜景——一片方圆数百平方公里的芦草荒原。经过持续几天的沙漠旅行，他们穿越老达玛沟那些交织着干涸的渠道、长满野草的土地。斯坦因再度看到的是，就在一代人的时间里，老达玛沟整个村落是怎样被废弃，以及人们怎样被迫迁移的。斯坦因明白，在这片绿洲上，诸如农耕土地向后或向前迁移的情景应该曾不断地出现过。与丹丹乌里克和尼雅不同的是，老达玛沟未被沙漠覆盖，沙漠也没有保护它

喀喇墩古城内木结构房屋遗址

掩埋在沙丘之下的喀喇墩古城遗址四角形院落地表

那废弃了的绿洲村落。

斯坦因眼里愚蠢的向导，在这里引导探险队盲目地闯入沙漠。当人畜都因疲劳困顿宿营休息时，一位担任向导的牧民趁夜色逃走了，剩下的一位则在吐尔地的监视和开导下，严令必须把探险队带到乌宗塔提。乌宗塔提是一块地上布满陶片和碎瓦片的古代绿洲地带，因风沙侵蚀和历代寻宝人的摧残破坏过于严重，斯坦因没有指望在此能发现什么东西。但是，它的地理位置则与玄奘曾言及的媲摩的方位记述相吻合。斯坦因捡到一枚中国南宋时期（1127—1278）的铜币，表明直到马可·波罗来此地时，这里依然有人居住。

在寻找乌宗塔提附近另一座遗址时，斯坦因他们经过两天精疲力竭的沙漠旅行，走了近40公里冤枉路，最后却发现那个遗址距他们启程处仅有5公里。

返回于阗同黄大人话别后，斯坦因疾行到达和阗。经过充足的休息和补充给养，探险队骑马又前行64公里前往阿克斯比尔遗址。阿克斯比尔，意思是“白色的城墙”。这段布满黄沙和鹅卵石的旅程沉闷乏味，而且整天刮着大风，时间显得格外漫长阴郁。第五天，在吐尔地的引导下，斯坦因到达位于和阗东北沙漠中的阿克斯比尔遗址。阿克斯比尔遗址过于靠近居民点，已经没有任何可供斯坦因进行考古发掘的东西了，只在瓦砾堆中捡到几枚汉代铜钱、印章和小块坚硬的浮雕像残块。浮雕像的制作技术远较丹丹乌里克、尼雅遗址和安迪尔古城遗址的好。斯坦因认为这些浮雕像应该是和阗地区犍陀罗—希腊佛教雕塑中最好的作品。

第八节　留在热瓦克佛寺的遗憾

虽然阿克斯比尔遗址未能够满足斯坦因心中的考古热望，但他仍然满怀憧憬地前往另一个名叫热瓦克（高房子）的遗址。这只是吐尔地偶然谈到的一处“旧房子”。但从他当时的用语和口气，斯坦因一点儿也没有想到会在那里进入本次考古工作的高潮。

当斯坦因走近大佛塔，看到因寻宝人掏挖而散落满地的那些珍贵浮雕头像时，立即意识到了热瓦克佛寺遗址的重要性。这是一处十分少见的佛教塔庙寺院，大部分已经埋在了沙漠中。不过，仅仅一个暴露于地面的角落便已雄辩地证实了寺院的面积很大。就在佛塔3公里范围内，有一口井可供应充足的水。所以这里确实是一个民工们安营扎寨的好地方。他即刻派人回去招募更多的民工。从4月11日开始发掘，看到有良好的考古收获前景，19日，斯坦因返回和阗招募民工和筹集物资。等待援兵期间，即使是在大风吹起阵阵沙雨的天气，探险队的考古发掘工作也一直持续进行着。12名民工清理出地下2米多深的沙子，庭院的内墙被挖掘出来，墙边竖立着一排高大的雕像群。待斯坦因返回，民工们已将遗址清理出一个大概的轮廓。佛寺总计50米长、53.5米宽，围墙有0.91米厚、3.35米高。佛塔为两层加半圆顶，

热瓦克佛寺遗址

热瓦克佛寺遗址发掘现场

塔基每面突出部位原先都有一道阶梯，因而使它看起来像一个对称十字形。根据塔基凹缝处的灰泥，斯坦因猜想塔身原来包有一层厚厚的白泥。汉代的铜币显然是作为还愿物敬奉给佛像的。这些都是热瓦克繁荣时代的明证。

当然，热瓦克佛寺遗址最令人着迷的地方，既不是佛塔的年代，也非其占地面积之广大，甚至也不是它那独一无二可从佛塔底部攀登到顶部的台阶。最使人难忘的是嵌在墙上那巨大的浮雕供养人像，被扯下来的一块仍与佛和菩萨的帷帐粘连着，进而表明它们曾一度被奉

热瓦克佛寺遗址出土的浮雕佛像

热瓦克佛寺遗址出土的高浮雕佛像

若神明和天使。整个精心设计的光环(背光)组成了神圣的图案,发掘工作异常困难——地下水的渗透已经侵蚀了雕像的主体部分。如果将覆在上面的沙层掀开,随时都有可能坍塌。

因而,一旦雕像下半部分被清理出来并拍照以后,他们即刻将其遮盖住。有时他们仅仅为了获得那几十分钟的拍照时间,便不得不用结实的绳索将雕像上部捆住。尽管他们小心翼翼,还是出现了某些损坏。斯坦因现在已知道:一旦风将沙子从雕像头部吹去,头便会掉下来。他还未发现雕像有人为破坏的证据,这便使他认定:这个大佛塔已经废弃很久了。

热瓦克佛寺遗址出土的高浮雕佛像

那个星期,斯坦因在部分已经挖走沙土长长的塔院院墙墙壁上,大致清理出了91座很大的雕像。所有从沙土底下清理出来的雕像的位置和每座雕像的具体形状,包括精

热瓦克佛寺遗址出土的佛像

确的数据，斯坦因都及时测量和记录下来。除此之外，斯坦因还有一整套如何将雕像从墙上切割挖取出来的工具和现场照片。为了尽快完好地攫取珍贵的塑像文物，斯坦因拿出高额现金奖励。就这样，他带领探险队所有人员加班加点从早干到晚，完全无视千年以前潮湿佛寺塔院遗址地下散发出来的气味强烈地刺激着所有人的眼睛、鼻子和肺部，令人十分难受。

面对这些规模巨大、举世无双的惊人艺术品，斯坦因明白：以自己现在的力量，根本不可能完好无损地全部带走。斯坦因几乎是流着眼泪决定要让热瓦克重新回到长期以来沉寂的睡眠中去，因为任何尝试移动这些雕像的努力，都将使这些艺术品完全破碎，带走的只能是无任何用处的碎片。斯坦因相信，将这些巨大的泥塑雕像重新安全地埋回地下才是唯一正确的选择。希望这些雕像能够安静地仍在沙层保护下休息，直到遥远的将来。

热瓦克佛寺遗址出土的残佛头像

小一点的浮雕和断片都被打包带走，那些易碎的物品被包装好，然后用骆驼、马、火车、轮船等交通工具完整无损地运往伦敦。挖开的壕沟被仔细地填埋起来。回填是一种沉闷的工作，使人想到真实的埋葬。

在热瓦克佛寺遗址，斯坦因已经无事可做，于是他迅速返回和阗，为他的第一次中国新疆考古探险活动善后。这期间，当面对潘大人一再追问“为什么所有这些和阗地区的古代文物要被运到遥远的西方”时，斯坦因无言以对。好在潘大人只是追问，没有阻拦的意思。

第九节　揭露伊斯拉木阿洪文书骗局

到目前为止，斯坦因已经拥有为数众多的汉文、佉卢文、梵文、于阗文、藏文等古代文书，其中没有一种是属于未知文字的。更进一步讲，1895—1899年以英属印度政府名义购买的未知文字文书可能都与和阗寻宝人伊斯拉木阿洪有关，斯坦因现在有时间来对付这个和阗商人，他伪造的古董产品曾引起欧洲学术界的轰动。

斯坦因决定，在他还没有携带他的考古发掘所获珍宝返回万里之外的伦敦之前，对伊斯拉木阿洪进行一次彻底的揭发。现在斯坦因已经掌握充分的证据，可以给这个和阗猎宝者加上骗子的罪名。

这是因为，斯坦因在已经完成的所有考古发掘中，从来没有发现过用伊斯拉木阿洪那种陌生文字所写的东西。尽管如此，还不能确定无疑地证明伊斯拉木阿洪的古书都是赝品，或者确定无疑地说他是一个骗子。这里只有一个方法能解决这个问题。斯坦因像他所说的那样仔细盘算、规划，准备和这个用其自己“创作”的作品引起欧洲学术界极大重视的和阗人进行面对面的对质。

这件事对于欧洲上流社会而言，是澄清学术界诸多学者成就巨大声望的实情和解决收藏界热度极高收藏品真伪的大事。揭露了伊斯拉木阿洪这个骗子的真实面目，斯坦因也就真正成为欧洲最权威的新疆古代文物，尤其是各种文字写本文书的鉴别专家。

首先，斯坦因就这件事取得了友好而有学问的和阗知州潘大人的信任和支持。由于担心伊斯拉木阿洪为了逃避罪责，可能设法逃跑，斯坦因提醒潘大人注意，有必要采取迅速而谨慎的行动控制住伊斯拉木阿洪，限制其人身自由。

1901年4月25日清晨，在邻近一个村庄靠行医来维持冬季生活的

伊斯拉木阿洪

伊斯拉木阿洪被潘大人派去的衙役带来了。他是出其不意地被逮捕的。抄家之后押解的路上，伊斯拉木阿洪走在前面，斯坦因带着在他的住处以及和阗的家里搜到的一捆杂色桑皮纸跟在后面，斯坦因看到这些人为褪过色的纸上面都是他已很熟悉的“陌生文字”。尽管罪证确凿，但伊斯拉木阿洪还是在进行抗辩，认为他自己完全清白无辜。

斯坦因在事后的记述中写道：“对于这个反复无常的人的审查，是一件旷日持久的事。经过两整天的时间，我感到有些像印度法院的气氛。”伊斯拉木阿洪的辩护是，他只是把这些手稿卖给马继业和在喀什噶尔的另外几个人。这还都是和阗的一些朋友托他卖的，他的朋友们说文书是在沙漠中找到的。这些朋友有的死了，有的在逃。朋友们的话可能是真的，也可能是假的，他本人并没有鉴别的能力。他所做的一切都是好心，完全是为了满足“白人老爷”对这种古代写卷文书急切的需要，是“白人老爷”要他去多多找一些来。如今，他感到伤心，留他一个人单独承担骗局的责任——假如真是骗局的话。

伊斯拉木阿洪检举，对此事负有责任，且使他陷于困境的是穆罕默德·泰利和穆罕默德·萨地克。他们已经分别逃往叶尔羌和阿克苏去了。至于第三个人，可能已经死了。斯坦因知道这是有过不良案底记录的伊斯拉木阿洪为保护自己而狡猾设计的挡箭牌。过去他曾因为假冒马继业的代理人敲诈勒索村民而受过拷打和监禁。还有一次，他曾因伪造当地一位有身份绅士的笔迹去骗取钱财而被罚，带上沉重而可怕的木制枷锁示众。面对斯坦因现在的揭发和起诉，伊斯拉木阿洪这个老江湖并不发怵。

在斯坦因开始进行他所说的“奇特的半文物半司法的审问”之前，他给予伊斯拉木阿洪一个个人保证，只要伊斯拉木阿洪说实话，就不打算在潘大人的法庭上追查这个问题，因为那样的话，他无疑要受到严刑拷打。随后，斯坦因出示了他的最后一张王牌——霍恩雷的报告。

伊斯拉木阿洪在他的辩护过程中否认曾经到过据说是这些文书的来源的任何地方。他说只是他的三个供货人去过那里。他仅仅是把这些遗址连同发现物，详细地告诉了最后的购买者。至于马继业所详细记录下来的在这些寻宝人活动中伊斯拉木阿洪所扮演的特别角色这一点，伊斯拉木阿洪以根本不知道或者早就忘记了推脱。可是这些记录是霍恩雷逐字逐句地抄录在报告中的，因此当斯坦因拿出这份报告并开始大声朗读时，伊斯拉木阿洪大吃一惊。他万万没想到，在若干年前所编造的故事竟能有人记住，并且还永久性地记录在官方的文件中，而今天却又用来对付他自己。

至此，伊斯拉木阿洪知道他的辩解已经失败了，便马上退一步说，他承认曾经看见三个人在一处废弃的佛教神殿里制造古书，然后由他代他们把书卖掉。聪明的伊斯拉木阿洪随即明白，在对于自己过去的谎言知道得一清二楚的斯坦因面前，想隐瞒事实是徒劳的。于是他开始坦白，到后来，承认了他所做过的每一件事。他告诉斯坦因，在1894年以前，他只是经营钱币、印章和其他一些零碎古物。这些东西都是从和阗周围的村庄得来的。但是后来他听阿富汗商人们说，有些绅士拿很高的价钱来买像吐尔地那样的寻宝人在丹丹乌里克和塔克拉玛干沙漠其他遗址中挖掘获得的古代文书。于是他决定也干这一行。但是，冒着肯定会有的风险和忍饥挨饿地去探访那些荒凉沙漠中的废址，同时又不是很容易地就在那里能找到所需要的东西，这种事对于像他这样的聪明人来说，吸引力不大。完全可以用简单省力的办法就能满足那些绅士的要求，因此他产生了自己仿制古代手稿的想法。

此后不久，他和另外一个合伙人，就在他们自家庭院里源源不断地生产这种手稿了。他们最好的顾客是两个相互之间各不相让的死对头——马继业和彼得罗夫斯基。两个人都迫不及待地要买这些东西。马继业更是急不可待，因为加尔各答给它在中亚各地领事馆代表的指示是要求他们尽量多弄些古物。就这样，一方面，伊斯拉木阿洪和这个英国人拉关系；另一方面，他的伙伴之一伊布拉依海姆就给俄国人供应手稿。伊布拉依海姆一知半解地懂些俄文。事后发现，这个伪造团伙所生产的“陌生文字”中，形式上有些还很像俄文字母的样子。诚然，学者们已经注意到这一点，但是他们推断，这种看似西里尔（Cyrillic）的字母是古代原始的希腊字母。斯坦因很想同时审问伊斯拉木阿洪和伊布拉依海姆，但是后者一听到伊斯拉木阿洪被捕，就偷偷地从和阗溜走了。

这个伪造团伙的第一个“古代”手写稿是在1895年生产和售出的。伊斯拉木阿洪告诉斯坦因，最初他模仿丹丹乌里克出土的婆罗米文草体文书书写真正的手写稿。斯坦因知道，在伪造古代写卷和销售方面，伊斯拉木阿洪和他的同伙早就大获成功。因为他们的许多产品都已成为欧洲大博物馆的收藏品了，而那里的学者们一直都在对这些“珍贵文献”抓耳挠腮，冥思苦想，却仍然不得其解。这个团伙生意十分兴隆，伙伴们也充满了发财信心。斯坦因在《沙埋和阗废墟记》一书中写道：“伊斯拉木阿洪很快明白，既然他的书极易脱手，而且买它们的欧洲人没有一个能读懂这种文字，也没有一个人能从古老的手写文字中把它们辨认出来，那么，现在已经没有必要再去自找麻烦仿制真正的断简残片中的文字了。因此，他允许伙伴们发明各自的‘陌生文字’。”

至此，斯坦因才明白，何以这些形形色色的手写体之间有着显著的差异。分析一下在英国收藏品中所存的这种原稿，在一个时间内，至少出现了12种之多的“古文字”写体。协助辨认这种“陌生文字”的东方学专家们由于还不能做出明确的解释，也都大惑不解，总以为自己掌握的古代语言知识还远远不够。

伊斯拉木阿洪和他的同伙们很快就又发现，用手写的方法已经满足不了市场对这种伪造文书的需求。因为这种制作方法既耽搁时间，又要小心处理，因此他们决定利用手头唯一的工艺技术——刻版印刷来提高生产效率。1896年，他们的第一批刻版印刷的文书问世了。他们的“事业”是如此成功，以至于竟使当时世界上最著名的东方学学家霍恩雷1899年在他的学术报告中专门讨论和阐述了45本这样的“中亚古文字写卷”。

其实，这些仿制品古代写卷的形式总是处于变化之中（和阗农民信手制作），字体方面也不断出现一些特殊的新花样（许多字体脱胎于当地能够找到的西文报纸），文书的尺寸、厚度常常很壮观（用以满足收藏者的收获感）。如果不是那些西方著名的东方学学家头脑中“欧洲文化至上”的顽疾在作怪，这种顽童般的把戏早就应该被拆穿了，何须等到斯坦因来出面。

在伊斯拉木阿洪的辩解最终失败以后，他就把斯坦因想要知道的关于在中国遥远的角落里，这个奇特的小工厂是怎样运作的，以及这个工厂又是怎样长期地欺骗了霍恩雷和其他欧洲一流学者们，等等，都一一地告诉了斯坦因。事后的报告中斯坦因写道：“事实上，关于我所感兴趣的东西，他都谈得津津有味，有时甚至还不无显摆。”他对斯坦因说，他们用的纸就是从当地买来的。买来后，再用当地的一种树木所制造的染料把它们染成黄色或者淡棕色。在上面用手写上文字或者印上文字以后，再悬在火上，通过烟熏的方法使其变成与古物相适合的颜色。他们这样做的时候，有时不够注意，因为在加尔各答的收藏所中，他看见有些书有烤焦的痕迹。可是即便如此，也未引起霍恩雷等学者的怀疑和注意。再下一步是把这些活页装订在一起。就真实性来说，他们的装订方法无疑是给他们自己宣判了死刑，因为他们在装订时是赤裸裸地模仿欧洲图书的装订方法，特别是后来生产出来的所谓“寻宝者发现的古代文书”。就是这样的异常现象，也没有被马继业、彼得罗夫斯基、霍恩雷和其他欧洲学者及收藏界的人注意到。在把这些东西带到喀什噶尔卖给毫不怀疑的买主之前，他们又把这些赝品用塔克拉玛干沙漠中最细的沙子彻底涂抹一下，使其看起来好像是从被沙漠湮没了的遗址中找出来的那样。斯坦因叙述这件事时说：“我很清楚地记得，在1898年的春季，在我检查克什米尔一个收藏者的那些伪造刻版印刷品之前，我首先要拿一把刷衣服的刷子，把每一件藏品都刷一下。”

斯坦因决定不要求给伊斯拉木阿洪任何处分，同时还把他的这个决定也告诉了伊斯拉木阿洪，以使他能够进一步做出更多老实的交代。斯坦因觉得在谴责这些半文盲伪造者的同时，更应当谴责那些抢购伪造品的人，因为他们是那样热衷而又不加鉴别地来抢购这些东西，这无疑是鼓励了那些骗子们。斯坦因在《沙埋和阗废墟记》和《古代和阗》中没有提到任何人的名字，但他所责备的显然是他的朋友马继业和俄国领事彼得罗夫斯基。当他想到霍恩雷和其他学者们在这些分文不值的东西上花了很多宝贵的时间时，他在感觉十分遗憾之同时，内心也感到十分庆幸，庆幸自己没有在这些文字的释读上多下功夫。伊斯拉木阿洪最终还是受到了中国政府当局的法律制裁，是因为他的其他犯罪行为。

在查访这个造假事件过程中，斯坦因显然很佩服这个著名而又有胆量的农民。他写道："在这些方面，他是一个非常有智慧的人，机智灵敏，且又幽默诙谐。"他怀疑伊斯拉木阿洪可能是克什米尔人的后裔，因为那些人大都有丝绸之路商人见多识广、胆大逐利的性格。斯坦因接着说："形容忠实的伙伴加向导老吐尔地所说的那些诙谐风趣的话语，使我觉得非常有趣。并常常引证吐尔地说过的'在沙漠中什么也找不到'这句话，也时常以这句话为根据，模仿吐尔地那滑稽而又不伤人的口气说，'这个老家伙就是说这句话的活宝'。"

斯坦因接着叙述，伊斯拉木阿洪看到自己的仿制品在霍恩雷的报告中被用照相版复制得那样精美，给他以极深的印象，同时伊斯拉木阿洪也急于知道，这是怎么搞出来的，对新知识充满了向往。这正是丝绸之路商人最典型的特征——对财富的敏感超乎常人。斯坦因补充说："我毫不怀疑，他充分认识到，这正是现代技术有可能给他提供新骗局的良好机会。假使他能够看到我在几个月之后所看到的，他的一部用漂亮的摩洛哥皮革装订的刻版印刷经典手稿，在一所宏伟的欧洲图书馆里受到无限尊崇时，那他将会感到多么骄傲！"

斯坦因急切地想得到伪造者们用来生产伪造文书的雕刻木版，特别是其中的一块能印出与伪造品中完全一样的一页，因为这样才能提供伊斯拉木阿洪故事无可辩驳的证据。在斯坦因盘问期间，伊斯拉木阿洪被关在和阗潘大人的一个拘留所里。现在斯坦因把他释放出来，叫他再去找一些造假用的印刷刻版。次日早晨，伊斯拉木阿洪垂头丧气地只从他家里拿来一件。因为有关他造假骗人的丑事，很快就在和阗巴扎上传播开了。伊斯拉木阿洪也发现现在所有的人都把他拒之门外，尤其是那些以前和他有交往的人。他现在已经脸面尽失。在两天讯问的过程中，斯坦因曾经开玩笑地告诉伊斯拉木阿洪，说像他这么聪明的人把一生虚度在和阗农村和村民中间真是太不明智了。可是伊斯拉木阿洪却认真地看待这句话。在斯坦因离开的前一天晚上，伊斯拉木阿洪突然来找斯坦因——他要斯坦因把他带到欧洲去。当时斯坦因考虑到，伊斯拉木阿洪之所以有这种想法，可能是因为他感到在欧洲比在中国新疆更有发挥他特殊才能的机会。

到斯坦因即将离开和阗，并与那些在严寒冬季的沙漠中为他忠心服务的人话别的时候了。最使他难舍难分的是老吐尔地，这位老人曾陪同他到遥远的和阗沙漠区域的最后一个遗址——扎瓦。吐尔地的经验和对当地各方面丰富的知识，对斯坦因首次和阗探险考察的成功所做出的贡献是无法估计的。甚至当斯坦因在丹丹乌里克走失时，是吐尔地救了斯坦因的命。斯坦因说，他奖赏给这个老人的"珍宝"比这个老寻宝人一生在沙漠中所得到的那些少得可怜的东西加在一起还要多，同时他还为吐尔地在当地找到一份安定的工作。斯坦因也许觉得吐尔地年事已高，不能再出没于塔克拉玛干沙漠之中去寻找他所向往的金子了，只有安定下来他们也许还有再见的机会。这次离别是令人伤感的，斯坦因知道，今后他可能再也找不到像吐尔地这样优秀的塔克拉玛干长老了。吐尔地老人也为眼前的别离和难以期待的再见潸然泪下。斯坦因后来这样写道："在我们分别的一刹那，这位年迈的寻宝人那饱经风霜的脸上热泪滚滚而下，此情此景，至足感人。"斯坦因本人也为这次离别而郁郁伤怀。

斯坦因最信任的向导吐尔地

但是不久，当斯坦因走进了7个月之前曾经经过的鸽子塘时，他的情绪也就转到使他高兴的事情上——为庆贺自己的成功，斯坦因给鸽子塘布施了许多他专门从和阗带来的鸟食。斯坦因探险考察的收获远远超过了他最初的期望值，斯坦因在鸽子塘专门停留了一小会儿，感谢上天对他的眷顾。

斯坦因在和阗的最后一项任务是寻访传说中的喀喇托别（黑色山丘）——一个散布着瓦砾的早已废弃了的土堆，可能曾经是座佛塔。斯坦因绕了很长一段路，途中农田、沙漠、密林、沙丘，以及沼泽都好像是在与他告别，给斯坦因浓缩地展示了一下和阗的各种景色。从和阗绿洲最后一个村庄扎瓦外边，斯坦因带队又重回到大路上，并由此开始他返回欧洲的漫长旅程。

12天后，斯坦因回到喀什噶尔，再次享受到马继业热情的招待。斯坦因已经有8个月之久没有见到一个欧洲人了，他的心里深埋的孤独感喷涌而出，生怕与马继业分别后又没有机会谈他想谈的话题了，所以抓紧机会两人谈了个没完没了，完全不理会是否会因此耗费主人们过多的时间与精力，也不觉得不安。实际上，这并不是因为长时间不说英语的缘故，而是他那巨大的成功需要向人叙述，需要有人来为他的成功喝彩。他把此后两个星期的时间，花在解散他的运输队、卖掉他的骆驼和矮种马，以及重新包装他考古探险所获珍宝上，以便经由俄国横贯欧亚大铁路东端的终点站安集延运往伦敦。他在日记中骄傲地提到，尽管他的矮种马已经为他筋疲力尽地服务了8个月，仍然按原价卖了出去，骆驼的售价也只低于原价的四分之一。如果他能等到商业运输队进入俄国的旺季，完全有把握为英属印度政府收回他在新疆运输中的全部支出。就精于计算这一点而言，斯坦因完全不比让他佩服的骗子伊斯拉木阿洪逊色。

他从印度出发到现在已经整整一年了。此时此刻，他将告别当地的主人们，并带着12只满满当当的装着塔克拉玛干珍宝的箱子，出发前往伦敦。1901年5月29日，他用8匹矮种马驮着他的文物和其他包裹行李，离开喀什噶尔，越过边界，来到最近的一个俄罗斯村子澳什（Osh）。在他出发之前，他还进行了另外一次痛苦的离别，跟随他多年的小狗“行者伯克”不可能随他到伦敦去，于是决定叫它和拉姆·辛格一起回印度。

斯坦因回到英国后要做的第一件事情就十分棘手。他必须去看望住在牛津的著名东方语言学家霍恩雷。困难的是要怎样对他开诚布公地说明，在他最值得骄傲的学术领域里，长期以来他一直被一群土得掉渣的山野村夫所愚弄。当斯坦因知道这个伟大的学者正在准备出版关于加尔各答收藏所报告的第二部分时，立即给他写了一封警告信。但是现在要把真相当面告诉他，还是觉得是一件十分难为情的事。何况，鼓励他去从事探险事业，并给以正式支援的正是这位令他尊敬的前辈学者，而不是其他什么人。对此斯坦因理应向他表示无比的谢忱。一想到这些，斯坦因就更加为难了。更进一步说，霍恩雷不但是斯坦因在加尔各答时的私人朋友，而且在斯坦因的个人学术领域——印度和中亚语言学上，也是一位领袖级学者。然而今天，斯坦因的成功却招致了霍恩雷的耻辱。

奥古斯塔斯·弗雷德里克·鲁道夫·霍恩雷（Augustus Frederic Rudolf Hoemle）是一个德国血统英国圣公会传教士的儿子，1841年出生于印度。他比斯坦因年长21岁。他在瑞士毕业以后，旅行到伦敦，投身在学者戈德·司搭克（Gold Stucker）门下学过几年梵文。1865年，他又返回印度，最初在班奈尔（Benares）一个学院里教哲学。从这个时候起，他毕生致力于研究印度—雅利安和其他语言，并释读古印度手写体写本。他出版和发表过115种专著和论文，其中包括他用5年时间所编写的《印度北方方言的比较语法》一书。后来他迁居到当时英属印度的首都加尔各答，成为孟加拉亚洲学会有真才实学的权威人物。在他最后退休去牛津之前，一直主持这个学术组织的工作。

1881年，当他面对在印度西北边界村庄所发现的一些古老印度文字的手写残卷时，他走到了东方学学者的前列。这种手稿当时在印度语言学家中引起了极大的轰动。在霍恩雷得到它之前，没有一个人能读懂。当时一个和他同时代的人写道，霍恩雷“立即进行研究，并取得了显著的成功。虽然这是些没头没尾、杂乱无章的碎片，而且又没有一页是完整的，可是他成功地解读了其中的大部分”。霍恩雷研究证明，这是一个不知名作者写的一篇古代数学论文。虽然手稿的文学价值不大，但是霍恩雷能够成功释读出来，证明了他是一位罕见的天才语言学家。这样，在10年之后新疆鲍尔古卷发现时，就很自然地选他去担任有名的而且是极端重要的释读工作。正是由于霍恩雷在印度古代手稿研究方面取得了非凡的成就，才被委托去负责英国中亚古物收藏所的工作。这件事情本身就间接地引起了国际上对这一地区的古代写稿和其他古物竞争的加剧。

斯坦因和霍恩雷之间最后究竟发生了什么事情，恐怕永远不会有人知道。斯坦因在他那本内容详尽的有关这次考古探险活动的《沙埋和阗废墟记》以及《古代和阗》报告中，巧妙地回避了他们的这次会晤。后来的事实是，这个领域里的同行们都紧密地团结在一起，没有人出来批评霍恩雷。除了霍恩雷自己在加尔各答收藏所报告的第二部分提及此事外，从来没有人在当时的学术性刊物和报纸上提过斯坦因关于伊斯拉木阿洪文书那些令人吃惊而又使人难堪的发现与揭露。1918年，77岁的霍恩雷去世时，《皇家亚洲学会期刊》所刊登的长达6页的讣文中，也没有提到这件丢人的事。

两个人的会晤显然是很友好的，斯坦因在霍恩雷的家里住了几天。然而斯坦因对真相的揭露还是给这位伟大的印度语言学家带来了极大的震动，严重程度远比斯坦因给当时生活在匈牙利的大哥厄恩斯特的一封信里所暗示的要大。斯坦因写道："他听到伊斯拉木阿洪的古书全是赝品时，感到极大地失望。这是可以理解的。但使我满意的是，他终于镇定下来。这就避免了我和他进行一场痛苦的争论。"毫无疑问，斯坦因在语言学上的卓越发现——大量的多语种古文献收获，给处于狼狈境地的霍恩雷或多或少带来一些安慰，使他把注意力转移到这些新材料的学术研究上。他对斯坦因获得手稿的研究工作和其他方面的研究结果，导致发现了早已消失的古和阗语。

在霍恩雷面前还有一个更为迫切的问题需要解决。他在1899年所做的关于加尔各答收藏所的报告中，曾经讨论过这些"古书"有伪造的可能性，但他接着又坚决地加以否定了。现在他怎样才能从可悲的鉴别错误中解脱出来？他向斯坦因秘密吐露，他打算把那份研究报告销毁掉。关于这件事，我们从斯坦因写给他大哥的第二封信中所知道的并不多。然而这种做法行不通——这份报告是登载在《孟加拉亚洲学会期刊》的一期增刊上，而且又是广泛销售的。显然，要把它彻底销毁是完全不可能的。并且还有已经做出预告的第二部分，这也是个棘手的问题。摆在霍恩雷面前的只有两种选择，要么是坦白承认错误，要么是含糊敷衍，希望他的读者不把第一部分和第二部分太仔细地对照着进行比较。但他毕竟是一个凡人，他选择了后者。事情做得如此熟练与巧妙，除非是把1899年的原始报告翻出来重看，或者当时读过而又牢牢记住的人，否则那就很难从第二部分中看出他是曾经受过愚弄的人。他在不承认最初由他保存的手写本是真实可靠的同时，对于当前所做出的使人十分难堪的翻案置之不理。

霍恩雷在研究报告的第二部分中巧妙地回避他在这方面所犯的错误，说什么在他写1899年报告时，“伪造的问题仍然是一个悬而未决的问题”（看起来这很像是真实的，虽然任何一个曾经读过他原来所做判断的人，可能并不持如此想法），尽管他不承认最初是他自己犯了错误，但为澄清真相，他不得不说，“斯坦因博士已经得到了确凿的证据，即自1895年以来从和阗获得的所有陌生文字的刻版印刷品和手写原稿都是伊斯拉木阿洪与少数和他一起工作的人所搞的现代伪造品。”这一场堪称19世纪末学术领域最大的骗局就这样被斯坦因手上的“铁证”给戳穿了。

第十节　收　获

斯坦因带着十几箱珍贵文物返回伦敦。大英博物馆在一处安全、恒温的地方存放斯坦因从塔克拉玛干沙漠带回来的出土古物。这些文物以及800多个摄影底片在经历长途旅行后全部完好无损。

斯坦因驻留伦敦期间（1902年5月至1903年12月），利用假期写出了《古代和阗》一书。作为一个社会关系运筹大师，他将《初步报告》写成了一份政府官员报告式的文件，一份关于他所去地方和所作所为的简要真实的大纲。《沙埋和阗废墟记》则是一份他个人考古探险经历的笔记陈述，将一个很少为人所知但却是欧亚大陆交通要道的地区介绍给世界。《古代和阗》是第一次考古探险考察的学术报告，具有严谨的学术性。斯坦因把它作为一个合作项目，联合许多专家对他发现并带回欧洲的形形色色文物做出分析和研究。野外工作他可以单枪匹马地干，但在他不甚擅长的转写、解读、翻译、释义及考据等领域情况就不同了。多学科合作，在当时的学术界是一个创举，现在人们把这种协作称为跨学科研究。

通过对新疆很短时间的探险考察，斯坦因揭示了新疆地区对于世界学术界的重要性，显示了他自己在从未有欧洲人涉足过的地方进行考古发掘的技巧和能力。他在实现自己人生价值的同时，也完成了父辈对他的期望。随后斯坦因便开始着手筹备下一次中国西部的探险考察。他在《沙埋和阗废墟记》中有这样一些话应该是他自己心情的写照："在大英博物馆开箱、挂标签等事情，以及随后的整理工作，对我而言似乎是种为了科学的自我囚禁。从那时到现在，我无时无刻不希望重新回到自由宁静的沙漠中去。"

第三章

卷土重来

——第二次中国西部探险考察

第一节　国际性的新疆考古探险热

斯坦因在艰辛的旅途中曾长久地思索，对于自己新的目标，他心中可以说有过再三的考虑。1900年底，斯坦因在中国新疆的考古探险路途中曾写信向大哥厄恩斯特表露心迹："我希望能在今后8—20年时间里在印度积攒一笔钱，以保证我过上清雅自在的日子。"此外，斯坦因还一再向朋友宣称喜欢独处。其实他的那个独处，绝对不是在野外的工作，而是那种对所做之事自己有决定权的感觉。不管是在高山还是沙漠，他从来都不是一个人。工作中想找人替换自己，身边随时都有助手。与随从闲聊，被他说成是练习讲克什米尔语、梵语、波斯语、瓦罕语等。对斯坦因而言，独处意味着自在随意。

尝到成功滋味的斯坦因，不久就把他在印度的赚钱计划放在了一边。他先是提出参加杨哈斯本英国西藏探险队的请求。但是被杨哈斯本回电用"我不赞成斯坦因现在随团进藏，他以后可来此地"一句话拒绝。随后，忙于伦敦上流社会应酬的斯坦因，一再以整理中国新疆考古探险考察成果为由，不愿意返回印度继续他的教职，但却继续领取他那份薪水。此举引起印度总督和考古调查部官员的不满。虽然如此，考虑到英国国内上层的压力和斯坦因的社会影响，印度当局仍然任命斯坦因自1904年1月起为西北边境省和俾路支斯坦的教育总监和考古调查员。得意之下，没过两个月，斯坦因就把他分内的印度工作放在一边，提出他的第二次中国西部探险考察计划。目标是毗邻中国青藏高原最北缘的地区，介于罗布泊与甘肃省最西端之间。这条分割西藏与蒙古草原的狭长地带，历史上曾是中国其他省区与新疆之间的主要通道。斯坦因信心十足地宣称：该地区沙埋的遗址将会与塔克拉玛干沙漠遗址一样给英国带来丰硕的文物收获。这次，他的要求再次得到英属印度当局最高层的注意，但是并没有马上给予支持，而是以时机尚未成熟为由，希望他先关注印度本土的教育和考古事务。

斯坦因之所以常常能取得他人所不及的成绩，就在于他对实现目标坚持不懈的努力。斯坦因明白他所面对阻力的由来，也知道如何去克服它们。因为，当他在中国新疆所获得的大量考古收获震惊了世界，引起其他列强国家的强烈关注，并纷纷组建探险队准备前往中国新疆掠取同样价值古代文物的活动此起彼伏成为热潮时，斯坦因明白，他的大英帝国绝对不会置身于这场获取中国西部珍贵古代文物的国际竞争热潮之外，对此斯坦因十分有信心。他宣称：一定要铺平通往罗布泊及其他更远地区的道路。

当时已经成行的外国探险队有两个：一个是德国政府委派格伦威德尔领导的德国吐鲁番探险队，将以新疆吐鲁番盆地为主要目标；另外一个是俄国政府顶着俄日战争的巨大财政压力委派奥登堡率领的俄国探险队，将对新疆库车等绿洲地带进行考古探险式的考察。这两支派往中国新疆的探险队，其主要目的毫无疑问是掠取珍贵的古代文物。此外，斯坦因还认为自己在和阗沙漠腹地进行的考古探险，是国际学术界对新疆进行的最早一次系统考古工作（事实也确实如此）。因而，他没有理由置身于这个自己开创并正在蓬勃发展的事业之外。他动员和利用英国本土和印度各界的高层社会关系来促成此事。

斯坦因个人的努力和英国政府不甘心新疆古代珍宝旁落别家的贪婪，最后水到渠成地找到了利益结合点。1905年1月16日，英国外交部批示："斯坦因继续对中国新疆进行研究，其巨大价值从科学观点上看是毫无疑问的，也没有哪一位权威会像斯坦因那样胜任该项目的进一步实施……"至此，斯坦因第二次中国西部探险考察的道路已经一马平川了。

斯坦因的第二次中国西部探险考察始终面临竞争者造成的威胁。不过斯坦因有自己的优势——他不再是位新手，而是在塔克拉玛干沙漠里历练过的老兵，知识渊博，有充分准备，完全相信自己经得起风险。再次经历高山与沙漠的严酷考验，去发现深埋在沙漠下面属于遥远过去，反映人类历史发展轨迹的古代文书、宗教遗物和日常使用的物品等，斯坦因觉得这些对他来说都已经没有什么可惊奇的地方了。

斯坦因非常清楚，只有继续进行考古发掘获取更多有价值的历史文物和扩大地理探险范围获取新的地理测绘资料，以及更多地掌握中国西部各地社会经济情况，才是保证他再次成功的必要条件。也就是说，第二次探险考察必须要有比第一次更多更新的收获，如果没有更多更重要的丝绸之路古代文物和英国政府需要的中国西部详细实测地图资料，斯坦因只能停留在现有的程度上，并随后被欧洲其他探险家轻易超过。那时他失去的可能就是他一生追求的全部。

单就学术而言，历史研究已经进入了一个依赖考古出土新材料的时代，没有新的材料基本上就意味着没有学术创新。对欧洲社会而言，如果没有新的大量的收藏和文化价值极高的异域文物一类东西的不断出现，就不会有广泛而又热烈的社会关注，其殖民扩张的政治、经济理念就不会有大多数国民的追随。可以说西方对中国新疆及其西部其他地区珍贵的丝绸之路古代文物的追逐，其实是他们在东方进行殖民扩张的竞争。

斯坦因适逢其会，自觉地利用这个历史机遇，同时也主动被这种机遇所利用。这样说并不过分。虽然斯坦因首先被当作是一个东方学学者，但也是一个自觉的英国殖民扩张的急先锋，而且是以学术为其服务。第一次探险考察结束之后，斯坦因就开始宣扬：中国新疆的塔克拉玛干地区，乃至范围更大的其他中亚相关地区，自古以来就长久地受到古代印度和西方的深远影响，文化的一体性决定了这些地区应该归属英属印度政府。这种以其学术研究为依托的说法，完全违背了学术公正,因为它无视中国文化在该地区现实和历史的长久持续影响,抹杀了中国政府对古代西域和现今新疆地区持续有效的行政管理,严重侵犯了中国国家主权,其政治上的不良企图昭然若揭。

第二节　颇有心计的目标选择

斯坦因的第二次中国西部探险考察虽然被视作第一次探险考察的继续与延伸,但有些新的因素使这一次具有了戏剧性的特征。根据在欧洲了解到的情况以及马继业提供的消息,斯坦因知道欧洲其他探险队大都把注意力放在新疆天山南麓地区,只有法国伯希和探险队声称在完成新疆的探险工作之后,要前往敦煌。针对这种情况,斯坦因决定仍然把重点放在塔克拉玛干南部,从那里再去敦煌,最后考察哈密、吐鲁番和天山南部诸绿洲。也就是先着重获取其他国家探险队没有到达过的地方古代遗址的主要文物,然后再去别国探险队去过的地方考察,能够收获到什么就是什么。可以说,斯坦因此行的目的非常明确,就是与列国探险队争抢中国西部丝绸之路沿线地区的珍贵古代文物。

斯坦因之所以把重点放在塔克拉玛干南部和甘肃西部,主要是因为这些地区还从来没有进行过较大规模的正式考古发掘,那里的历史文物还处于原始保存状态。按照斯坦因在第二次考古探险结束后写的个人笔记,即两卷本的《沙埋契丹废墟记》中的说法,这次考古探险的主要目的就是调查斯文·赫定1900年那次难忘的探险所发现的罗布泊北面遗址群。斯坦因把罗布泊地区列为探险队的主要目标之一,这种说法可以说基本上反映了实情,只是没有提及背景而已。

斯文·赫定1900年所发现的罗布泊北面的遗址就是今天知名度很高的楼兰古城。1901年3月,斯文·赫定发现楼兰古城,并进行了简单的发掘。他根据古城出土的佉卢文简牍“Kroraina”一词,推定古城应该就是中国历史文献记载的楼兰。他主张公元前77年以前,楼兰在现在的楼兰古城,此后楼兰迁到若羌绿洲。他还根据楼兰古城汉文简牍纪年下限在公元330年,以及古城附近洼地比南部喀喇库勒地势低的现象,认为4世纪初以前罗布泊在北部。4世纪初以后,由于堆积作用的发展,河道改变,北部湖泊缩小、消失,遂在罗布沙漠南部形成了新的湖泊。后来南部的湖泊又因堆积作用而抬高，北部原来干涸的湖盆则因强烈的风蚀作用地势重新变低，结果湖水又重新回到北部。斯文·赫定根据上述推论提出了著名的“罗布泊游移说”。斯文·赫定的考察和发掘是短时间、小规模的，但是他所命名的“楼兰古城”一名沿用至今，他提出的楼兰古城曾是古楼兰所在地和罗布泊是游移湖的观点成为20世纪学术界经久不衰的热点问题。

关于楼兰，这里简单做一点介绍。“楼兰”是中国西域历史上一个非常响亮的名字。近一个世纪以来，国内外学术界的硕学大儒，围绕着楼兰的历史、考古、文化和地理学等方面问题的争论此起彼伏，各种潜心研究的著作连篇累牍，其中特别是楼兰史和楼兰考古学更是格外受学者们的重视。“楼兰”一名出现在中国正史记载之中是西汉张骞出使西域之后。大家现在熟知的“楼兰”与历史文献中“楼兰”的时空概念并不完全相同。

根据《史记》《汉书》记载，公元前77年以前，“楼兰”是指楼兰国。这个时期罗布泊一带仅仅是楼兰国的东北边境地区，是楼兰国的组成部分。这一年西汉王朝派傅介子刺杀楼兰王，更改其国名为“鄯善”后，西汉占据了罗布泊和孔雀河下游的北岸地区，鄯善势力被迫南撤，此后终西汉之世“楼兰”这一名称消失。“楼兰”这个名称再次出现在中国历史上是以城名出现的，那时已经是东汉了。根据《后汉书》和此后史籍的记载，东汉在楼兰城一带屯田，魏晋前梁时期则在楼兰城设西域长史，统筹西域事务。自东汉一直到前凉，楼兰所代表的地区仍然是以楼兰城为中心的罗布泊北岸的孔雀河下游地区。到前凉末年，楼兰城被放弃，遂逐渐荒废，“楼兰”这一名称的历史也随之结束。值得注意的是，楼兰古城最早出现时楼兰国已经灭亡，现在的楼兰古城历史上是丝路重镇，但不是西域三十六国之一的楼兰国。

这里简单说几句西域三十六国之国。西域三十六国的国既不是王国，更不是帝国。以西域三十六国中较大的于阗国为例。根据《史记》《汉书》和《后汉书》记载资料：西汉时，有户3000余，人口19000余，胜兵2400人。东汉时势力强盛，增至户32000，胜兵30000，人口约83000。这是中央经营西域的最大效果——丝路畅通与北部草原匈奴政治集团退出塔里木的直接影响。这样的于阗与国家毫无关系。

“国”字与城相关联。“国”的初文是“或”，也是“域”，为围起来的“域”的古字，也就是城。“国”字还与部落相关联。比如《后汉书》：(高丽)凡七十八国。伯济是其一国焉。大者万余户，小者数千家，各在山海间。这里的国就是指部落。“国”字也与地方相关联。比如《三国志·诸葛亮传》：荆州北据汉、沔，利尽南海，东连吴会，西通巴、蜀，此用武之国。再比如《诗经·魏风·硕鼠》：逝将去女，适彼乐国。所言均为地方。

西域三十六国，指的就是西域的某个地方。小的国不过数百人而已，以之为国家与历史事实相去甚远，其实是笑话。像前文涉及的达玛沟、丹丹乌里克、尼雅、安迪尔等沙漠腹地古代聚落遗址群俱为小得不能再小的村落，其地位重要与名声显赫只不过是因为当道，即为丝绸之路西域南道交通线节点绿洲。

西域三十六国各个绿洲聚落的特殊地位，与新疆的地理区位重要性有关。新疆地处亚欧大陆交通关键点，史接千载，路通万里。清代、民国治西域史学者归纳西域历史地位就一句话——“总万国之要道”。

亚欧大陆的地理条件决定了帕米尔高原和昆仑山脉、喀喇昆仑山脉以南高原、激流、雨林等的天然险阻，制约了较大规模的东西方向人类迁徙与商贸活动。只有昆仑山、天山和阿尔泰山这三大东西向山脉地带，成为亚欧大陆中部可以进行大规模人力、畜力交通活动的唯一天然通道。

如此，古代亚欧大陆其他文明区域与东亚中国文明区域的文化交流必然要取道西域，因而形成了西域在中国乃至世界文明史上的显赫地位。中华文明优秀成果向世界其他地区传播，中国汲取其他文明成果的重要通道就是西域，这也是中国没有再出现“东域”“北域”“南域”等并列名称的原因。

斯坦因选择了走路途遥远的南路到罗布泊，而他的竞争对手则沿着塔克拉玛干北面绿洲的近路走。表面上看似乎他并不占便宜，但实际上，挖掘文物的活计是不能用赶路的时间来衡量的。停留时间的多寡，只取决于遗址的保存状况和文物的数量。所以说斯坦因与其他探险队的竞争结果取决于领队的眼光和运气。不过斯坦因有一个其他对手都没有的优势，这个独一无二的优势就是有马继业在喀什噶尔随时观察报告德国和法国等探险队的情况。

第三节　精心策划的出发路线

斯坦因的队伍组成大致如下：测量员拉伊·拉姆·辛格（第一次考古探险时的老队员、军人）、奈克·拉姆·辛格（印度测量局新派的上等兵）、印度侍从贾斯旺特·辛格、两个维吾尔族人、三个侍从，共8个人。这些是跟随斯坦因从印度出发的人员。其他人，像照看15匹驮畜的牧工需要在新疆当地雇佣，这次活动的第二主角——斯坦因的中文秘书蒋师爷将在喀什噶尔加入。蒋师爷是马继业挑选并推荐的，马继业认为他聪明、正直。斯坦因在随后的合作中发现蒋师爷不仅是位优秀的教师和秘书，而且是位忠诚的伙伴，始终准备为斯坦因的考古探险事业承受一切困苦。

蒋师爷的性情平和，性格开朗，他那快活和不知疲倦的谈话，使斯坦因通常骑在马背上进行长途跋涉时，或早早扎营后待在帐篷里所学的中文课程和中国历史知识课程变得引人入胜。斯坦因掌握了浅显的汉语口语基础后，蒋师爷就成为斯坦因处理各种事不可或缺的帮手。关于蒋师爷，斯坦因有这样一段描述："自打一开始，他盛情的关怀、和蔼的态度与得体的举止，就使我确信自己身边的这个人不仅是位忠诚的助手，而且是位绅士和真正的挚友。凭着每位受过教育的中国人固有的那种历史文化感，他投身考古工作就像游鱼进入了大海。除了对遥远过去的学术的兴趣，他还表现出对这个世界上的人与事物也有着敏锐的目光。最后被时间证实并总让我感到惊奇的是他那毫不畏惧、迎难而上的品格与硬朗的身体。凭着结实的身体，蒋能忍受所有的困

斯坦因的中文秘书蒋师爷

苦与艰难。”

作为东方学学者和中亚考古学者，斯坦因决不放过任何一个历史考察的机会。他精心设计了从印度出发前往喀什噶尔的路线。从克什米尔翻越帕米尔高原到昆仑山的道路自古以来就是东西交通的关键点，也是东西方古老文明相互交流的重要通道。历史上最著名的旅行家都曾经在那里留下了他们的足迹。斯坦因上次出发地是克什米尔，这次也不例外。兴都库什山是喜马拉雅山脉的西端，帕米尔方面的印度河河谷与中国新疆的西南边界即以此为分水岭。斯坦因一直在寻找机会全面考察帕米尔高原沟通东西方的所有重要交通路线，现在的考察无疑又是一个最好的机会。

1900年第一次前往新疆探险时，斯坦因选择了经过吉尔吉特和洪扎的那条路。他这次想取道斯瓦特、迪尔、吉德拉尔，由喷赤河上游阿富汗属帕米尔的巴罗吉尔山口进入中国，其中最为有名的路段被称为“瓦罕走廊”。这条道路沿途山川形势险要，居民种族特点奇特，部族众多，一向不允许外人通过。斯坦因可谓是红运当头，在印度西北省省长的支持下，很快就取得了阿富汗埃米尔哈比布拉的同意，得以顺利上路。

4月27日，探险队正式出发进入斯瓦特河谷。2200多年前，亚历山大和他的马其顿人远征军就是经过这里征服印度。前几日的路程顺利完成，通向吉德拉尔的雪岭已遥遥在望。5月3日，斯坦因将营地移到米尔甘之上的洛瓦里脚下，此地海拔3100多米。由于还不到山路可以正常通行的月份，道路十分难走。斯坦因很谨慎，为了安全，减

从阿富汗方向看瓦罕吉里（南瓦根基）山口与阿姆河源头冰川

轻了每一份行装的重量，重新打包分配以便不超过20公斤或再少一点。另一组被派出轮流负责运输安全。搬运人分成3组，第一组由斯坦因率领，其他两组由两个拉姆·辛格率领。每组有4人携带铁锹和绳索以营救遇到麻烦的人，每组间隔15分钟路程，以防不坚实的雪坡滑动。最后，当夜里积雪表面冻结实后才开始翻山。凌晨1点月色皎洁时，斯坦因与他的第一小组带着提灯出发了。没过多久，谷底全部消失在雪下，全然听不见连绵不断的斜坡雪桥下面流水的声音。陡峭山坡和峡谷处的雪崩在过去几个月里不时掠过两边的山坡，留下了一道道坚硬的雪墙。为了便于负重的人通行，所有空手的人都动手在雪上挖出台阶。行进非常缓慢。在新落的雪上，因夜间寒冷，雪表面冻得坚硬而使队伍得到了保护。当第一缕曙光照在东方山头上时，狭窄的鞍状达坂隘口映入眼帘。快凌晨5点时，斯坦因和他的探险队终于到达达坂顶端。

下坡更为糟糕。真正的雪墙有24—30米高，高耸于异常陡峭的山坡上面，任何重物一旦移动，都将会势不可当地直冲而下。这里驿差留下的脚印突然变成"之"字形下降，踩实积雪而成的台阶常常在1米左右的垂直下方。经过努力，斯坦因一行安全到达吉德拉尔首府——一个荒凉群山之中的美丽小镇。在这里，斯坦因让驮运队伍稍作了几天休整，自己则抓紧时间进行人类学调查。

穿越吉德拉尔和挺进墨斯杜杰时，斯坦因参观了当地可以与玄奘《大唐西域记》记载相对照的佛教遗迹，还发现关于当地各种古代建筑遗迹的传说都与中国有关系，最奇怪的是大多还可以与中国正史的记载相对照。根据《唐书》的记载，公元747年，中国将军高仙芝曾率领大军进入勃律（现在的亚辛和吉德拉尔）清剿吐蕃势力。高仙芝的部队应该是从疏勒出发翻越帕米尔，所取道路只能是经过巴罗吉尔和达尔克特山口。

为了验证这种推想，斯坦因离开所走路线去了4700米高的达尔克特山口。受高仙芝将军辉煌业绩激励，斯坦因不畏劳苦，沿着高仙芝的足迹奋力前进。他多次发现以为应该是山顶的地方，最终只不过是平缓的、似乎没有尽头的山坡。登上山口的最后一刻，斯坦因体会到高仙芝领兵翻越这等"大头痛岭"策略的正确，即不告诉士兵山口的高度，士

吉德拉尔帕赫托尔迪尼山谷带有铭文的石刻佛塔

兵面临的永远只是眼前的困难。可以设想，当年的唐朝兵勇登上山口面对险峻南坡2000米以下的村庄、城镇时，自己一定先吓了一跳，更别说越过天险突然出现在敌人面前的突袭功效了。考察的过程证明中国正史的记载在地形方面连每一个细微之处都十分正确。斯坦因非常想在山口发现这位第一个也许是最后一个率领3000名士兵翻越帕米尔的将军当年勒石记功的碑铭，但那里一无所有，只有一米多深的雪和冰。斯坦因认为，这样的军事行动，其难度远远大于他所知道的欧洲历史上的所有战例，像拿破仑、苏沃洛夫等名将翻越阿尔卑斯山之类与高仙芝相比完全不值一提。斯坦因忍不住在这里给著名的法国汉学家沙畹写了封短信，说明自己是第一个实地验证这个值得纪念的唐朝将军远征故事之人。

斯坦因继续穿越帕米尔孔提，这片岩石粗粝的冰雪之地是喀喇昆仑山、帕米尔高原和兴都库什山会合之处。下一个关口是巴罗格欣山洼地，兴都库什山脉明显凹陷，印度河和阿姆河的分水岭降到了仅有3800米高。松软的积雪和晴朗温暖的天气使负重的马在行走几百米后就陷在雪里，精疲力竭的马继续前行已不可能了。正当这条去阿姆河最易行的路线变得令人沮丧时，一个快活年轻的瓦罕人带来了阿富汗人前来帮助的消息。斯坦因想，若未获埃米尔的准许，如果走他事先选择秘密的、铤而走险的路线，这些精疲力竭的吉德拉尔运输工具将如

自吉德拉尔代办处远望蒂里杰米尔峰

何处理。

夜晚寒冷的天气使雪山表面晶莹耀眼。拂晓出发，他们到达山洼平坦的鞍状底部后，开始下山。最初的路段还算容易通行，但到上午9点时，牲畜在深雪中踉跄地前进，在山谷鞍状处达坂迎接他们的15位健壮的瓦罕人的帮助非常及时。牲畜即使卸掉重负，通过积雪塞途的巴罗格欣峡谷也已是不可能的了。斯坦因只好自己先走出积雪地带，在阿富汗的土地上，等待行装一点点地运下来。

从克什米尔出发一个月后，斯坦因到达色勒库尔。再从那里经过约17个小时漫长而酷热的骑行，斯坦因终于到达喀什噶尔，于6月8日傍晚时分走进马继业那中国味十足的秦尼巴克寓所。

第四节 挖尽哈达里克

天气已很炎热。斯坦因于6月23日凌晨1点出发，享受着夜晚的凉爽，很舒服地向叶尔羌绿洲边缘沙漠行进。在叶尔羌、科克雅尔停留了几天，把骆驼和马匹送往草场追肥之后，斯坦因沿昆仑山北缘的小山去和阗，这样天气凉爽些。8月5日，斯坦因到达和阗，并在城外受到欢迎。当年的和阗知州潘大人已经调往迪化（今乌鲁木齐）高就了，新任长官是个聪明人，极力讨好斯坦因。聚集在斯坦因身边的老朋友和旧相识给他带来了极大的愉快和满足，和阗人的热情使得斯坦因觉得又回到了自己的天地。他又在已经年迈的阿洪伯克家的院子里支起帐篷。

随即，斯坦因前往喀喇喀什河大拐弯处和喀让古塔格补充勘测1900年未测的昆仑山山地。

从昆仑山返回后，虽已是9月初，但炎热、尘土、强光仍笼罩着沙漠，斯坦因开始了沙漠遗址的发掘。9月14日，他回到热瓦克佛寺遗址。斯坦因发现曾被他清理出来的精美雕塑品大多已经又被埋在大沙丘里，有些则被寻宝人破坏了。从过去墙已倒塌只剩几英尺高的寺院废墟中，斯坦因发现了大量的小赤陶雕塑品，这些大多接近于热瓦克的装饰壁画。

离开热瓦克佛寺遗址，斯坦因又来到固合拉玛、达玛沟绿洲。根据当地寻宝人提供的线索，斯坦因来到一个他以前不知道的遗址——哈达里克（Khadalik）佛寺遗址。那里没有建筑遗存，只有各种各样的盗洞痕迹，斯坦因没敢抱多大希望，但是仍然投入了空间上能够容纳得下的人力来挖掘。用了3个工作日的时间，才挖完所有可望找到手稿的

哈达里克佛寺遗址壁画，壁画上为模板千佛

地层。挖掘物中有婆罗米文木牍、保存完好的汉文文书和包括桦树皮文书在内的多种梵文文书。这些神殿的年代，根据其风格和钱币这个决定性的证据，斯坦因鉴定为与丹丹乌里克遗址同一时代。最后的收获是装满6大箱的壁画残片和几箱文书，并在牢固包装之后全部安全运走。在哈达里克，斯坦因又干了几天，他想把遗址清理干净，不给别人留下会让他后悔的任何东西。这时的工作已经完全没有了学术发现的喜悦，只是纯粹的劳动获取，每天工作结束时斯坦因都感觉自己像一个烟囱清扫工，浑身上下脏到了极点，同时还十分厌倦几乎全部的记录工作。

哈达里克遗址是穆拉霍加发现的，他是一位年迈、诚实的庄主，急需变卖东西筹钱以偿还所欠税款。一个斯坦因过去的向导告诉穆拉霍加古代手稿能变卖现金。对古代手稿能够卖出钱来的说法将信将疑的穆拉霍加，带了一些手稿来到喀什噶尔找到马继业府上，当马继业付钱买下带来的所有手稿时，老人非常高兴。斯坦因来到和阗之后，直接请穆拉霍加做向导时，老人爽快地带领斯坦因进入遗址。面对丰硕的考

哈达里克佛寺遗址附近一住房遗址的内部

哈达里克佛寺遗址出土的精美刻花柱子

古收获，斯坦因不仅酬谢了他，而且答应在克里雅（于阗）为他向道台说情帮忙谋一个职位。

哈达里克考古发现的出土文书异乎寻常地丰富，对斯坦因而言，这是一个幸运的开端。在研究了那里发现的奇妙手工艺品后，斯坦因抑制不住内心的激动，得意扬扬地给朋友们写信称："在完成这类物品的全部研究之后，我感到能用扫帚、鞋楦或旧鞋确定遗址的年代。"这时，尽管发现了大量文物，斯坦因还是感到着急、紧张和不安，因为他接到马继业的急电，说伯希和探险队已到了喀什噶尔。

第五节　重返尼雅

斯坦因准备重新组织一支发掘队伍于10月12日出发，再次进入尼雅河下游沙漠的尼雅遗址。由于离开于阗之后，斯坦因只有在到达沙州（敦煌）以后才有可能从当地银号取到现钱，因而他必须在当地筹集足够的现金上路。斯坦因想尽办法，最后在地方官的协助下，几乎拿走了于阗所有的现银（折算1万多卢比）。

路经民丰绿洲和伊玛目贾法·沙迪克麻扎，斯坦因又一次回到了约公元250年时枯死的尼雅遗址杨树和果树林中。在30间新发掘清理出来的房屋遗址里，斯坦因津津有味地详细研究那一时期的居民生活。这里的一切都令斯坦因心情愉悦。因为这个世界上没有人会夺走他尼雅遗址发现者的荣誉，以及众多尼雅遗址出土文物拥有者与研究者的桂冠。在总结了以前工作中积累的经验之后，正确地观察和记录遗址变得轻而易举。斯坦因不再有厌烦工作的感觉。

直观地看去，在塔克拉玛干沙漠扬尘天气的衬托下，尼雅遗址总是笼罩在忧伤的情调中。遗址的尽头是完全裸露的沙丘，人们真正有一种置身沙海的感受。空气很清新，斯坦因能够望到南面约200公里外的雪山。斯坦因用了50个劳动力加速工作。考虑到挖掘工作需要的民工较多，出发时除水箱之外，他还多准备了25个羊皮水囊。现在一切顺利，给这么多人供水也没有出现麻烦。不仅是水的供应，其他一切也做得相当好。

斯坦因收获最多有价值文物的地方，是1901年离开尼雅遗址前，因所获文物量巨大而不得不放弃进行考古发掘的那间房屋遗址。在那里，他发现了被主人遗留下来的大量官方佉卢文文件，它们被认真保存在地板下面属于那重要官员的文件密室里。这个密室简直就是一个小档案库。在那里，斯坦因还找到近三打保存完好，仍带有封记，并紧紧捆扎着的双面长方形木简。除此之外，那里还有很多标准的封记，其中有些是斯坦因已经很熟悉的东西。

由于以上结果，斯坦因大胆地推断：“这些废墟曾属于一个分布很广的聚落，该聚落以农业为主，在公元3世纪时兴盛起来，大约至该世纪末中国中央政府对

尼雅N.XV遗址出土的方形简牍结构组成部分

塔里木盆地暂时失去控制时，即被废弃。从N.XIV垃圾堆中发现的木标签很有意义，它上面写有汉文题记，题记说到当地的一位聚落首领成员。一方面，这证明了汉文记载的正确性，因为汉文文献提到，精绝直到公元3世纪中期还是一个独立的小绿洲聚落，而且很清楚，其位置与尼雅河下游流域相当。另一方面，它再次以事实说明那一时期中国中央政府对这一地区实施着管理。”

关于尼雅的废弃原因，小档案库是一个首先值得注意的证据。斯坦因认为，该住宅最后的主人是迫不得已才匆匆离去的，而不是因为绿洲的逐渐放弃（例如，随着灌溉慢慢丧失导致的渐废）。斯坦因无从知晓，公元3世纪末迫使尼雅首领以及官吏匆忙离去的紧急事件是什么，也不知道是什么原因阻止了古代尼雅人返回来。相关的历史知识是如此有限，而可能的解释却有很多，战争、危险、传染病、财政困难，等等。

结束尼雅遗址的工作后，斯坦因于1906年11月1日清晨出发，穿过高高的沙丘东行，打算在前往且末之前再次造访安迪尔河尽头附近地区。1901年时，斯坦因曾在那里考察过一座半埋在流沙里的古城和

尼雅N.XXVI遗址，斯坦因认为是首领居所

一座佛塔，但由于时间不够，没有全面考察整个遗址。各种迹象都表明，那里还有其他遗址。因而斯坦因决定，即使远离去且末、罗布泊的最近的道路，也要回访安迪尔古城。

尼雅 N.XXVI 遗址出土的家具和家庭用品

尼雅 N.XXIV 遗址，斯坦因认为是官署

第六节 安迪尔古城的新发现

听说斯坦因打算前往安迪尔古城，麻扎村一个青年农民沙迪克——也是上次考察时的可靠向导，他曾对斯坦因谈起他有一块写着字的板子，是一两年前他去安迪尔古城附近寻宝时找到的。在麻扎村，沙迪克把一个东西交给斯坦因检查。实物着实令斯坦因大吃一惊。那竟是一块不平常的长方形木牍文书，保存完好，两面都清楚地写着佉卢文文字，可以看出与尼雅木牍文书的年代大致相同。

斯坦因极为吃惊的原因是，1901年他的探险队在安迪尔古城遗址的考古发掘已经证明，古城应属于8世纪初，可能过后不久即废弃荒芜了。这就是说，1901年考察过的遗址与沙迪克摆在斯坦因面前的文书之间，整整相差了近4个世纪。一开始，斯坦因怀疑文书是这个年轻人悄悄从尼雅带来的，但尽管再三盘问，沙迪克和他父亲——麻扎村的老牧人萨姆沙克仍然一直坚持他们自己的说法。将信将疑之下，斯坦因只能假定他们说的是真话，于是就产生了一个只有去现场验证才能解决的考古难题。

根据马继业提供的消息，证实在1901年发掘过的安迪尔古城遗址附近还有一处遗址。11月4日，斯坦因前往安迪尔古城遗址，路经牙通古孜塔里木小绿洲，听说附近还有一个完整的真正古城。几经周折，好不容易找到一位向导带路前往。11月6日，斯坦因一行先来到安迪尔河下游河岸以西约8公里的比勒尔孔汗遗址。这个遗址的样子更像是座古代城堡、城镇那种，与那种散得很开的建筑遗存，比如尼雅遗址或丹丹乌里克遗址，以及被塔里木盆地居民一律称为“塔提”的撒满陶片的地方完全不一样。

比勒尔孔汗遗址在一块红柳较少，仅有些小沙丘的平原上，由一段被树枝树干作为主干支撑的沙土城墙环绕，城内密集地分布着房屋建筑，古城城墙大致为椭圆形。起伏的沙丘之中，沙土城墙的痕迹时隐时现，但随处可见。所有房屋俱为榫卯木构立体框架结构，与尼雅等遗址所见基本一致，也是和阗沙漠绿洲地带常见的建筑形式，虽然看上去十分简陋，却十分实用、安全，全都保存完好。勘测表明，泥墙中这块不大

比勒尔孔汗遗址

规则的椭圆形地域，纵轴长约240米，方向为东北—西南；横轴长约192米。

遗址范围内，房屋墙壁普遍都是粗糙的泥墙，多以木骨泥墙方式构建。间或也有些由一层层的小型土坯砌筑，屋顶一律为胡杨原木加树枝泥土的建筑，房屋建筑基本上完整无缺。有三四幢房屋的墙壁是芦苇笆子墙外糊泥筑成，柱子则为胡杨原木。另外还有两座用胡杨树干围成栅栏状的单间圆形小屋，其中一座曾遭火烧，只剩下了一米来高。这些简陋的房屋，有的单间，有的多间，一幢挨着一幢，毫无秩序地分布在城墙圈内。

仅仅经过初步探察，斯坦因已发现这里尽管有简陋的城墙，却恐怕只能算是个荒村罢了。各方面迹象表明，这个城堡没有看起来那么古老。城墙内外都找不到风蚀的痕迹，而风蚀却正是时间强加给塔克拉玛干地区所有遗址不容错认的标志。比勒尔孔汗遗址尽管很少受到沙子的保护，遗址中暴露在外的原木柱子和顶梁既没有严重发白，也没有碎裂，根据经验，只有古代遗址梁木上才会出现上述迹象。这种梁木立柱龟裂发白的现象，毫无疑问是由于曾长期裸露于荒漠的狂风酷热等严酷气候条件之下，自然侵蚀所致。

斯坦因仔细勘察后发现，遗址城墙与城内建筑都同样构筑简陋，不是一个繁荣富裕村落长期居住的地方，更像是临时构筑的防御性小堡垒。尽管如此，斯坦因也不想放过获取文物的希望，还是安排人手开始进行考古发掘。只是内心有一种可能一无所获的不安，担心不会找到多少有用的东西。然而如此众多的房屋却又是巨大的诱惑，当然也是难题。斯坦因探险队本身就带了一批能干的工人，当即又从牙通古孜村招来一些新的农民帮手，加快工作进度。

挖掘工作临近结束时，斯坦因对这一带的整体情况已经做了一番周密的考察。考察结果表明：虽然围墙附近有不见流沙的广阔田野，但却找不到任何曾经平整土地开渠灌溉的迹象。依据已经发掘过的古代聚落遗址群所获得的经验，古代耕地上，只要是免遭风蚀的地方，就总会长期保留着这类平整土地与建设水利设施的残余。再如，尽管城墙内外都有许多死去的胡杨树竖立在那里，却见不到果树或人工栽植的杨树，而死胡杨中有许多还只是些幼苗，但唯独在城墙墙圈内部房屋之间的空地上长着些粗大的老胡杨树。很可能早在村子建立之前它们已生长在那里，显然是当年建筑房屋时，为了遮阳或者有别的用处而把它们保存了下来。这些粗大的成年胡杨树树干和树枝上大多还保存着细小的枝杈，显示出它们死亡没多久。以上种种迹象都给斯坦因一种印象，即这个废弃的居民点属于伊斯兰教传入之后，废弃时间距今还不算太远。

以上的观察与分析，对于解答这一奇异聚落遗址的出现原因和性质还是有价值的。如前所述，从一开始，斯坦因就对城堡没有风侵蚀痕迹感到奇怪，这一点本身已说明遗址的年代不会太久远，同时它有助于解答某些其他的征象。1901年，斯坦因在考察安迪尔古城遗址以东更古老的古代遗存时，已经发现安迪尔河末段植物带地区历史上一直具有特殊的重要性——在从民丰至且末约320公里长的荒漠道路上，只有这里适宜成为中间站。河流东岸附近的那些古堡废墟，无疑是人们不断企图在这一带建立居民点而形成的，为的是保护和促进沿着塔克拉玛干南部边缘，从和阗经罗布泊直到中国内地的交通路线。这样一来，有理由认为，现在这个带围墙的村寨废墟，虽然时间较晚，产生于伊斯兰教传入之后，却也是塔克拉玛干南部绿洲一系列为了同样目的的努力之一。

离开比勒尔孔汗遗址，11月8日上午，斯坦因再次看到了安迪尔古城遗址的显著标志——那座高耸的佛塔。1901年斯坦因来这里时，因为行期仓促，只发掘了佛塔及其东南约1.6公里的古堡内部建筑遗址，而且还漏掉了古堡内一些埋得太深的房舍遗址。现在，随着再次在它旁边扎下营寨，斯坦因的"考古狂热"也就得到了慰藉。大致踏勘了一番之后，斯坦因确信中央那座佛寺遗址在这段时期内没有受过寻宝人破坏。上次就是在这个地方，斯坦因发现了婆罗米文和藏文的写卷，还有刻写了年号的重要汉文题记。把佛殿西北角的浮沙清理出去之后，斯坦因深为满意地发现那题记再次出现，并与上次见到时完全一样，于是由蒋师爷亲自验证了年号，确实是"开元七年"，也就是公元719年。

接着，在沙迪克的带领下，斯坦因赶紧奔向南面400米找到佉卢文简牍文书的地方。那块地方到处是低矮的沙包，里面有很多扎堆生长在一起的已经枯死和仍然活着的红柳。沙包之间是被风蚀的硬土埂，沙迪克不带犹豫地指出了见到佉卢文简牍文书的地方。斯坦因观察了一下，觉得像台地，只是有点矮，但仔细地靠近观察之后就明白了，松软沙坡上一米来高的东西是古代房屋建筑遗址，遗址一大半埋在牲畜粪堆里，中间只露出一截已损毁小屋的土坯墙。这个房屋建筑遗址之所以能暴露出来，十有八九是因为在斯坦因上次考古发掘之后，旁边的沙丘被大风移动过。

沙迪克说几年前有一批寻宝人洗劫过这间老房子，不过他们好像只是在上面钻了些洞，却没理会就在旁边的牲畜粪堆。斯坦因敏锐地意识到这个粪堆的重要性，翻拣了一下，立即发现有陶器碎片、破毡块、粗布片和一个写有佉卢文的简牍，确定是一个古代垃圾堆。斯坦因随即安排民工们立刻开始考古发掘工作。日落之前，大部分遗址被清理出来了。房屋遗址里铺满了厚厚一层厩粪和草，残存的土坯墙只有一米来高。这个居住遗址中还有两个房间已经残破得几乎辨认不出来了。在房间地面，出土了几块字迹模糊的简牍碎片，以及一个保存相当完整的佉卢文简牍，还有一块桦树皮，其内侧写着一行非常潦草的婆罗米文字。

这个小废墟中的发现，其意义决不仅限于每件文物的价值，而是在于为整个安迪尔古城遗址的历史提供了新的线索。1901年斯坦因发掘古城内的佛寺时，曾找到过公元719年的汉文题记，以及许多婆罗米

安迪尔古城E.V房屋遗址

文、藏文、汉文写卷残片。根据这些，当时斯坦因认为这个古城是公元8世纪的哨营，后来被吐蕃占领，于8世纪被废弃。在《古代和阗》安迪尔遗址一章中，斯坦因已指出过下述史实：约公元645年间，玄奘返回中原途中，曾经过荒漠从尼壤去折摩驮那，即从民丰前往且末，并且发现这天的路途上杳无人烟。但从尼壤东行进入“大流沙”（这个称呼使人想起马可·波罗所述罗布泊与沙州之间的沙漠）之后，他在出尼壤约4站，距折摩驮那约6站处，到达一个废弃的居民点遗址，当时传说是睹货逻故国。据玄奘的叙述，这里“国久空旷，城皆荒芜”。

斯坦因认为，从玄奘记述的路程来看，玄奘所见到的那个荒城，很可能就是1901年他发掘的古城，或者起码是在古城的附近。这个地方应该在公元645年时已经荒废，很难解释怎么会挖出个8世纪初的遗址来。但是现在，就在斯坦因的眼皮底下，从同一个遗址中找到了许多佉卢文木简。在证实沙迪克的发现的同时，斯坦因感到自己已经有了正确的答案。很清楚，已经获得的考古证据证明，沙漠中的这个古代遗址在若干世纪后又有了居民，同时也为玄奘那一段颇为精确的路程记述提供了新的例证。

斯坦因手上的佉卢文简牍文书就是东伊朗语古代文书，也可以说就是睹货逻故国文书，证明这个遗址有一个相当古老的历史，至少应该与尼雅遗址差不多。这些佉卢文简牍与在尼雅发现的属于同一时期，约为2世纪或3世纪，也就是印度—斯基泰文化影响较大的年代。由此可以确定，那个发现佉卢文简牍的小屋所在地一定就是玄奘在沙漠废墟中看到的那个睹货逻故国。

根据斯坦因1901年的发掘所见，安迪尔古城在8世纪初期曾有过一支中国驻军，由此证明可能是在玄奘过后十几年间，中原王朝重新控制了西域，由于条件改善和东去的行旅增多，这个地区再次出现了居民。何况，从这次发现的古代建筑本身的情况，也能看出有过第二度的居民，否则没法解释混有大量麦秆、谷粒的草屋，也没法解释盖在断墙和屋内瓦砾土上的厩粪。这就是说，当7世纪下半叶这里重新出现居民时，显然有人觉得最好把家宅或厩舍建立在废墟坍塌形成的土堆上。就像斯坦因在达玛沟附近看到的一样，有人把沙漠重新开发出来，利用红柳包的顶部作为新居的宅址。

如今，考古发掘出土的简牍证据说明，此地存在一个玄奘经过之前若干世纪即已荒废的居民点。这不仅再次证实玄奘这位伟大取经者的地理记述十分准确，而且用无可辩驳的历史事实表明，长期荒废后的沙漠遗址有一天会被重新利用起来。另外，斯坦因认为，从各种材料来看，古代吐火罗（大月氏）的统治者很可能曾把势力扩展到塔里木盆地。

第七节　古老而又年轻的且末绿洲

11月16—20日，斯坦因一行从安迪尔河旅行到且末（车尔臣），一共是6站路程，和玄奘记载相同。斯坦因觉得自玄奘以来，这条路线只发生了些微小的变化，它几乎直通东北方向的且末。从昆仑山山脚开始，戈壁缓坡和高大沙脊向北蔓延，一直到达沙漠的边缘，那里分布着沙生植物，植物带宽窄不一，成为戈壁滩的北缘。经由安迪尔的路线，就紧靠着这片不毛戈壁北缘的植物带向东延伸，通向且末。到目前为止，还没有人对这些地方做过调查。尼雅到且末之间布满流沙，无人居住的沉静的荒原也和玄奘描述的一样。旅行者的足迹消失了，两边都是旷野，而无参照物可循，所以旅行者留下的白骨成了路标。在这阴森恐怖的路上，斯坦因利用这枯燥无味的长途跋涉为流动的汉语课堂，跟蒋师爷学习汉语，同时尽可能快地向前行进。

虽然对这些地方没有进行过直接的考古调查，但斯坦因深信，玄奘东去罗布泊时，对这些地方的印象很深刻，玄奘的记载是可信的。从尼雅"东行入大流沙，沙则流漫，聚散随风。人行无迹，遂多迷路。四远茫茫，莫知所指，是以往来者聚遗骸以记之。乏水草，多热风。风起则人畜昏迷，因以成病。时闻歌啸，或闻号哭。视听之间，恍然不知所至，由此屡有丧亡，盖鬼魅之所致也"。无疑，玄奘的记载应该普遍适用于他从尼雅到罗布（若羌），然后到敦煌途中所见到的沙漠道路。

马可·波罗对这条路线的描述比玄奘多少要详尽些，更清楚地说出了其主要路段的特征。在关于"且末省"的描述中，他告诉我们："全省多沙，自培因起，一路如此。所见之水，大多苦涩，但某些地方的确可以找到淡水。当有军队到来，人们即带妻携子，领着家畜，逃入两三天行程远的荒漠之中。他们知道那里有水可以饮用，足可生活，饲养家畜，却不可能为敌人所发现，因为疾风无时无刻不在吹动着流沙，所有踪迹转瞬之间便为流沙所覆盖。"

出于对旅行时间紧张和斯坦因认为且末并无有考古价值的遗迹两方面原因的考虑，探险队只在且末忙了两天，即11月21—22日。这并不表明斯坦因对且末一地不感兴趣，相反，他十分清楚这个繁荣的绿洲所具有的地理和古物学方面的意义。斯坦因在途中就已得到消息说，且末已不再像某些探险报告30年前所描写的那样，只有一些简陋得可怜的小屋，而是一个正在稳定发展中的绿洲。

虽然斯坦因在且末停留的时间很短暂，但对那里优越的自然条件却深有感触，它具有大绿洲聚落发展的一切便利条件，其中最主要的是车尔臣河丰富的供水。这条河汇集了昆仑山系最北面山脉一系列雪山的融水，因此水量异常大。在发源于和阗河以东山脉的各河中，只此一条能够在所有季节横穿沙漠，汇入塔里木河。斯坦因调查过的所有人都认为，这个地区的灌溉能力足可满足比于阗还大的绿洲。斯坦因的判断十分准确，今天的且末县已经是塔克拉玛干沙漠东南部人口众多，且最富庶和发展最快的地区。

且末是汉代西域三十六国中的一个小聚落，位于鄯善（罗布泊地区）通往精绝（尼雅地区）的丝绸之路南道上。根据《汉书》记载，汉代时且末已经有230户人家，人口达1610人。此后，且末一直出现在中国古代史籍和其他文献记载之中，直至18世纪。斯坦因根据在当地所做的调查认为："似乎可以肯定到18世纪末，那里的耕种已完全不见了，也可能在此之前很久就不见了。只有在最后一个世纪（19世纪）的头三分之一时间以后，中国政府才再一次将且末设立为一个小流放地。社会的动荡与混乱，使且末西边大绿洲的人口减少，长期以来一直没有吸引新移民者的任何机会。但是，随着社会管理制度的建立和该地区总体经济条件的改善，且末绿洲重新开始发展的新阶段稳步形成。且末优良的自然环境条件和便利的交通条件，有助于将剩余的劳动力吸引到东南面阿尔金山山坡上去开采金矿。反过来，绿洲所生产产品的市场销售，又使绿洲大大受益。在我访问之前约8年，由于通往敦煌和甘肃的古沙道又重新成为商路，且末的贸易地位被大大提高。我调查到的所有当地情况都证明了这一点。在我调查过的人中，有4个是来自巴伽尔的帕坦商人，他们富有开创精神。他们发现，且末正是他们经营从和阗到吐鲁番和敦煌冒险营生的一个便利中继站和基地。这便是这个古老绿洲充满活力的一个鲜明例证，在其坎坷命运的最后一次衰退之后，且末绿洲又有力地表现出了自己强大的生命力。"

离开且末，斯坦因沿途考察车尔臣河和瓦石峡古代遗迹并做了小规模发掘，于12月2日到达若羌绿洲。斯坦因打算以若羌为基地，到罗布泊周围去探险。然后沿着玄奘和马可·波罗走过的那条古道向东南穿过罗布大沙漠，前往敦煌。绿洲的供应能力十分有限，而斯坦因急需人力、物力的补充。斯坦因立即赴当地官府登门拜访。由于有了长官的命令，斯坦因当天就获得30个工人和两个曾跟随过斯文·赫定的罗布猎人做向导，并得到维持到敦煌的补给品，几乎所有若羌人家都被强迫卖给了斯坦因粮食。即便如此，斯坦因觉得还是不够，准备在最东端有人居住的阿布旦再搞些物资储备，以便与伯希和的法国探险队竞争。斯坦因下定决心，无论如何也要赶在其他探险队之前进入楼兰和敦煌。斯坦因在若羌了解到，玄奘和马可·波罗走过的这条长期废弃的古代道路近几年又渐渐开通了。现在商人每年都沿着这条路走，斯坦

斯坦因在车尔臣河边的帐篷

因期望用20—25天的时间不冒太大危险地穿过沙漠。

如同现在一样，古代的若羌也一直是整个罗布泊及其周围地区的中心。它所赖以存在的若羌河，是且末以东出自昆仑山而注入罗布泊洼地的河流中最大的一条。其冲积扇上的灌溉设施，远比该地区可能是源于塔里木河自身的任何设施更使人确信：很长一段时期以前，蜿蜒于浅而常常迁移不定的河床之中，曾遍布着富含盐分的冲积平原。任何研究这个地区情况的人都可能会毫不怀疑这样的地理事实：现在的若羌就是马可·波罗所说的罗布，即“沙漠边缘有座大城”，在到敦煌和中原各地的途中，这座城是“商旅们投身大漠前的休整之所”。

普尔热瓦尔斯基作为第一个访问若羌的欧洲人，他于1876年来到此地，发现那儿只是一个住着21户人家的小村子，居民们都是来自和阗的移民。除此之外，就是一座泥垒的城堡，里面住着为政府耕种土地的100余名罪犯。

由于有一些打鱼的罗布人被吸引去过绿洲农业生活，因而在斯坦因访问那里时，家园的总数达到300户左右。这可能包括一定数量的罗布人。可以说在这个过渡阶段，他们仍然依恋着渔业，但夏季时，他们就到若羌去种地和生活，因为这时塔里木的沼泽和湖泊附近，蚊子之类的虫子多得惊人，在那里生活将被叮得痛苦不堪。其他罗布人已经变成拥有大量财富的地主，如吐尔逊巴依，他让给斯坦因做营房的那套房子宽敞而舒适，达到了当地最好的水平，也可作为物质进步的极好的例子。

斯坦因从最近一支100来人的中国要塞防守部队在这里驻扎了近10年之事实推断：当地谷物的生产显然要远远大于当地的需要。与历史上的任何时期一样，中国政府仍然敏锐地注视着那儿的军事地理，这说明中国当局无疑熟知若羌在塔里木盆地东南部军事方面的重要战略地位。从柴达木盆地和青藏高原通往新疆的著名道路，就是在若羌会合后通往和阗、库车、焉耆和敦煌。

对于新疆塔里木盆地南部的贸易发展来讲，若羌的位置具有同等的重要性。大量羊毛从祁曼塔格和柴达木盆地的蒙古牧区输往若羌，然后运到和阗和北方的焉耆与迪化。羊毛输出为一些商人提供了有利可图的生意，宏大而辉煌的巴扎成为社交活动的主要场所。而且斯坦因的调查表明，那些往来于和阗的商队越来越多地利用这条重新通行的向东穿过沙漠的古代贸易之路，这种商贸活动深受若羌绿洲居民们的欢迎，因为这有助于他们卖掉剩余农业产品以获得利润，并得到他们所缺乏的工业品或价格比较便宜的奢侈品。如果没有这个绿洲耕种区的存在，商业和交通肯定会比目前困难得多，因为所有从这里开始的路线都要穿过广袤的沙漠。有了这个耕种区，在进入沙漠之前，商队就可以在这里休息和补充粮食，牲畜也得以休养。

离开若羌，斯坦因取道能经过米兰遗址附近道路行进到塔里木河畔的阿布旦。根据当地人介绍，斯坦因知道在米兰发现了一个毁坏严重的城堡，并根据一个罗布人提供的线索，找到了许多填满垃圾的房间。两天内，斯坦因的大批劳工清理出很大一部分垃圾，获得三四百件写在木牍和纸上的藏文文书。这些文书的年代据斯坦因推断是8世纪或9世纪初期。因为要与其他探险队竞争，斯坦因被迫放弃米兰的发掘，星夜兼程赶往楼兰遗址。

1906年12月17日晚9点，斯坦因大队的人和骆驼全都安全到达向往已久的楼兰遗址。从阿布旦到楼兰遗址超过160公里的路途，斯坦因走过了干涸的盐泽、沙丘，最后3天又走过了许多处被大风侵蚀而成

阿布旦的罗布人

罗布泊楼兰古城佛塔遗址

的漫无边际的陡直沟壑。寒风使斯坦因深切体会到这块无比向往的“好”地方冬天的滋味。夜晚温度降到-10℃，风速达每小时60—80公里，这可不是什么愉快的事。大风时常还会把斯坦因的帐篷吹走。到达后，斯坦因发现他的努力并没有白费，在楼兰古城连同绵延近20公里的已知遗址上，根本没有法国人和德国人的影子。可以说，在从和阗出发的1600公里的竞赛中，包括一个月的发掘时间，共计3个月的时间，斯坦因取得了第一名。

斯坦因从发掘清理的一连串古代建筑遗址中所得到的文物，要比他最初根据先期了解所掌握的遗址数量与古遗址保存完好程度预估的收获期望还要多。古代建筑遗址地面受到了严重的侵蚀，连沉重的大梁木也被破坏而损失殆尽。虽然楼兰这个古代居民点的规模远小于尼雅，但当时它是处于丝绸之路塔里木盆地东部交通干线上最重要的绿洲，经历了塔里木盆地东部丝绸之路贸易的兴盛与衰落，所以构成主要遗址的十几个房间中，每一间都出土有丰富的古代文书。斯坦因仅在一个巨大而坚实的垃圾堆中就找到200多件写在木牍和纸上的汉文、佉卢文文书。各个遗址中出土的佉卢文文书决定性地证明，这里也像

从罗布泊楼兰古城LA.I佛塔遗址往南望

尼雅一样，当地的官方语言是一种古老的印欧语系伊朗语族东伊朗语支的语言。

斯坦因认为，公元3世纪印度、波斯文化的影响到达如此远的东方是一个新的重要历史事实，具有广泛的历史意义。另外，一直以来，楼兰出土的所有艺术品和丝织品与尼雅发现物有着惊人的相似。犍陀罗风格在所有的木雕与浮雕中颇为流行。即使斯文·赫定所带走的汉文文书没有日期，那也不难证明这些遗址与尼雅河下游的尼雅遗址大约同在3世纪末废弃。发现物种类并不算丰富，只装了两骆驼驮架的建筑木雕、漂亮的毛毯碎片、刷漆的家具构件、妇女精美的绣鞋、小件青铜艺术品，等等。

不过，这点东西已足以代表并说明楼兰遗址辉煌的过去。楼兰荒漠的气候条件要比和阗沙漠严酷得多。斯坦因发现这里似乎从未有过尼雅遗址晴朗无风的冬日，即使五六摄氏度的气温条件下，在微风中也冷得让人受不了。考古发掘与调查期间，所有的骆驼都被赶到库鲁克塔格山下有泉水的山谷中休息。斯坦因暗自庆幸，没有早些来这里竟是歪打正着，因为他们无法从当地得到必需的饮用水供应。所有的泉水都是咸的，甚至骆驼都不喝那苦咸的泉水，冰块也同样不能利用。不过，现在这个季节，人和牲畜都能够找到足够的雪吃。完成最后的遗址调查、测绘编号（迄今，罗布泊地区古代遗址的编号仍然沿用斯坦因的编号）之后，大部分出土文物通过他们用锥形石堆和树木标杆标出的沙漠道路路线运往阿布旦。斯坦因自己与一小队人打算向西南去塔里木河边一个叫作麦得克协里（Merdek-Shahri）的遗址。那是一个长满芦苇的小圆形堡垒遗址，它是西域正式纳入中国版图时，汉王朝在塔里木盆地建的具有重要意义的建筑。

斯坦因没有听到或看见法国人的行踪，他希望他们再晚些时间来，留给他动身去敦煌前将米兰遗址发掘清理干净的机会。在斯坦因来到米兰遗址之前，欧洲还从未报道过米兰曾经发现过壁画，也就是说米兰壁画是新发现。因而斯坦因决定在给养用完之前返回阿布旦，再去米兰。新年伊始，斯坦因穿过通向塔里木河的一块未勘察过的沙漠开始持续向西返回阿布旦。所经过的地方全部是神秘荒凉之地，其神秘在于它的与世隔绝，数世纪以来从无生物打扰。头两天过后，死树和红柳越来越少，稀少到他们为了宿营取暖而不得不捡起每一点“半化石的木头”。就在补给快要耗尽之时，他们在从沙漠出来的地方幸运地发现了一个渔屋，屋边小湖的冰面闪闪发光，清晰地显露出下面半僵硬的鱼。因此补给问题也就解决了。

第八节　米兰的古堡与佛寺

米兰古堡耸立于绵延的纯卵石覆盖的平原上。平原总宽约5公里，从米兰河现在河道边的植物带向东延伸到已完全干涸的古河床。古河床从古堡以东不到800米的地方通过，当时好像有水。北边不远处就是红柳丘和矮树丛，为米兰遗址那一侧的边缘，延伸达几公里远。古堡中出土了一堆藏文文书，当然还有其他文物。斯坦因在给朋友艾伦的信中这样表达他的喜悦：“比藏文文书更让你感兴趣的是一打一打的吐蕃漆皮鱼鳞战甲的残片，各种残片都有，用这些东西你也许能制成一套战甲。”

斯坦因在信中继续描述他的米兰古堡发掘。“我一直认为堡垒附近

探险队在米兰遗址城墙下的营地

米兰遗址南侧城墙与敌楼

的一些宝塔和寺院建得更早些，我所希望的事被一种使人眼前一亮的发现所证实。从一座破坏严重的寺院里，我找到了几个完好的涂垩粉的头像，与热瓦克佛寺发现物相比一样好或更好些。其中一些体积庞大，运输不安全，但我希望另一些能完整地运到英国。同一寺院还出土了约公元3世纪初的贝叶文书，我还是第一次发现这种书写材料。更好的东西还未出现。几天前，我在呈穹顶状、环绕一座小塔的圆形廊道的壁上，出人意料地发现了美丽壁画。那里有块绘有天使头像的墙面，完全是希腊—罗马风格，东方色彩很弱，其绘制之处不会远过亚历山大里亚。在我看来，壁画的整个构思和眼睛等的表现，完全是西方式的。此处还找到了从上面墙上滑落下来的大片壁画残片。移动这些壁画残片中最精美的一些天使像墙板成了很棘手的问题。但在奈克·拉姆·辛格的帮助下，没有多少损坏就完成了这项任务。我整天忙于包装这些又松又脆的壁画。幸运的是，树林很近，足以供应木头做箱子，还有芦苇等做填充材料。残存的带有佉卢文题记的祷文绸带高度可信地说明了寺院废弃于3世纪或4世纪。所以，我已得到了我渴望已久的东西——与尼雅遗址同时期的绘画作品。”

一个星期后（2月5日），斯坦因仍留在米兰，滞留的原因是精美壁画的进一步发现。在另一个围绕宝塔的穹顶寺庙的墙上，其外侧已变成一堆不成形状的残骸，只有部分上部板片和下面的护墙板没遭破坏，但这些均可列入最好的犍陀罗雕刻品之列。拈花的菩萨和周围着盛装的快乐的男青年，以及其间的女郎头像，看起来是希腊—罗马式的，这是一幅多么好的中国边疆佛教寺院里的喜悦生活的场景！斯坦因在给艾伦的信中也用轻松顽皮的语调描述了这个场面："这些漂亮的女郎从哪里得到玫瑰花冠？这些男青年哪儿来的酒杯和酒碗？这一切奇怪得像是用魔法在卡尔顿周围创造出了沙漠及滚滚的沙丘，而一伙到达的饮宴者正在为之惊奇。""上面出现了列队行进的漂亮大象、四马两轮马车和骑在马背上的王子等，在类型上更多的是属于印度，但也充满了对古典艺术的效仿。佉卢文题记表明，这些雕刻约与尼雅文书属于同一个时代。拍照是冒着大风、寒冷和尘土的苦差事。移动这些巨大的上部壁画墙皮根本不可能，而从护墙上切下一些样品似乎也是亵渎神灵。"

米兰遗址发掘收获极为惊人，除以上提到的极小一部分，还有大量生活用具、兵器、丝织品、佛教雕塑、壁画，等等。其中值得一提的是犍陀罗风格的雕塑和壁画，最著名的是希腊化有翼天使壁画和雕塑。

米兰 M.II 佛寺遗址

米兰M.II佛寺遗址残像与基座

运送米兰遗址出土文物的驼队从阿布旦向喀什噶尔出发

斯坦因原计划在米兰挖掘4—5天，但后来却花了18天，其出土文物之丰富令人叹为观止。斯坦因打包好米兰遗址出土文物，从阿布旦送往喀什噶尔6骆驼古物，自己随身带了不少汉文木简文书，他要给沿途遇到的当地官员展示这些东西，借此与官方建立良好的关系。发掘结束后，斯坦因又在阿布旦停留了8天，以完成工作量极大的发掘记录写作。

第九节　通向敦煌的沙道

历史上，连接塔里木盆地北部的罗布地区与敦煌等中国西部地区的直通道路，大致说来一直就有两条。其中一条可能要远一些，并要克服缺水和没有牧草的困难，但是阿尔金山，即昆仑山脉东段前山光秃秃的高坡却可以常年通过。此路被罗布人称为“山道”。另一条被称为“沙道”。沙道北边是库鲁克塔格山，南面是阿尔金山冰川似的山脚，顺着这条长长的洼地延伸到最深处的疏勒河下游谷地。

这里简要叙述一下沙道。根据不同特点，沙道一般可分成三段。第一段包括总长250多公里的地区，它的南部与罗布泊湖盆一样长。从喀喇库勒湖南部边缘开始，随后紧挨着一个已干涸的巨大盐渍湖床的南岸向前延伸。在从阿布旦出发后第一个停留地墩里克，两条分别通往沙漠和山区的道路在此分开。这里缺乏淡水，阿其克布拉克（苦泉子）小溪水极为咸苦，人畜均无法饮用。

再向东前进约100公里，越过干涸的巨大盐渍湖床，便到达钦达勒里克苦泉。由此再往前25公里，就进入古罗布泊那古称“白龙堆”的凹凸不平、布满盐霜的雅丹坚硬地表。在斯坦因到来之前，有位欧洲探险者发现有一条古老小路可以避开罗布泊盐壳地带，沿着古老湖床边的沙砾台地向东延伸。现在无法判断此路是何时中断使用的，但是这条沿罗布泊边缘行进的古老小路足以让人推测出，历史上这里曾经有过一片难以逾越的盐碱沼泽，迫使道路拐了一个大弯。

再往前，经过围绕着这些古老湖床边的沙砾台地，通往落瓦寨与科什兰孜之间荒漠中个别地点有可饮用水。科什兰孜再向前，连绵不断的陡峭黏土台地从南面消失了，道路继续分两路沿着巨大的盐渍湖床岸边的狭窄灌木地带向前延伸。这里的湖床表面非常平坦，一直向北延伸，好像湖泊依然存在。在潘家和阿其克库都克驿站之间，这个带状地区的植被覆盖了一个盐碱沼泽带，成为干涸湖床上的生命点缀。从阿其克库都克往前，地表的自然特征变化趋于明显，标志着这条道路的第一段就到此结束了。

从阿其克库都克到拜什托格拉克以远，长达120多公里的道路所经过的地方是一个巨大的沙漠谷地，它的北面是库鲁克塔格山，南面是阿尔金山砾石地带。第二段道路从阿其克库都克一直延伸到当时可能接受河西走廊整个疏勒河水系水源的辽阔沼泽盆地。这里仍然是沙漠，但地下水足以在许多地点形成离地表并不深的饮用水水井，也维持了或大或小的连片芦苇或灌木丛的生长。土壤不再是盐渍硬土或砾石，而完全是沙。过了央塔克库都克之后，沙漠植被稳定地增多。远至拜什托格拉克，大多数地方只要挖下一两米就会有清澈的可饮用水。能够作为牧草的芦苇和灌木丛十分丰富，间或可以见到几棵发育不良的胡杨，此地名称拜什托格拉克，即为“五棵胡杨”之意。从阿其克库都克继续向东北前进，谷地逐渐变窄，南边长长的沙丘带越来越逼近光秃秃的库鲁克塔格山脚，此山在这里高出谷底约460米。到了拜什托格拉克，谷地宽度已收缩至只有8公里。

直到拜什托格拉克，沙道的第二段路线上没有遇到第一段那些严重困难。不过，在拜什托格拉克的东边，地表特征有了明显的变化。从那里过了约8公里，有一处高达12—15米的沙丘带。过了沙丘带之后，这条道路就来到了构成疏勒河尾闾盆地一系列洼地的最西头。这里的地下水很容易获取，这就足以保障从拜什托格拉克至古罗布泊湖床尽头谷地的交通线畅通。

这条路经过的地表是相当多变的。不管是在洼地中松软的沙土上，还是在宽阔的沙丘带上，都找不到一条能由一个季节沿用到下一个季节的旅行通道。在这个辽阔盆地的大部分地区，数以百计的黏土台地成群或成排，像岛屿或高塔一般在其间星罗棋布，使得行人很难找到正确的道路或者走对方向。如果没有向导，过路人可能很容易在这些奇异的黏土台地“迷宫”中迷失方向，误入盆地南部或北部毫无生还希望的沙漠不毛之地中，那里荒芜的台地或沙丘宛若一道大幕挡住了

疏勒河终碛盆地西侧边缘风蚀黏土台地

去路。

斯坦因描述道："我们第一次从拜什托格拉克出发的旅行，就到了上述奇异盆地的东端附近。我们的向导没能找到可以宿营的苦井。在第二天即3月7日早晨，我们在粗沙和砾石地区只行走了约5公里，就来到了从东边延伸过来的边界清楚的洪水河床边。我立即意识到我们已经到达了疏勒河古老的末端支流的一个分支。我继续向前来到它右岸的峭壁，发现地面突然完全改变了面貌。它的东边是一片偶有几处洼地的开阔沙砾平地，北边远处是库鲁克塔格山的低矮山丘。这里的天空不够明朗，无法看清安南坝乌拉巨大的雪山，而其他季节则是能看见的。显然，这条道路很可能从这里起已经进入了非常开阔的疏勒河谷地，并已接近构成终碛盆地的沼泽地带。"

"沙道的第二段其实是一处古老的终碛盆地，经过它及拜什托格拉克以远的谷地，疏勒河水早期从此处流向古罗布泊。此后的地区是这条道路的第三段，也就是最后一段。这段通往敦煌大绿洲的道路是古代中国中央政权最早经营西域的地方，道路总长约155公里，共有5个便利的驿站。整段路线沿着中国古代西域路线，通向疏勒河河床附近。由于淡水水源充裕，一些空地上适合放牧，沿线四季都易于通行。虽然这里还不能耕种，但是河边很多地方都适合放牧，至此旅行者开始感觉到真正的沙漠已经甩在身后了。”

经过12天漫长艰苦的旅行，斯坦因一行到达了由苇丛、灌木丛和5棵胡杨树组成的拜什托格拉克小绿洲，在那儿休整一天。1907年3月5日，斯坦因这样描述旅途的感受：“干涸的罗布泊边缘没有植物的盐壳，比任何沙丘景观都要乏味。几眼清泉流过，道路沿着古老湖床的卵石坡地边缘延伸而去。当看见北面荒凉的库鲁克塔格山遥遥在望时，我高兴起来，负重的骆驼再不会痛苦地挣扎在满是锋利硬壳的盐泽中，这使人松了口气……我有很多的机会进行有趣的地理观测，每行进一步就能更清楚地看到，我们正沿着一条低地行走。很久以前，敦煌的河流曾由这儿流向罗布泊，但现在却已消失在喀喇库勒湖中。”

“每日只需要行走37—58公里，我有充裕的时间向忠诚的蒋师爷学习汉语口语课——他也告诉我关于当地的民俗民风，以及当地官员们浮沉休咎的政治生涯。我们经常谈论马可·波罗，此人曾如实地描述了这条古代交通线。今天，作为练习，我口译了有关罗布沙漠的一章，不知道马可·波罗是否会想到，他的这本书在这样的情景下引起了中国读者的兴趣。看到我们的路线与野骆驼的足迹相交叉，我马上想到了玄奘笔下那些让旅行者迷路的魔鬼。”

“这是一个向前行进的大旅行队，要携带队员们的粮食和日用品，

斯坦因探险队到达拜什托格拉克扎营

还有15匹马的谷物，因此除骆驼外，还需要一大群整整30头毛驴。当然，这些耐性十足的小牲口也需要喂养。计算这样一次旅行的供应品是项相当复杂的工作。我们向前行进的速度较阿布旦曾经走过这条路的朋友们预计得要快一些，已走了约三分之二的路程。由于没有出现事故的忧虑，牲畜都得到充足的食料。约半打衰弱的毛驴不能继续随队前进，不得不丢弃掉，毫无疑问，原因在于它们的主人在出发前有意少给它们食料，以便获得赔偿。但我安排驮工留心寻找附近有水有草的地方，留下它们，也许在好好休息之后还能康复。在拜什托格拉克绿洲，我们留下许多东西，并留下一个年轻人负责照料。他省去了前方我们将要经历的旅途艰辛，但是必须好好应付自己的孤独和来访的鬼怪。大量面粉和一箱火柴，应该能保障他直到大队人马从敦煌返回时仍安然无恙。"

在3月12日到达敦煌之前，斯坦因已很高兴地认出了重要的历史标记。斯坦因描述道："过去6天向敦煌绿洲边界行进是沿着干燥的古代湖泊洼地走的，在其上面产生了显著的各种奇特的罗布泊地形，只是因为规模很小，因此极便于研究与阐释。那里有一座由人类很早历史时期也许就已断流的河水堆积起来的沙丘。然后是在古代湖床上被侵蚀成的奇特高耸的台地。古代湖链的南北两方延伸着没有生气的沙漠，其中恐怕白白寻找上数周甚至连个盐泉也找不到。不久，我们到达了位于大洼地边缘的砾石高原，遇到了古代中国的烽火台，我们好不高兴。第三天，我们在无人居住的小溪旁让牲畜休息了一会儿，然后成功地找到延伸到沙漠很远处的古代中国长城（斯坦因最早知道这条长城的存在，是通过试图从敦煌横穿到罗布泊的法国外交部的C.E.博宁1899年出版的小册子）。"斯坦因又写道："这条路真正的开拓者是一位阿布旦的毛拉。他是位观察力敏锐的老人，他的述说，使我产生了找到第一座炮台（这是他对烽火台的叫法）的希望。"

疏勒河附近的汉代长城许多地方几乎全为流沙所覆盖，只有用来加固壁垒的红柳层顽强地露出来，以致一眼就能看到粗沙上绵延十几公里的一条直线。斯坦因想起了诺森伯兰郡和其他地方的罗马边墙，他写道："如果千年干涸没有将周围所有地方变成光秃秃的沙砾戈壁与沙漠，那么对欧洲探险家和古董商来说，沿着古道追寻该是多么容易！

出土于敦煌长城烽火台遗址的捕兽器（汉代）

命运鼓励性地帮助了我。在第一个烽火台那里，我仔细考察所有地方，烽火台本身也不可能告诉我们它们的建造时间以及起源。但幸运的是，我意外地找到了一些不错的古物。烽火台残垣断壁的顶部有些芦苇束裸露在外面，在这里我发现了质地粗糙类似麻料的白色织物碎片，跟我在罗布泊楼兰古城一带各古代遗址发现的一样；还有胡杨树枝，几块颜色鲜丽的丝绸、木板碎屑；最后还有一块结实耐用的木板，这块木板制作得很精致，大约10厘米长，尾部打了个孔，木板上还写着五个精美的汉字，书法很棒。”

“即便是我这个不懂汉语言文字的人，也可以感觉到这几个汉字书法的时代肯定很久远。凭直觉我想可能是汉代，并跟蒋师爷说了我的猜测。但我这位真诚的伙伴显然对自己的学识相当谦虚，他坦白说对中国朝代和地理的了解不是很专业，只说这种字体肯定比公元10—12世纪的宋朝还要早。”

“后来我时常拿我猜测的大胆及蒋师爷当时所表现出的谨慎和犹豫开玩笑，但我想自己在研究古代文物方面的大胆猜测肯定是对的。蒋师爷准确地读出了那一小段文字，但从内容上根本看不出它的年代，木简上面写着‘卢定世(Lu Ting-shi)衣橐’。在周围几平方内又发现一些小物件。从这些东西来看，长城沿线的地段在之后相当长的时间里肯定一度有人居住过，尽管这里很荒凉，但至于这些居住者是如何进入这里的，也就是我很幸运地要进行考察的主要关注方面，当时我还不能得出确切的结论。这些小物件可能是当时修建长城和烽火台时驻扎在这里的兵营里的东西，偶然和建筑材料混合在一起了，也可能是烽火台附近小驿站里的遗留物，后来在修葺过程中混到近旁的城墙里了。”

“追踪地平线上一次又一次出现的烽火台使三天来的测绘工作变得有趣起来。另外，我发现了一个巨大的像宫殿一样的遗址，一些带围墙的哨卡以及与途中溪岸边上古代居民点类似的遗迹。这些都好像是我在中国这片土地上顺利开始的好征兆。”

第十节　莫高窟千佛洞的宝藏

沿着汉代长城进行了一系列考察之后，斯坦因来到了敦煌。斯坦因这次来敦煌，不仅是因为敦煌靠近莫高窟千佛洞，更重要的是它的地理位置。敦煌接近亚洲东西方向那条最著名最繁忙的古代大道——丝绸之路，是联系中国河西走廊与中原各地、拉萨，以及印度与蒙古国、南西伯利亚那条南北大道的交叉点。

正是由于斯坦因意识到敦煌这个种族、部族、交通、物流和思想传播大通道交叉点的重要性，才促使他去考察古代筑有长城的荒漠和发掘烽燧线上的垃圾堆。当他设计敦煌的考古考察课目时，把地理与考古摆在了相同的地位。斯坦因注意到，敦煌人仍与马可·波罗时代一样虔诚信仰佛教，村庄和半废弃的大城市里到处有拥有彩色木制品和壁画的佛教寺院。

莫高窟千佛洞

斯坦因刚刚到达敦煌，就结识了一个为躲避债务而逃到敦煌的迪化商人扎克伯克。从扎克伯克口中，斯坦因听到了一桩非常奇特的故事。说是一个叫王圆箓的道人，以莫高窟千佛洞的保卫者自居。在多年以前，一次地震之后，王道士偶然发现在一间密封的石室里藏有大量的古代手写文书。据估计，这些手写文书总计能装满几马车。又据说，发现古代书库一事已上报兰州的甘肃总督。总督在翻阅了手写文书的样本以后，命令要把这些藏书妥善地锁藏起来。闻讯后，斯坦因的激动心情简直是无法形容的，因为在他发现了中国西部万里长城长时间消失于历史视野的延长部分之后，又发现了一个古代秘密图书馆。

斯坦因快马赶往莫高窟，第一眼看到千佛洞时很是激动。斯坦因描述道："在几乎垂直的砾岩峭壁上，许多昏暗的洞窟，大多都很小，它们规整地密密麻麻地从河流几乎冲到的崖底一直分布到顶上的灰暗崖壁上——这奇特的景象使我回想起史前穴居洞窟里的奇特绘画，我记得这是我很久很久以前看到过的早期意大利绘画。这种幻觉并没有持续很久。我穿过很宽但又很薄的冰面，来到最低处，发现一排排洞窟并非直接立于碎石河床上，其前面有一窄条冲积层。我立即看到所有洞窟的墙上都绘满了壁画——不管多么神圣，千佛洞确实不是给佛教隐士居住的，而是佛像居住的。洞窟中的主人象征着圣地。"

千佛洞南面组群中间部分附近的石窟

"榆树林荫小道沿着布满洞窟的崖脚延伸，远处河岸宽阔处的几所住宅明显表明这座洞窟寺院仍住有守护人。然而，附近没人来接待我们，没有向导分散我们的注意力。众多密集的洞窟呈现出它们的面容，一些高，一些低，漫无秩序地一个置于另一个之上。许多洞窟的正面有开凿于松软岩石上的像游廊似的走廊，壁上和顶上绘有褪了色的壁画，从那些凿于岩石上的简陋台阶和很粗糙的木廊可以接近高处的洞窟。”

斯坦因很快地从一个洞窟转到另一个洞窟，只顾得上看看壁画的一般类型和泥塑的某些技术特征。斯坦因发现前者的构图与风格，表现出与印度传播到新疆的佛教绘画艺术遗存有着十分密切的关系，类似和阗丹丹乌里克和其他遗址废弃神殿中出土的那些壁画。但在人物与面部描绘上，中国审美影响则很明显，取代细轮廓和淡色彩而常常出现十分强烈但又相当和谐的色彩。那里占多数的深蓝与淡绿的色彩还让斯坦因想起西藏艺术品的外观。

在莫高窟洞窟内，斯坦因注意到，通常能在高台上或在面向入口的壁龛墙面上发现一组塑像。所有的墙面上都敷有灰泥，上绘壁画。但不管壁画是表示虔诚信仰的作品，还是一些大群大群纵情欢乐的菩萨和圣徒，所有的细节以及神灵的分组都很接近印度式样。中楣和侧面的主题常常是僧侣们日常生活场面和其他世俗崇拜者。在丰富的花边图案中，中国艺术家似乎自由地表现出自己的艺术爱好，如那些装饰华丽的背景、优雅的线条和大胆的动作，等等。但当地的艺术爱好并没有想要改变印度河流域古典艺术赋予佛及其众多化身的那种想象，如尊贵安详的面貌，简单而又富于内

石窟的内部墙壁和顶部的壁画装饰

涵的姿势，优雅而丰富的衣褶。

斯坦因说：“对雕塑遗存很难迅速形成印象，因为粉饰雕像的仅是松软易碎的黏土，由于其物质的腐烂，更有甚者通过反对偶像崇拜的人为的破坏和虔诚信徒、善意修复者的手，使塑像遭到了极大的破坏。在我所参观过的几乎所有神殿里，坐佛是主像，大多体积庞大；但在他的旁边呈规律地出现成组的或多或少站立的菩萨和侍者。……从一开始我就意识到需要长期研究并要有有能力的僧人来指导，我饶有兴致地注意到，其中完全没有远东大乘佛教和西藏与北印度边界山教派晚期发展所共同具有的那种多头多臂的怪物。”

正当斯坦因和蒋师爷匆匆地浏览时，一个住在这儿的和尚来到他们身边。他是一个文静的年轻人，解答了一些他们感兴趣的事，并指给他们看那些富有的信徒在南宋和元代（约公元1127—1368年）虔诚供奉在那里的大理石雕刻的牌匾。蒋师爷兴奋地研究着它们，至于斯坦因，他知道牌匾的大部分内容已由法国汉学家沙畹研究出版了，图片是由博宁带回法国的。斯坦因注视着其他的东西，试图找到那个据说偶然发现一大堆秘藏古代手稿的洞窟。

打听之后，斯坦因知道此时王道士为了筹资兴修庙堂，已去邻村化缘，短时间内回不来。同时，斯坦因又发现文书的收藏管理工程已经开始，藏经洞在发现藏书以后，已安上了木门，钥匙牢牢地掌握在王道士手里。斯坦因急于找到一个能够带他接近藏经洞古代文书的人。如果有可能，最好能够帮助他冲破王道士的阻碍。斯坦因还告诉他那忠诚的秘书蒋师爷，在印度的经历教给他最可能成功的策略是与那些常常既无知又贪婪的当地僧侣打交道。蒋师爷迅速的理解使斯坦因确信，自己所建议的方法也会在中国土地上显示出它的效果来。

斯坦因还是先看到了藏经洞中的收藏物。那位年轻的僧人为了感谢斯坦因他们对圣物的兴趣，给他们看了他借来替自己师父（一个西藏僧人）的寺院增添光彩的藏经洞文书手稿。斯坦因和蒋师爷就在藏经洞前打开了它。那是一个保存完好的长卷，约0.3米宽，13米长，所书确实是汉字，但博学的秘书蒋师爷坦白地承认，对他来说这些字无任何含意。这不是汉语？或是中国佛教术语太难理解？斯坦因大惑不解。后来直到可以翻拣藏经洞密室中更多写本时，斯坦因才找到答案——

那是西夏文。

这正是斯坦因期待的东西。就在斯坦因考虑如何答谢这位年轻和尚时，蒋师爷以他尘世的智慧建议斯坦因不能急躁，太重的礼物会引起对方对他下一步动机的怀疑。斯坦因认识到蒋师爷的提醒非常正确，随即给了年轻和尚一锭相当于3卢比的马蹄银，并注意到年轻僧人满意的神色。

返回敦煌后，虽然冷风仍在刮着，但斯坦因还是拜访了衙门，并在此之前送上了价格昂贵的礼物。他穿上了重大活动才穿的英式华丽服装：黑上衣，硬壳礼帽和新颖别致的皮靴。新委派的敦煌长官王大老爷是一个身材修长、中等年纪，看起来活泼聪颖的人，他典雅的风度、学者神态和轻松的谈话使斯坦因想起新疆可敬的潘大人。斯坦因本能地感觉到，仁慈的上级给敦煌派了一个恰好在这古代中国长城地带能帮助他第一次工作的人。当斯坦因谈到玄奘，他并不惊奇，这位涉猎极广的官员对这位伟大佛教朝圣者亲历西方的回忆录很熟悉。回到营地后，斯坦因刚将他在寒风中冻僵的脚放到温暖的毛皮靴子里，王大人就以东方中国最客气的礼仪回访来了。斯坦因从驮箱里取出在尼雅和罗布泊各古代遗址考古发掘所获古代汉文文书样本，上一次考古探险报告和文物复制品，以及其他能引起王大人对古文物鉴赏兴趣的东西，一一展示，产生的效果正是斯坦因所企望的。

敦煌还有一个军事指挥官林大人。因为敦煌一直都是古代中国，当然也是清王朝西北地区重要交通节点和军事战略要地。林大人与王大人拥有相同的政治地位。随后，斯坦因也拜访了林大人。这位军人是一个性格善良活泼，身材魁梧，靠军功奋斗成功的人。他是作为从阿古柏手中收复新疆的部队中的一位兵勇去的新疆，20年来，他一直是一名普通的军官。在义和团运动紧张时期，他的能力引起了朝廷的注意，不久就得到了迅速提升。林大人豪爽地承认自己没受过多少教育，对死去或埋在地下的东西没有特殊兴趣，但他很愿与斯坦因闲聊，以多了解些斯坦因所知道的事。斯坦因按照礼节恰当的拜访以及他们长时间相谈甚欢的聊天，消解了敦煌这个偏僻之地清冷闭塞的气氛，使林大人感觉愉悦畅快。于是林大人礼貌客气但是又不容拒绝地硬派给斯坦因几个坚决执行其命令的士兵作为护卫。这种安排很快在多方面证明是有用的。斯坦因非常庆幸，及时与敦煌军政两位要人搞好了关系。

在王大人和指挥官林大人联合举行的盛大宴会上，斯坦因看到了一册关于敦煌官方地名和历史摘录的古代汉文文书。在蒋师爷的帮助下，斯坦因很快弄清了这是一份记载唐朝时期有关莫高窟千佛洞历史和古代通往西域道路情况的古代文书，可谓弥足珍贵。斯坦因深感莫高窟藏经洞中文书价值之重要，恨不能插上双翅，飞出去找回王道士，一睹藏经洞内收藏的古代文书真面目。虽然如此，斯坦因还是按捺住自己急切的心情，利用等待王道士的时间来勘察古代长城。这里体现了斯坦因做事的耐心和工于谋划的良苦用心。

斯坦因到达的第一个烽火台附近有一个小垃圾堆，在里面很快就发现了汉简，这些写在木简上的文书内容历史价值很高。第二个烽火台附近的小建筑遗址中发现的带有日期的木简就更好了。斯坦因的随身秘书蒋师爷当时确定不了文书记载的年号属于哪个王朝君主统治时期，所以晚上斯坦因自己动手在他的《汉学手册》上进行查找。当确定第一个发现物为公元25—51年时期的东西时，斯坦因兴奋得欢呼雀跃。随后的5天，探险队所有人员的时间都花在寻找和清理一个又一个汉代烽火台上守卫长城士兵，或沿此长城线行走的驿差、商旅等古人留下的小垃圾堆上。所发现的当然全都是汉文木简，数量极其丰富，共超过100件。许多木简反映的是这荒凉边境琐碎的日常生活。最早的木简是公元36年，这是一个值得注意的年代，因为当时中原王朝管理这一地区才一个世纪。斯坦因深信，除了刻在石头上或金属上的铭文，中国官方和学术界目前还不知道有这一年代的可靠汉简文书存在，因而更加肯定所发现汉简的重要性。

为追溯向东延伸的汉长城，斯坦因一行又来到南湖。他看到南湖有清澈的泉水和面积不大但已沉寂的可耕种土地，以及周边地带的历史文化遗迹。斯坦因判断，汉代乃至唐代这块绿洲很可能曾经比现在大得多，因为大多数遗址与耕地毗连，正因如此，所以不大可能做系统考古发掘工作。另外，可以进行考古发掘工作的遗址区域，移动其上面8—15米高的沙丘也非力所能及之事。斯坦因细致地进行了考古调查，并收买村民手里的古物。根据设法收集到的钱币等小件文物证据，大致推断南湖一带古代遗迹应该与汉长城一线属于同一历史时期。

敦煌古长城最西端附近的T.III烽火台遗址

斯坦因带领民工加紧进行考古发掘工作，在敦煌河东废弃长城要塞的发现物表明长城建于公元1世纪。在长城这一段的考古发掘比斯坦因自己所期望的要多得多，这极大地提高了他的考古发掘兴趣，他随即扩大了探险队考察范围，并暂时从心中放下对王道士和藏经洞古代文献的惦记。斯坦因根据过去考察者绘制的地图大致了解到长城的走向及烽火台的位置，所以分秒必争地安排探险队人员全力搜寻，并随即进行考古发掘。斯坦因觉得这里沙漠的气候条件似乎比塔克拉玛干更适宜保存古代东西。实际上，这里疏勒河沿线地带流沙很少或没有流沙。汉长城大多分布在地势较高的台地或山梁之上，因而所有古代垃圾堆内刻写的木简、地毯、器皿等物品还绝对完好地保存在薄薄的沙砾层下。敦煌的汉长城地带好像从来不下雨，虽然常年有风且难得停下来，但因缺乏流沙侵蚀，汉长城与其附近垃圾堆等古代遗迹，以及古代文物均未受到损坏。所以当年守卫汉长城的士兵所抛弃和遗留在堡垒里或附近的任何东西都未被岁月改变，乍一看之下，使人感到时光倒流，恍如昨日。

在第一个烽火台遗址里，斯坦因发现了留有许多奇特遗物的古代守卫士兵营舍，但他首先要找的是汉简文书。当第一块注有日期的汉代木简把斯坦因带回到公元20年的时候，他似乎确实忘却了一直令他牵肠挂肚的莫高窟藏经洞。不久，斯坦因对这类汉代木简文书发现物平静多了，同时一连串的发现表明带有堡垒的长城必定建于公元前2世纪末的时候，大量汉简准确载有从公元前96年至公元1世纪中期的年号。

斯坦因非常遗憾自己不懂汉文，尽管有蒋师爷不知疲倦地帮助解读，斯坦因仍然觉得还有大量细节不能够被自己了解和掌握。不过，凭借已经获得的出土文物，斯坦因还是勾画出汉代居住于长城地带人们的一些生活轮廓，他觉得印度西北地区那令人乏味的生活与汉代戍边将士的生活相比就如同天堂了。在一个长城堡垒里，有一封3位知名人士书写声称要见指挥官的简明汉简书信，可这些军人“发现根本没人接收和回应他们的信”。在另一个烽火台堡垒里，一枚给人深刻印象的木简发出通知，说负责管理这一段长城的官员要来主持一个大型僚属宴会，并估计要致贺词等。约在王莽篡位时期（公元9—23年），长城守军似因匈奴从北方大兵压境、中原乱成一团而十分紧张。那里有部队移动的报告，大指挥部内部人员更迭，以及分遣队伍军粮告罄的急电，这一切似乎使人们又看到汉代丝绸之路畅通时期栩栩如生的历史场面。

在与敦煌长城遗迹共处时，斯坦因说他有一种如同在家里一样的奇怪感觉，仿佛他未出世前就知道长城似的。也许是因为他父亲曾经冒着酷热的天气追踪过横亘匈牙利南部地区部分地段的罗马长城遗迹。斯坦因觉得现在是命运让他这个匈牙利人作为匈奴祖先的后代回到了故土，他父亲可能正在冥冥之中注视着这一切。

这些城墙肯定就是汉代经营河西走廊与西域的汉军，为了阻挡匈奴人进犯而建造的守备设施。因为两汉时期，匈奴一直是中原王朝的北方大敌。在许多不同寻常的考古出土发现物中，有一捆最早期阿拉米文书信，斯坦因认为特别有趣。它们发现于出土了公元1世纪汉简文书的垃圾堆里，一些书信仍很整齐地装在绸或布的信封袋里。斯坦因暗自揣摩：“它们是不是早期来到赛里斯（中国）的叙利亚商人的书信？这些书信是怎么来到这个离大道较远的烽火台小堡垒里的？写在丝绸上的阿拉米文文书残片与公元1世纪的汉简文书一同出现，似乎暗示世界历史的关键地区就在这里，这使我恢复了信心与勇气。在对敦煌一带无所了解的情况下，我把目光盯向这个通向古代中国西域的东大门，认为它是值得考察的地方，虽然当时感到有些冒险，但现在的考古发掘证明这一切都是正确的。”

斯坦因追踪了敦煌以东近百公里长城的每一段。除了烽火台和与烽火台相连的小营舍外（约间隔4公里），斯坦因设法确定了长城两个区段指挥所的位置，还从指挥所的垃圾堆里获得了最大量的文书。斯坦因的考古考察工作兼有历史与地理学意义。长城非常巧妙地根据地形特征修建，所以为至今仍争辩不休的自然环境变化问题提供了最可靠的依据。斯坦因反复测量了早期沼泽的水平面，发现疏勒河下游地带沼泽的变化并不大。

3月15日，斯坦因结束敦煌长城考古考察，满载着记述汉代边境生活与历史故事的出土文物，尤其是举世罕见的汉代木简文书回到敦煌城。一想到与王道士即将开始的见面，他心里忐忑不安。斯坦因写道：“欺骗自己是没用的，让我的心吊了几个月，并以一种隐秘的力量把我拉回敦煌来的，是获取古代文书这个更为迫切的期望。”他的目标就是王道士两年前偶然发现的大量古代手稿，现今这些秘藏被王道士小心

敦煌古长城T.XXVII烽火台遗迹，右侧为烽火台建立的天然黏土台地

莫高窟藏经洞管理人王道士

地保护在封砌起来秘不示人的洞窟密室里。蒋师爷这位忠诚敏感的秘书已警告过斯坦因:要谨慎地慢慢探索前方的道路。

斯坦因这样描述王道士:"他是一个很古怪的道士,十分胆小怕事,偶尔带有一些狡诈的表示,但远算不上大胆。从见面一开始就清楚表明,他是一个难对付的人。"在他们第一次相遇时,斯坦因就明白必须一切事情都以王道士为转移。王道士欢迎了斯坦因的到来,他以为斯坦因只是想拍一张由他修复的佛殿附近一个毁坏石窟的照片。

斯坦因描述当时的心情:"我忍不住看了一眼接近藏经洞密室的通道。我上次来到莫高窟时,发现这一密室狭窄入口只是用一扇粗糙木门锁着。而现在令我十分沮丧的是,折扇木门已经不知去向,入口被砌起来的砖完全密封住了。这是防止我这个好奇的野蛮人甚至只是想看一眼里面所藏的古代手稿宝物的措施吗?"

斯坦因觉得,进入密室看看那些从未被触动过的古代手稿收藏品,对判定文书写卷的性质和年代十分必要。蒋师爷奉命进行必要的谈判,声称其目的只是想为佛寺提供合理数量的捐款。这是一个很耗费时间的任务,首先必须打消王道士的戒心。蒋师爷老练的社交手腕似乎比斯坦因的冒险举动效果要好些。王道士似乎知道斯坦因等人再次来访的目的,解释说封砌洞窟只是为了阻止香客们的好奇心,并非针对他们。这样的情形下,斯坦因明白,王道士不会轻易相信自己的欺骗性理由,不会轻易答应他的要求——展示全部藏经洞收藏品。斯坦因最大的担心是,由于甘肃总督已经下达了运送样本和安全保管整个收藏品的命令，如果官方认真对待并已列出古代文书写卷的目录，可能会有进一步的安排，将危及自己谋划的获取藏经洞古代文书写卷交易的进行。

斯坦因这方面的忧虑很快就消除了，蒋师爷的社交工作卓有成效。胆小多嘴的王道士在与蒋师爷温婉柔和的谈话中，因为蒋师爷耐心倾听，逐渐放下了戒心，情绪变得舒缓平和，人也高兴起来。他主动介绍，确实有几卷明显是汉文佛教经文的写卷已经呈交给兰州的总督衙门，但藏经洞内收藏的古卷并未整理目录，也未开列给外界。也就是说，它们并未引起官方的兴趣和重视，这些手稿仍然完好无损地由他负责保存和管理。知道甘肃官方缺乏兴趣，也还没有引起外界的关注，斯坦因更加坚定了要尽可能大量骗取这些藏经洞收藏品的信心。

斯坦因发现仅依靠钱的诱惑来消除王道士的顾虑明显无济于事，所以决定直接与王道士接触接触，想办法动之以情。于是斯坦因在蒋师爷的陪同下，正式出马拜访王道士，并请王道士带领参观他化缘筹集资金修复的佛教寺庙，这是王道士在莫高窟继续存在的骄傲与主要支柱。斯坦因抓住了要害，王道士很乐意地满足了斯坦因的要求。

在穿过刚刚新油漆过，并大量过分涂金的佛寺坚固木制门厅时，斯坦因禁不住朝右边已经被砌砖堵住藏经洞密室大门的新墙看了又看。斯坦因明白，现在还不是谈及藏经洞写卷问题的合适的时间，只是全力表现出对王道士修复洞窟所做努力与成果的佩服与兴趣，极力设法拉近与王道士的宗教情感距离。斯坦因注意到王道士的修复实在是太彻底了，珍贵的古代塑像已经被他完全重新装修了，幸好王道士的修复因为财力原因只全神贯注于雕塑，而未能触及洞窟窟壁和窟顶上保存完好的优美珍贵壁画，这种破坏还算是不幸中的万幸。聊天过程中，蒋师爷迅速估摸出王道士完全不懂中国历史文化，而且知识有限。

斯坦因认为王道士是一个拥有虔诚宗教信仰的人。在这种情况下，斯坦因向王道士说明自己对古代佛教圣徒求法旅行者的景仰与崇拜。斯坦因声情并茂地告诉王道士，他是如何沿着玄奘的足迹从印度向东方翻越荒凉的大山与沙漠，走了1.6万多公里才来到莫高窟朝圣。又是如何在这一朝圣途中克服了难以计数的困难去寻找和朝拜西域古代佛教遗迹，尤其是想尽办法去朝拜玄奘曾虔诚地参观并加以描述的那些佛教圣地。每当提起玄奘时，斯坦因总是特别能言善辩且情感饱满。如此一番操作之后，斯坦因从王道士眼睛里看到了一丝兴趣，并很快确信王道士对佛教历史文化方面所知不多，并且对佛教不是真正崇信，而只是表现出虔诚的样子，因为他看出来王道士只是以一种近乎敷衍的方式对唐代高僧玄奘表示非常敬仰。那么王道士的佛教热情就一定是一种伪装，只是在意当地浓郁的佛教文化氛围，是一种生存方式。

斯坦因后来记述："离开王道士时，我本能地感觉到一种新的更可信赖的关系正在我们之间建立。"

蒋师爷单独与王道士留下来，进一步商谈有偿借阅一些佛教写卷样本。此时，王道士又变得胆怯起来，直到很晚都在用含糊的方法推迟提供写卷。对此，斯坦因除了等待之外无计可施。无尽的煎熬之下，一直等到晚上，蒋师爷兴冲冲地带着王道士刚刚偷偷借给他的一捆汉文写卷摸进斯坦因的帐篷，他小心翼翼地把王道士首次外借的藏经洞写卷样本藏在宽松的黑长袍下面。就书写和纸张而论，写卷清楚地显示出它十分古老的特征。初步浏览之后，斯坦因猜测可能是佛教经典，但蒋师爷需要时间来确认写卷的性质。黎明时分，蒋师爷带着胜利和惊

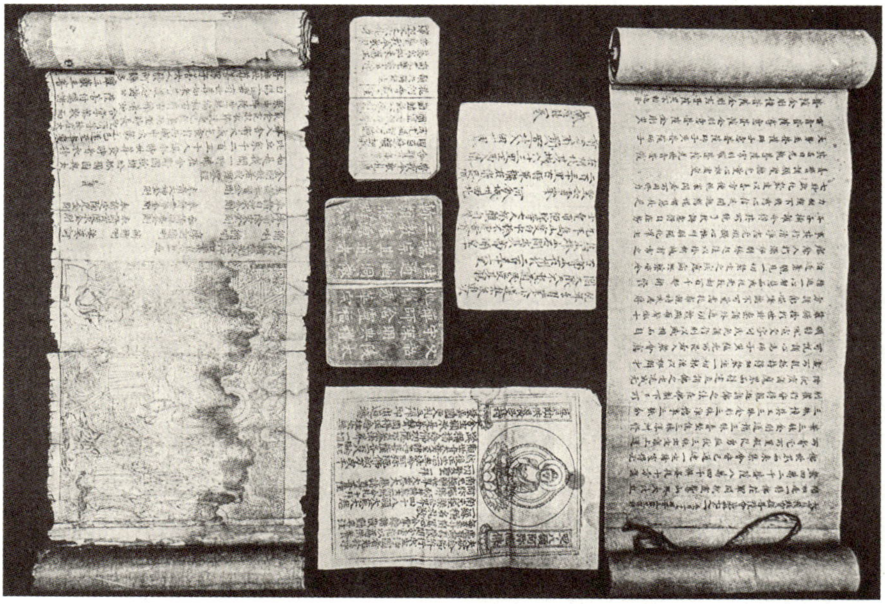

莫高窟藏经洞里的汉文手稿和木版印刷品

恐的神色来报告斯坦因，说这份写卷是某佛经汉文译本，写卷书尾题署中称系从印度取回并由玄奘本人翻译。斯坦因的内心，这一次真的被深深地震撼了。他一下子感到历史的长河仿佛在倒淌，玄奘手执经卷，掌灯书写的影像就在自己的眼前……随后急忙催促蒋师爷再去找王道士疏通。

王道士信手挑出这捆样本时，并不知道它是玄奘当年的译本。蒋师爷把这当作玄奘显灵的特异之事告诉了王道士，并明显地取得了成效。时间不长，蒋师爷就回来告诉斯坦因玄奘起作用了。几个小时后，斯坦因他们发现堵住藏经洞密室通道的墙被清除了，王道士打开了藏经洞密室。

随后，斯坦因在蒋师爷的陪同下来到藏经洞面前，顾虑重重的王道士鼓足勇气打开了藏经洞粗糙的大门。这一引狼入室的举动，标志着中国古代图书宝藏浩劫的开始。也就是从这一时刻起，王道士成为中国文化史上的千古罪人，而斯坦因则成为敦煌莫高窟藏经洞盗宝第一人。而与王道士一样直接有罪的恐怕还要算上蒋师爷、甘肃与敦煌的官府和官员。事后，当斯坦因带着满满24箱经卷、各种文字文书、5箱绘画，以及其他艺术品返回英国时，藏经洞的发现轰动了世界。

用铀元素的发现者、科学家伦纳德·伍利的话来说："这是一个世界历史上前所未有的考古大发现。"英国《泰晤士报》则宣称，"任何一位考古学家都没有做出比这更多的惊人发现"，直接把发现藏经洞的桂冠戴在斯坦因头上。斯坦因在其中国西部考古探险方面又一次取得惊天动地的成果和成功。

看到显露出来的藏经洞，斯坦因的眼睛瞪大了。在王道士昏暗的小油灯的光亮下，在斯坦因眼前出现实实在在的一堆高达3米多的手稿捆，至于这堆手稿占据的空间，随后的测量表明这堆手稿近46平方米。斯坦因这样描述自己当时贼一样的举动："洞窟内的空地仅够容纳两个人站立，在这个漆黑的洞窟里翻拣手稿是不可能的。甚至将这些东西搬出去都是一件困难的工作，这一困难又因王道士害怕他的捐助人获悉这一消息而增大了。幸运的是除了凉廊之外，王道士还修复了一个小侧室，侧室有门和纸糊的窗户。所以这奇特的老图书馆方便的'阅览室'就在跟前，在那里可遮挡任何人好奇的目光，甚至遮挡住偶尔

敦煌千佛洞王道士居住的石窟寺庙内堂

来到该洞窟巨大的佛像前磕头者的目光。”

王道士告诉斯坦因，当他8年前在莫高窟住下来后，藏经洞那个特殊洞窟全部被流沙掩埋着，根本没有人知道它的存在。一次地震之后，隐约在山体悬崖上显露出来一间洞窟的样貌。王道士花了两三年的时间挖出一条约12米深的通道，清理出这个洞窟。后来，在他重塑洞窟内佛像时，注意到通道右边绘有壁画的墙上的小裂缝。王道士剥离墙皮之后，发现那里是另外一个被封闭了入口的洞窟，挖开洞窟入口后，他发现了斯坦因所看到的和随之震惊世界的藏经洞，以及洞内满满当当的古代文书和艺术品。

从附近洞窟的情况和藏经洞这个特殊洞窟的底部看，斯坦因估计当年封埋洞窟的流沙堆积有3米多高。斯坦因进入藏经洞就希望知道，藏经洞是什么时候封闭的，这对确定全部藏经洞藏品的价值意义重大。然而，问题直到相当晚的时候才解决。经过仔细翻阅查看，古代写本没有晚于宋真宗（公元997—1022年）的。这就暗示了密室的封闭早于宋真宗时代，那就只有一个原因——是为了防止毁灭性入侵的威胁。西夏这支新崛起的力量征服敦煌发生在公元1034—1037年之间。

藏经洞里没有一件西夏文文书。

知道藏经洞的封闭已经有近1000年，斯坦因面临着如何大量骗取“为尘世间的担忧和可能的精神顾忌所动摇”的管理人王道士看管下的这样一大批世界顶级文物的问题。斯坦因飞快地思考着：“假如王道士在我能够挑出一些珍品前改变主意，再一次关闭密室，怎么办呢？”获取藏经洞宝物的过程，如果要求充沛的精力和很快速度的话，同样必要的是“表现出漫不经心和镇静沉着”，对于如何设法满足这相互抵触的需求，斯坦因承认随后的日子确实非常紧张与焦虑。

“第一捆是约0.3米高的厚厚的纸卷——保存完好的纸卷文书，书写方式、纸张状况和其他情况都明白无误地表明其年代已很久远。异常结实的光滑的黄色纸张呈条状，通常有9米或再长一些，像希腊的卷轴一样匀整地卷在小硬木条上。这些纸质卷轴文书都已经被人阅读和触摸过，因为外层为防止损坏而包裹的绸带已被扯掉。蒋师爷从这些古代写卷中找到并读出所写佛经的经名和卷号等，但是没有办法对佛经的内容与历史文化价值做出迅速评估。蒋师爷自身的知识范围不包括佛教经典，我虽然懂得佛教经典的印度原始式样，但很不幸全然不懂

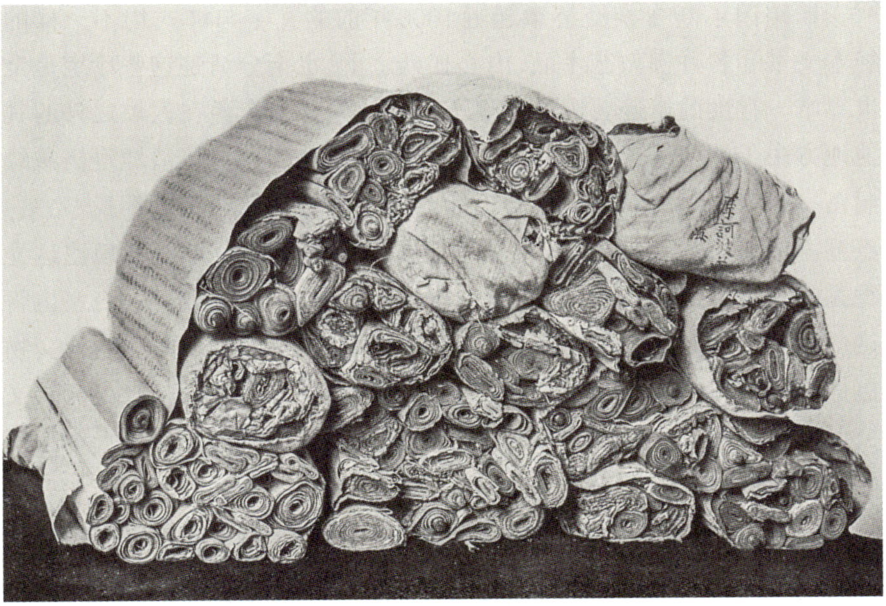

王道士交给斯坦因的藏经洞古代写卷

书面汉文。”

前面曾提到，斯坦因在牛津大学和伦敦大学学习古代东方语言时，没有选择学习汉语，成为他在中国西部考古工作中的一大憾事。在浏览和盗取藏经洞经卷文书的过程中，斯坦因就深深地为自己的缺憾而感到切肤之痛。“但有一点，蒋的阅读速度很快，让我确信第一捆写本卷子的标题全都不一样，所以我心里那种藏经洞文书艺术品，也只是与现代西藏和其他地方佛教经典完全相同的复制品的担忧逐渐消失了。”

王道士鼓足勇气，一捆接一捆地从藏经洞密室中拖出文书写卷，斯坦因和蒋师爷迅速地进行浏览检查。有些写卷很长，每次全部展开都要耗费大量的时间。“当在汉文文书的背面，第一次无意中发现有我在和阗古代遗址中发掘出的那种用印度婆罗米字体书写的熟悉的经典草字体时，我高兴得难以自抑，那是一种由衷的狂喜，无法用言语表达。”这里有不可争辩的证据，即藏经洞存放的大量手稿可以追溯到印度文字和梵文仍流行于中亚的佛教时期。这种证据清楚地表明，佛教创始地、塔里木盆地、敦煌三者之间存在着直观历史文化的联系。由于找到了印度和西方学术界最为关心的，也是最有价值的文化珍宝，斯坦因内心的攫取欲望急剧增大。

斯坦因不断变换交替拿起近1000年前的文字与样式均不一样的经卷文书和各种佛教艺术品，内心狂喜之下，也十分清楚这些珍宝是全世界唯一存世的奇迹。因为世界上同时代同样的东西在敦煌之外的其他地方由于埋藏地土壤水分的渗透已经腐烂殆尽。他热情地赞扬藏经洞密室保存古代写卷文物无与伦比的优越条件：“任何地方都找不到一点潮湿的迹象。事实上，任何保存这类遗物的地方都不能设想比这光秃秃的石室更好，即便敦煌沙漠中的气候含有一些水分的话，石室也将这些潮湿空气完全隔绝。在最干燥沙漠遗址的土壤里埋藏的古代文物也被腐蚀损坏得很严重，然而藏在这个被精心选择的密室砖墙后面，又被风沙聚集起来的流沙堆所保护的大批古代写本手稿，历经千年却没有受到任何损害。”

斯坦因无比感谢藏经洞的保护作用。当一块结实的用彩色画布包裹的大包被打开后，斯坦因发现里面装满了漂亮的绢画和亚麻布画、各种各样的丝绸和织锦还愿物，以及大量的纸画和经幡。许多都处于极佳状态，打开时展现出来的精美绘画大多为印度风格的佛传故事和菩萨像，另外还有世俗的宗教活动场面。做工精巧绝伦的绢画仍然保持着良好的透光性，这一点非常重要，因为当年这些绘画要挂在门廊或其附近的地方，门廊是寺院内殿的唯一光源。同样因为需要透光，大多数经幡上的画都绘在两边，有些经幡在过去使用时已经破损，因为上面有缝补的痕迹。还有尺寸非常大的绢画——达 1.8 米或再大些。存放时被小心翼翼地折起来，结果有很多皱褶——任何打开它们的企图都意味着显而易见的破坏性风险。但只是小心地展开一角，斯坦因就知道这些绢画几乎与莫高窟洞窟壁画一样精美，文物与文化价值无可估量。

王道士对唐代绘画艺术精美作品毫无兴趣，也无动于衷。所以斯坦因迅速地擅自将最好的丝、亚麻和纸画放在一边供进一步考虑，仅在第一捆里就

斯坦因获取自藏经洞的高僧画像（纸质，唐，约 851—950 年）

斯坦因获取自藏经洞的经幡（五代）

斯坦因获取自藏经洞的丝绸经幡（局部）（五代）

斯坦因获取自藏经洞的丝绸经幡（局部）（唐代）

斯坦因获取自藏经洞的丝绸经幡（局部）

有一打之多。让人吃惊的是，甚至纺织品残片里也有精美的绘画，而且每一块丝片都有极高的收藏和艺术价值。对这类物品王道士完全不感兴趣，反而希望用这些东西把斯坦因的注意力从珍贵的经文卷轴上引开。

“王道士现在更殷勤地寻找并拿出那些已明显被他归入废物一类的东西，在这类物品的第一个大包里，我发现与汉文和藏文文书混杂在一起的一大堆长方形的中亚婆罗米文经页。它们是半打婆提样式的不同手稿，一些是梵文的，一些是新疆佛教使用的另一种未知语言（于阗文）。有几个是大尺寸的，页面达0.5米长，一些表面是完整的。我过去发现的婆罗米文文书在尺寸或妥善保藏方面没有一件比得上它们。因此第一天，蒋和我无间断地工作到很晚。”

“那天结束时，一大捆妥善包捆的手稿和织物放在我们‘阅览室’内等待着搬去做我们进一步的‘较认真的检查’。”“最大的问题是王道士是否愿意冒险搬移，随后他会意识到我们行动的真正含义。提出购买的话将会使他的贪婪欲望无止境地膨胀，一定要想办法巧妙地进行。有一点是非常清楚的，即任何搬动都得在秘密状态中进行。”

“所以当我们走出寺院的时候，我们手中没有任何东西，以免引起人们一丝一毫的怀疑。”虽然翻拣和搬动这些宝物极为耗费体力和精力，斯坦因仍然留在凉廊里，在画有取经僧从印度带回经卷的壁画前，又一次讲到了玄奘。王道士同意了这位学者圣人（王道士称呼斯坦因之语）不应该把这些佛教的珍贵圣物继续冷落在黑暗的洞窟中的建议，同时斯坦因暗示他准备为恢复莫高窟昔日繁盛寺院而捐款。蒋师爷建议斯坦因先回避一下，留下他和王道士来讨论怎样平静地取得所选手稿和绘画的问题。

“深夜，我听到了细微的脚步声，那是蒋师爷在查证是否有人在我的帐篷周围活动。一会儿他扛了一个大包回来，那里面装有我白天挑出的所有东西。王道士鼓足勇气同意了我的请求。但条件很严苛，除我们三人外不得有任何人得到丝毫如何交易的暗示，只要我继续留在中国的土地上，这些发现物的来源不得透露给任何人。”王道士害怕夜晚在寺院被人看到，不敢亲自来与斯坦因交涉，后来当蒋师爷充当信使告诉他一切都按照他的条件办以后，他平静了下来。“共7个夜晚，当大家都睡下后，蒋师爷来到我的帐篷，采取同样的预防措施，他身体纤柔，在越来越沉重的负担下喘着气走来。最后我以分期付款的方式取得了这些物品。”

斯坦因急于为将来有计划地研究获得尽可能多的资料。王道士第一天给他的大包内某些条目可以帮助他对藏有珍宝的整个洞窟得出结论。他立即认出“那些装满混杂经文、绘画织物、还愿物、各种很明显为礼佛而储藏的卷子纸张特别有价值”。它们不规则的形状和扣眼使它们在装有汉文和西藏佛教文书的包裹内显得与众不同。而不平整性致使王道士在码放藏经洞文书时把它们放在了最上面，这有助于将它们按一定顺序取出来。然而这个杂乱包裹里的大部分东西却是印度古代文字和传统的婆提形式手稿和散页。“这些最重要的东西是写在棕榈树叶上的保存十分完好的梵文手稿，约有70张，不少于0.5米长。这些叶子上小巧、漂亮、清楚的书写，毫无疑问地表明它们至少属于公元3世纪或4世纪。”即使证明这是一些众所周知的经文，仅是它古老的年龄就“没有被当时已知的任何梵文手稿所超过”。这种书写材料结论性地表明它完成于印度，“但把它带进中国地界的朝圣者是谁呢？”

一个巨大的卷轴21米长、0.3米宽，书写有婆罗米字体的文字内页的一端有一幅两只鹅面对面站在莲花上的迷人图画。那时斯坦因能够检阅的部分表明，这些仅仅是北方佛教所熟悉的一种讹用梵文祈祷文，随后的检阅表明，这些祈祷文之中还有数百行的未知语言的经文，这种文字第一次发现于和阗周围的遗址，但没有人能够解读。最后的解读是霍恩雷博士完成的，他是在斯坦因从千佛洞带走的这卷用两种文字书写的经文帮助下做到的。

斯坦因获取自藏经洞的婆罗米字体经卷

这些卷轴有历史的，也有语言学的价值。“在主要是汉族人口居住的敦煌建立起来的这一寺院中，僧人们直到相对很晚时期仍保持着与塔里木盆地信奉同一宗教的人们的直接联系，中国的佛教就是从那里传来的。丰富的吐蕃婆提经卷是敦煌也曾受到来自南方的巨大冲击的证据。很易识别，因为吐蕃人是水平线书写，而汉文是垂直书写——它们数以百计地混杂在一起，但根据它们不同的尺寸很容易整理。”斯坦因粗略地翻拣后，发现书写有吐蕃婆提经文的纸张看上去旧一些，在质地上也与汉文经卷明显不同。所以，斯坦因得出的结论是：婆提主要是从吐蕃传来，而卷轴是由定居当地的藏族僧侣写的。

据汉文史书记载，公元759年，吐蕃征服甘肃大部，其统治持续了整整一个世纪。“这个时期吐蕃拥有强大的势力，占领了甘肃乃至中亚的大片土地。这种政治联系——很易于理解为什么吐蕃佛教文书在封闭石窟文书中如此富有代表性。”

回鹘文手稿的出现也使斯坦因非常高兴。回鹘人约于公元860年沿天山北部绿洲的吐鲁番、哈密和其他地方建立了他们的王国，到公元10世纪时领土远及甘肃。回鹘文手稿中，像“小四开本的书卷，写在很薄的纸上，仿照汉语书籍的式样折页和装订，从封面到封底都很完整。其中的汉文注释和标题清楚地表明是佛教内容”。在中亚诸民族信仰伊斯兰教之前，他们使用从古叙利亚阿拉米字母衍化来的文字，这种文字也出现在许多汉文卷轴书籍的背面。斯坦因训练有素的眼睛注意到，那里除了有他知道的手稿文本和回鹘文样本外，还有圆凿状的草体。欧洲学术界直到后来才知道那种语言实际上是粟特语。“穆勒教授的卓越研究表明，现今的撒马尔罕和布哈拉在翻译佛教文献的初期曾使用过伊朗土语。佛教在沿着塔里木盆地古老北部绿洲传播过程中使用伊朗语的比例很大。”

另外的手稿给斯坦因进一步的证据，证明那些佛教区域必定曾同时使用多种文字，因为他碰到了古代文书。直到几年前，这种文字才从南西伯利亚的鄂尔浑河发现的某王公碑文中得知并被V.汤姆森破译。非同寻常的是一个窄窄的4.5米长的卷轴，斯坦因断定这是迄今最早的摩尼教徒忏悔祈祷文。摩尼教作为佛教徒和基督教徒的可怕竞争对手，它的传播遍及中亚，在敦煌也有其追随者。

释读和重大的研究发现都只能留给将来了，“5天来繁重的劳动结果，迅速地搜集了所有可能装有手稿或特别有趣东西的包裹。当王道士最后将珍宝放进‘黑洞’时，这些东西沿密室的墙放在堆积物的上部。”把它们清理出来并迅速浏览是困难的。“不止一次明智、审慎地使用银钱，至目前为止成功地阻止了王道士重新陷入胆怯的退却。”斯坦因感到清理出整个窟室很重要。王道士在日益增加暴露危险的境况下慌乱不安，变成一个全然倔强的人。然而，他渐渐地作了一次又一次让步，斯坦因和蒋师爷小心谨慎，不给王道士留下太多的时间深思。最后，在发出许多叹息和痛苦的反对后，他开始搬运了。到5月28日傍晚，总数有1050多份汉文卷轴的包裹和装有吐蕃经文的包裹被转移到寺院宽敞的主殿内。

在这里也只能草草翻阅一番，因为由粗糙的亚麻布包装的一些包裹已经散开了。斯坦因全力寻找包裹中婆罗米文婆提书页手稿、折叠的油画或其他特殊文书，拣出来后迅速放到一边。在王道士用作底部垫平手稿堆的杂物里，斯坦因发现了许多各种尺寸的赏心悦目的绢画和美丽的刺绣品。有一幅严重压皱的（大英博物馆已修复）“极美的绣制画，其设计、色彩均很出色，质地也非常精良，表现的是一个真人大小的佛。”

整整两天，查看各种各样的包裹时，斯坦因以赢得时间为目的的协商一直在断断续续地进行，并设法在第二个夜晚做完这项工作。第二天，斯坦因惊愕地发现，王道士在前一天晚上几乎把所有的包裹都移到了昏暗的密室里，但斯坦因所具有的优势是已经掌握有大量的手稿和古文物，而且王道士明显的愿望是获得数目可观的款项，所以斯坦因有理由宣称在这次外交斗争中取得了基本成功。除了斯坦因从各种各样的包裹中挑选出的珍品外，王道士还同意给他50捆非常完好的汉文卷轴和5捆吐蕃文的东西。为换得这些物品，约相当于500卢比的4块马蹄银递到了王道士手中。把这些东西从密室中搬到斯坦因的帐篷里，对蒋师爷来说是个太重的负担。斯坦因马上让两个可信赖的人来帮忙，一个是伊卜拉欣伯克，第一次探险时的老伙伴；另一个是提拉拜，斯坦因的牧马人。

斯坦因花了一周时间精心地打包。如此长时间地离开了他的施主，王道士变得更加神经质，于是穿过敦煌地区去进行他那季节性的化

斯坦因获取自藏经洞的朝贡图（局部）（北宋）

缘去了。一周后，王道士放心地回来了，他的秘密没有被发现，他在宗教方面的影响并未降低。这鼓励他放弃了另外20个卷轴，以便与对寺院的捐赠品相称。手稿总共装满7箱，300多幅绘画和刺绣品装满5箱。在敦煌，不引起怀疑而搞到足够的箱子有点麻烦。然而斯坦因早已预见到这次机遇，准备好了一些空箱。其余的进行了伪装并安置得不引人注意，"好心"的道士两次感到轻松自在，并似乎意识到：斯坦因正采取虔诚的行动来为西方学术界获取这些佛教古代文学和艺术品，而当地人的无知会让它长期不被问津或最终流失掉。

由于考察时间方面的问题和王大人接到甘肃总督要求限制斯坦因在莫高窟的活动的命令，斯坦因被迫结束了他蒙骗王道士的活动。6月13日，浏览完藏经洞里大量藏品后，斯坦因急于转向山区开展他

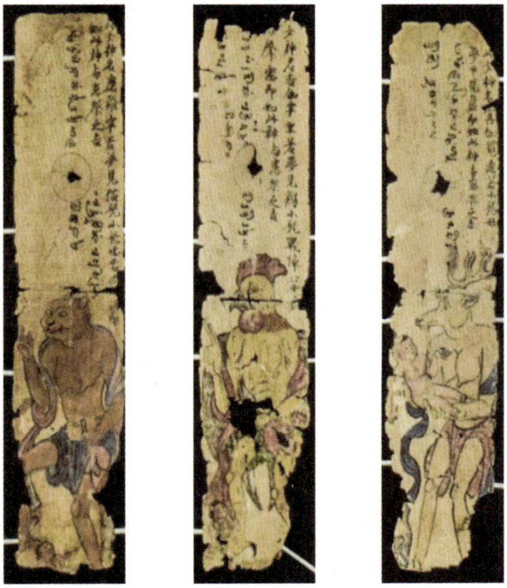

斯坦因获取自藏经洞的纸画（唐代）

斯坦因获取自藏经洞的剪纸（唐代）

的地形测量工作。

回到安西，斯坦因在给朋友的信中写道："非常高兴，我完好地取回了6月份寄放在安西衙门的17箱古代手稿等。我已经告诉你在我离开约一个月后的敦煌当地的暴乱中，王大人衙门被洗劫焚烧了吗？因为暴乱是纯粹的当地起因，而没有一丝反外国人的情绪，我毫不犹豫地再次鼓起劲去进行获得千佛洞秘藏的工作。我们先前的秘密并不为外人知道，我知道这将鼓起我胆怯的看守人新的勇气。通过一个值得依赖的信使送去的进一步购买的建议得到了有希望的答复，但为了避免人们的怀疑，我只得离开现场，委托我永远热心的秘书蒋师爷去完成。他借助一个适当的托词出发了，同时4峰骆驼开始穿越沙漠以期在洞窟附近与他秘密会合。一周后，在一个寂静的夜晚，他们又出现在寺院附近。230捆手稿，其中包括近3000件经文，都是'好心'的道士被劝诱放弃的。大部分是汉文经典和吐蕃佛教著作，但直到现在真正的翻拣是根本不可能的。中亚译本在这样大一堆运输物品中很容易找到。这些新获取物暂且放在大袋中运输，伪装得与我们所能想象的一样好。当这些装载物搬出寺院的'黑洞'时，秘书和可信赖的伊卜拉欣伯克必定忙了一整夜。他们如何巧妙地回避一些不凑巧去洞窟的西藏香客，如何夜里返回安西以避免被发现等是相当漫长的。目前我们必须保守秘密不能外传。所有千佛洞里取出的物品只花去政府130英镑。仅梵文贝叶手稿和一些其他古董就值这个数目。"

至此，斯坦因已经在他第二次中国西部探险考察中取得了辉煌的成果。比如说，他已经得到了华丽的米兰壁画，发现了万里长城向西延伸的部分，而现在又从莫高窟搞到了洋洋大观的稀世珍奇。所有这一切都足以使大多数考古学家感到心满意足。然而斯坦因毕竟是斯坦因，他仍然决心不放弃任何机会，继续他的探险考察。在长城方面，他还有更多更重要的工作要去做，大面积的南山需要测绘，丝绸之路北道的一些新遗址需要去探索。

第十一节　丝绸之路北道的收获

斯坦因首先来到万佛峡千佛洞，那里有20个同一时代壁画保存完好的洞窟。由于根本没有埋藏的古代手稿可以进行考古发掘，斯坦因简单考察拍照之后，就继续向走廊南山高原方向进发。两周后，他在甘肃酒泉扎营，沿着嘉峪关边墙进行了一整天的勘测。最后从疏勒河源头过肃州河到达大通河源头。

从6月份离开安西到9月25日回来，斯坦因和他的助手绘制出河西走廊、走廊南山等地的地形详图。

T.XIV遗址小方盘城，玉门关故址

此后，斯坦因带领探险队一直向西北方向行进，穿过哈密的荒凉北山（天山东部），他在那儿停留了足够长的时间对他的队伍进行冬天的补给和装备。斯坦因很高兴自己又走进了新疆。在这里，他可以直接使用铸造的银币，而不必不停地称、切割银块来付款。斯坦因一直把天平秤看作是一种精致枷锁，虽然蒋师爷能够非常熟练而诚实地操作它。在哈密，斯坦因受到政府长官和哈密回王的殷勤接待。政府长官是朝廷命官，哈密回王是当地宗教首领。

从哈密沿着一直通向喀什噶尔的大路，斯坦因送走了他沉重的行装——8峰骆驼携带的古代手稿写卷和其他艺术品，自己抄近路11月2日出发前往吐鲁番地区。斯坦因到达的第一个绿洲（鄯善）足有402公里，在那里他给朋友艾伦写了封信。他写道："我设法在9天内走完了全程，其中包括花一天时间勘测某些遗址。好像靠近绿洲繁荣地方的吐鲁番主要古代遗址都被德国探险队挖掘过了，除非难以接近的地方才逃过厄运，我将很快西行。我急于穿过沙漠重返和阗。"

斯坦因在吐鲁番地区住了16天。"异常干燥的天气加上没有流沙的侵蚀，山坡上的遗址也非常安全地避开了潮气的腐蚀。多亏了这里奇特的地下灌溉系统（坎儿井），自从回鹘时代起这里就很少或没有可耕作土地被遗弃。"他描述坎儿井："这种地下水渠的走向由地表上光秃秃的小圆形土堆做标记，这些土堆是掘井者在一连串的每个井口像鼹鼠一样抛出的土堆积而成。要灌溉的区域都在平原上，在盆地自然斜坡上井与井之间开凿了一条低矮狭长的暗渠，渠道倾斜度要比地表小。据说井的深度超过15米，假如一起干活的四五个人技术熟练，他们一般半年就能挖成一条坎儿井。"

在给艾伦的信中，斯坦因还介绍了吐鲁番的古代遗址。"德国人曾以独特的方式挖掘过，并且所有地方都挖掘得很彻底……大寺院、庙宇都是用学术盗宝者的方式挖掘的，简直没有使用任何考古学周密仔细的方法。凡最可能出土古代文物的地方都遭到这种挖掘，德语中有个很能说明这种方法的词，那就是'Rauben'，即乱挖一气。"无疑，斯坦因是当时列强国家各路探险队中具有相当考古水平的专家级人物，但即便如此，他在沙漠遗址的考古挖掘中也同样留下了大量野蛮粗糙的盗宝式的"硬伤"。虽然这与当时诸多不便的客观条件所限有关，但是由于他们都是闯进了别人家园里肆无忌惮地进行掠夺的文化强盗，因此他们的所作所为在本质上是毫无区别的，至多是五十步笑百步而已。斯坦因一直考虑如何在吐鲁番工作，查看了各个古代遗址，并进行深思熟虑之后，斯坦因感到在几周内结束格伦威德尔和勒柯克，以及他们的吐鲁番探险队三四年内所未能如愿以偿完成的工作，是件徒劳无益的事。斯坦因决定，这次不进入德国人挖掘过的遗址。

运气，或是天意引导斯坦因去了吐鲁番已知遗址中唯一未被德国人染指的地方，并且设法进行彻底的考古发掘清理。这是一处离吐鲁番盆地艾丁湖不远的遗址——阿萨寺院遗址。对这个遗址，斯坦因这样描述："要是在和阗地区，我们决不会把这周围的地方称为沙漠，最近的农田仅10公里左右，里边的沙丘与我曾经见过的塔克拉玛干沙漠相比仅是些小玩意。但这就足以挡住了德国探险队的前进步伐。在这里挖掘出土了一些非常精美的壁画、塑像碎块和写有年代的汉文、吐蕃文、回鹘文手稿。"

在塔里木盆地东北角，从吐鲁番到焉耆有320公里的距离。斯坦因"沿着设有台站的普通商路行走了8天，因为天山外围光秃秃山岭的几个隘口路面很差，白天又特别短"。12月8日，当他去七个星明屋（"明屋"是当地人对千佛洞的称呼）时，他在吐鲁番听到的关于德国人的描述仍在继续——德国人多次访问过焉耆七个星千佛洞石窟寺，但他从当地人的描述来判断，还有许多古代遗址未曾被发现并进行过考古发掘。

霍拉山脚下的七个星明屋，由沿光秃秃的山岭连在一起的几座神殿构成。斯坦因看了德国人的工作后很吃惊。他描述道："某种粗暴的刮削，在古代佛寺遗址上留下了多么令人苦恼的破坏痕迹！上好的雕塑碎块随处扔在地面或垃圾堆上。挖掘出来的太大不能搬运的塑像，就留在地表任由风吹日晒和让当地居民肆意践踏、破坏等做法十分恶劣。我不能想象德国探险队这些人是如何在这里进行考古挖掘的，更不能想象怎么会如此粗暴地对待留下来的古代文物，更难以接受和容忍将如此珍贵的古代佛教艺术品随意抛弃的恶劣行径。相比较之下，当我处在极端困难的塔克拉玛干沙漠腹地之中，还能一丝不苟地费时耗力重新用沙土填埋像尼雅、罗布泊中所挖掘的那些古代遗址，以免暴露出来任人损坏时，难道我的做法真的是过于小心谨慎了吗？”

即使算不上宽恕，斯坦因总还能够理解为什么德国人似乎像闯了祸就逃走一样离开了焉耆七个星明屋。1907年12月28日，他在给朋友的信中说：“天气一天天寒冷起来，夜晚的白霜实际上相当于一场小雪。考古发掘的收获与对遗址预期的期望一样丰厚，虽然这些遗址被当地反对偶像崇拜的人有意破坏和烧毁，而且数世纪以来一直暴露在焉耆湖区湿润的气候中。”

“然而精美的佛教木雕残件、镀金的浮雕装饰等古代文物还是在各处幸存下来，这好像是一个奇迹，并表明这些东西曾装饰的该地佛教寺庙等级非常高。最惊人的发现是大寺庙废墟中大大小小数以百计的泥塑佛像。事实上，它们中的大部分都已经被损坏破碎了。但在它们从墙上被破坏掉下来之前，破坏者点燃起来的大火已经把这种易碎的泥塑变成了一种赤陶，反而能经受住博斯腾湖湖畔的雨雪风霜。”

“包装和运输这些珍贵的雕塑头像很容易，当然所有雕塑原有的颜色已被烧没了，为补偿这一点，我切割了一系列足够大而且十分精美的漂亮壁画。把这些精美的壁画安全地取下来，是一项非常艰巨的技术工作。壁画所在的灰泥墙皮在墙体上粘得很牢，在能取得壁画之前，工人得凿掉土坯墙……当我以良好的考古收获感觉离开七个星明屋，并向焉耆河谷上游新找到的古代遗址转移营地时，我对已有的考古收获感到非常满意。我的工人从已经被德国探险队毁坏挖掘过的七个星明屋遗址中抢救出的文物装满了10大箱。”

斯坦因获取自焉耆七个星千佛洞的泥塑头像（7—8世纪）

1月17日，斯坦因抵达库车。由于日本人、德国人、法国人和俄国人在这里工作了几年，因此他并不指望还有很多可以进行考古工作的机会能够

斯坦因获取自焉耆七个星千佛洞的泥塑头像（7—8世纪）

留下来，但为了得到迅速的启示，他急于参观石窟和其他遗址。认为把这些遗址与他曾发掘过的遗址相比较是有益的。如果万一发现有需要进一步进行考古挖掘的地方，可在夏季从和阗再回来。现在他要做的是，在不适合做考古发掘工作的酷暑天气来临前夕到达和阗。

根据将要进行的沙漠旅行速度和在当地必须要进行的考古考察工作，斯坦因立即着手组织人员，采购物品、给养，以便尽快开始横穿塔克拉玛干沙漠的探险旅行。准备工作进行期间，他用几天时间考察了所在地区所有的古代佛教遗址。他要参观的古代佛教遗址大都位于却勒塔格山脚下12—19公里的不同地方。石窟遗址的保存状况让斯坦因感到失望，壁画都已经被他的同行——那些道貌岸然的外国艺术摧残者和收藏家们破坏得残缺不全，在斯坦因之前来到这里的日本人、德国人、法国人和俄国人已经竞相进行过粗野盗掘。苏巴什遗址一年前经过法国伯希和的彻底清理，也没有什么古代文物保留下来。斯坦因发现在库车已经没有什么考古工作可做了。不过，收获还是有的——斯坦因注意到这里的石窟与吐鲁番的石窟风格迥异。

第十二节　横穿塔克拉玛干沙漠

斯坦因在库车想做一件探险大事——从这里向南，经过沙雅绿洲，越过塔里木河进入克里雅河尾闾地带，然后沿克里雅河横穿塔克拉玛干沙漠。这并不是创新，而是一条老路。塔克拉玛干南北两头诸绿洲的寻宝人称之为“贼道”。显而易见，沙雅绿洲与南面大约480公里以外的克里雅河尾闾绿洲达里雅布依之间有通行的可能，不过只有不要命的贼人曾经走过。

瑞典探险家斯文·赫定曾经从南向北走过，但是险些命丧塔克拉玛干黄沙。斯坦因正计划沿着“贼道”用8天时间直接穿过沙漠，以期超过斯文·赫定的探险业绩。他派出的探路侦察员以充足的理由确定了许多新的未涉及的遗址。不过，这样的话，斯坦因就面临着是要突破世界探险纪录，还是要探察古代遗址的两难选择。至今，斯坦因在赶超斯文·赫定纪录方面只有平手的成绩——他曾在天气明显不利的情况下，积蓄时间和精力到达慕士塔格峰6096米高的地方，平了斯文·赫定的纪录。发现楼兰古城，本来斯坦因也有机会，只是因故耽误了时间，让斯文·赫定一度领先多年。为此，他悔恨至今。

斯坦因本人的条件与斯文·赫定相比极具竞争性，但是斯坦因从不草率行事。当他沿着库尔勒到库车的路疾速行进时，他已经派拉姆·辛格走库车南面的另一条路经沙雅去搜集情报和寻找向导。1896年，斯文·赫定沿着克里雅河走到它最终消失之处时，然后冒险保持正北方向穿越塔克拉玛干沙漠腹地，最终到达塔里木河的宽阔地带。斯坦因这次准备按斯文·赫定旅行的反方向走，这个计划有创新色彩，但是也有风险。风险在于能否准确找到克里雅河这条南北向的沙漠河流，克里雅河尾闾三角洲具有不稳定性，且距斯文·赫定走过已经12年，这个时间太长了，克里雅河可能在任何地方拐弯而不被人注意。从北向南穿越塔克拉玛干沙漠并准确地找到克里雅河的难度，就像在塔克拉玛干这个“大海”里捞针一样。然而，找不到克里雅河的后果，就是永远留在塔克拉玛干沙漠腹地成为孤魂野鬼和另外一个新塔克拉玛干的传说。当年斯文·赫定从南向北穿越，有一个保证，那就是只要向北走迟早都会见到塔里木河，这就保证至少不会丧命。

斯坦因知道，在真正的“沙漠之海”里，如果缺少熟悉地理环境的向导带路，仅仅依靠指南针很难找到正确的路线。出发前有一点是确定的，那就是无论怎样，依靠斯文·赫定的地图来确定行程路线应该是正确的。一旦穿过塔里木河向南足够深入无边无垠的塔克拉玛干大沙漠之中，仅仅依靠指南针指引路线并推断出所在地点的经纬度，对于斯坦因这样受过严格地理测绘专业训练的专家来说也没有十足把握。

塔里木盆地的生命历史，或者说绿洲历史，完全可以说是河流和大沙漠相互斗争、相互克制对方的历史。斯坦因发掘过的所有古代遗址，都是这样的典范教科书，那些保存有古代遗址的干涸河流三角洲地带曾经满是水流。如果不能到达这样有水的河流尾闾三角洲，探险队面临的形势肯定会很危险。现在没有可靠的线索显示现代克里雅河河床就在斯坦因探险队出发方向的正南，还是偏东边，或者偏西边。

当然，如果偏离了克里雅河，斯坦因最后的保命希望是在古河床里，能通过挖井去饮用地下水。最悲惨的假设是，如果没有与克里雅河尾闾河水相遇，斯坦因向南继续探险队的行程，就需冒更大风险——携带的水将被用尽，不要说人了，就连探险队的骆驼也会在到达可能的任何一个井水或泉水之前，死于长时间的干渴。

要避免上面说到的各种风险，就需要估计出穿越沙漠抵达可靠水源需要消耗多长时间，计划的变化会带来什么阻碍。仔细考虑后，斯坦因决定坚持他既定的行程。水和食物的充足供应是保证安全的重要因素，所以斯坦因特别安排探险队给每个队员带上一个半月的给养，并给每个在沙雅雇佣的临时劳工也准备同等给养，带齐抵御沙漠严酷冬季气候的物品。经过再三计算，斯坦因把沙雅临时劳工人数减少到8人，用于辅助考古挖掘和途中运输。

探险队将远征大沙漠并可能一去不返的流言，给当地地方长官和村民首领造成了不少困扰，要完成各自的配额任务，找到合适的人选就变得比较困难。筛掉那些精神状态不佳，体力又不适合做这种旅行，以及自己没有充足保暖衣物和食物的人，最后选出的人身体都很结实。尽管有大量的预付酬金和保险工资，民工对大沙漠仍充满了恐惧。当地方长官礼节性地拜访斯坦因时，这些人都跪下祈求不要征召他们，以免于灾难性的遭遇和危险。幸运的是，这位精力充沛的年轻官吏很有水平。他安慰民工说，斯坦因是洋大人，命很值钱，亲自带队，也是有丰富沙漠旅行知识和经验的能人，一定会保证所有人的安全。另外，他还答应免去民工家人一年所有劳役。

蒋师爷在奉天（辽宁）学过一段时间俄语，俄语说得相当好，他很容易便从斯坦因给他的俄国人绘制的新疆地图上辨认出预期的路线。但是，他可能并没有充分估计到此行要面临多大的困难。

“将近320公里绝对没有生命的沙漠”旅行开始于1908年1月31日。斯坦因在给艾伦的信中描述：“安全要依靠正确的方向来保证。那里绝对没有路标，所有保证就是找到克里雅河尾闾三角洲，找到了就会有水活命。2月6号以前的行程是比较简单的，我们得竭尽所能地行进于正南方向常常隆起至46米左右的一道道沙丘上。高高的沙丘和不断出现的不毛之地，把那些沙雅人吓坏了。在两个宿营地掘井没有成功，而根据斯文·赫定的路线在那里是应该可以挖到水的。”斯坦因还在信中描述他如何在“一个无水的营地以欧洲绅士应有的精神祝贺艾伦夫人的生日，并为第二天在途中或营地打井能出水而祈祷”。

斯坦因真正的担忧开始于向克里雅河三角洲北边大沙漠行进的途中，因为没有人能够预测出沙海中克里雅河断流的位置。沙丘覆盖下的克里雅干河床像一把巨大的扇子以绝对困惑人的景象在斯坦因面前展开。

真正的河道约在南方60公里处消失了。当年斯文·赫定从南方来，沿着干河床走进沙漠要相对容易些。就斯坦因面临的情况来说，尽管有各种精确的地图，仍然是个冒险的旅行。在沙漠中没有现代定位工具，仅依靠斯坦因手里的仪器要搞清自己所在位置的经纬度是很困难的。斯坦因沿着克里雅河一条古老的河床只走了一天，河床就消失在沙漠里了。

古克里雅河尾闾三角洲的死胡杨灌木丛

进入克里雅河尾闾寻找河流

斯坦因记述道："当我们向南行进时，古代河床突然消失，连带最安全的行动方向也同样突然消失了。即使爬到最高的沙丘上面也无济于事，依然看不到古河床的踪迹。目力所及的地方到处都是大沙丘、死胡杨树和红柳包，我极力压抑住自己内心的不安，表现得从容自若。前5天的沙漠行程中，只有一次掘井成功。挖掘的4.6米深井里渗出的水少得可怜，但这点水救活了马匹。我从塔里木河所带的冰块还够满足全队人5—6天或再多一些时间的需求。得非常小心地控制冰块的消耗，每天3大杯水是一个沙漠中艰苦跋涉人的适度定量，这是我的经验。在阳光下20℃以上还是够暖和的，但夜晚仍很寒冷。"

经过数天的艰苦跋涉，水越来越少，能发现河流的希望也越来越小，驮工的不安情绪却越来越大。斯坦因知道这时退回去只有死路一条，唯一的生存希望就是前行找水。"虽然野骆驼的足迹已非常多，但12日早晨我们仍没有发现河流的任何迹象。我根据天文观测知道我们已到达克里雅河12年前流到位置的纬度。河流可能自从斯文·赫定时期以后，就重新改道了。沙雅民工们已变得颇为绝望，并在那天早晨试图离开我们返回到那口井去。我平息了这场小叛乱，这些人同意跟随我们再向南走一小程。他们如果不这样决定，决不可能活着回到塔里木河边。我觉得可以尝试通过正确的方式向东西两个方向推进侦察，一定会发现河流。幸好，随后的事实证明，已没这种必要。"

驮工们都不愿意走了，坚持要往回走，斯坦因坚信斯文·赫定的地图没错，只要再坚持进行东西向的搜索应该能发现克里雅河。这时他看见前方有一座高大的沙丘，于是决定自己先上去看看。“爬上约91米高的沙山顶端，我欣喜若狂地看到了一条窄窄的像冰一样的白带。那就应该是克里雅河，能够想象我们向它走去时满怀的期望。当最终落实，它不是我所担心的荒凉盐湖，亲眼所见宽阔冰层的下面是真正河流流水时，我的心情难以言状。河流流过像我们所经地区一样的不毛沙漠，说明河道已远远离开斯文·赫定所看到的长满树林的河床。历尽干渴艰难，看到人、马、骆驼畅快饮水是我终生难忘的快事。至此时，骆驼已13天没有饮水，马已近4天没有饮水，然而所有的牲畜都极令人满意地生存下来，特别是骆驼只吃了几次干树叶，而在此之前什么也没吃。当然，我们从未骑过马。”

13日，是斯坦因进入大沙漠以来最高兴的一天。沿着冰封的河道走了两整天，河流两岸仍然是芦草沙地，并未出现探险队盼望的胡杨林灌木丛。不过，其他方面的惊喜则非常有趣，斯坦因进入沙漠以来第一次看到了几只鸟和一头鹿。这是探险队两周以来第一次看到活的动物。

早上，在沿着像湖一样平缓的河湾走了几公里后，斯坦因听到远处传来咩咩的羊叫声。所有人开始了一番激动人心的寻找，最终看到一

沙雅民工见到克里雅河的瞬间

个被突然出现的探险队一众人群吓坏了的牧羊人。这是探险队遇到的第一个人。斯坦因随即搞明白已到达克里雅河的尾闾通古孜巴斯特(地名意为"野猪出没之地")附近的地方,这里是他1901年曾经来过地方的最北端。干河床在这里如同手指头那样散射分布,克里雅河由这里改道,进入一条新河床,或者准确地说是又重新流入某条相当古老的河床。斯文·赫定时期的河床已全然干枯,如果继续沿着向南下行,会找到大面积的森林,但却没有水。

这条穿越塔克拉玛干沙漠的探险之路,就这样在此结束了。尽管充满了艰辛,斯坦因却非常满意,因为他又一次突破了西方探险家塔克拉玛干沙漠穿越的纪录。斯坦因自我感觉非常不错,迫不及待地准备投入近在眼前的喀喇墩古城遗址考古发掘工作。

喀喇墩遗址考古工作结束,斯坦因带领人马沿着7年前的路线向克里雅河上游行进。路上他遇到了从克里雅运来的给养,以及从和阗来的接应队伍。当地的寻宝人谁也不知道通古孜巴斯特以北是否有古代遗址,来接应的人告诉斯坦因策勒绿洲周围达玛沟一带有一个新遗址。于是,斯坦因决定马上离开克里雅河下游,前往新得知的亚里克巴什遗址。

这个遗址离约在1840年废弃的老达玛沟遗址不到8公里。虽然离现在绿洲居民点很近,但保存状况还不错。老达玛沟一带的土地,在河流再度光顾之前,将长期处于休耕状态。由于当地人长期在遗址上取用木材,挖掘硝土,遗址被破坏的范围较大。斯坦因在进行完广泛的考察后,认为这里就是玄奘所说的"媲摩"的所在地。经过8天紧张的挖掘,探险队清理出了4座在古代就已遭受许多苦难的佛寺,出土了一些唐代木简。主要的收益是最后一天偶然获得的,即当他们挖掘红柳包下面的小佛教寺庙时,出土了一些大小相同,能够被安全取下运走的漂亮壁画。令人愉快的发现物仍不断从遗址中获得,像和阗这样的地方,每一片壁画都有很高的价值。斯坦因雇佣的寻宝人在和阗各绿洲四处寻找古代遗址,任何重要的古代遗址都很难逃过这些寻宝人的搜寻。

3月底,斯坦因又返回于阗,转移到乌宗塔提遗址,开始彻底挖掘该遗址。斯坦因3月26日给朋友写信说:"现已完全证实它就是马可·波罗所谓的培因……我现在正去科克亚北面的一些遗址。我希望尽快在和阗用几天平静的日子做些写作，在那里，老阿洪伯克正准备用他漂亮园子接待我度过短暂的春天。在返回沙漠遗址之前看见花朵与嫩叶是件很愉快的事。”

第十三节 塔克拉玛干考察的后期

返回和阗是斯坦因归国旅程安排的第一步。当他还在敦煌时，就已经托人帮助购买告别礼物。斯坦因准备了4块上等织锦送给潘大人等地方官，因为织锦是制作官服的好材料。斯坦因还订购了3块银表，第一块应该是所购银表中质量最好的一块，价格不超过2镑10便士，盖子里面刻有文字：M.A.斯坦因博士将它作为对1906—1908年为探险献身的学术贡献的感激和真诚敬重的纪念品赠予蒋师爷。另一块刻有铭文的价值约1镑10便士的银表，是赠予叶尔羌铁拉巴依的纪念品。第三块相同价格的银表，刻有感谢他友好帮助的铭文赠予巴德鲁丁汗。

除了礼物之外，斯坦因还为自己订购了一双结实耐洗的鹿皮手套，以用于夏季旅行，以及一副夹鼻眼镜。关于送出去的手表，斯坦因写道：“它们不可思议地便宜，精美的外壳和优良的品质使接受者感到自豪和愉快。他们对我所有的关心再三道谢，并确信我将永远对他们不倦的帮助予以回报。”这些礼物在斯坦因第三次探险考察时长久地发挥着效用。

礼物不同是友谊关系不同的一面镜子。受托管理斯坦因所有货物的巴德鲁丁汗与吐尔地不同，后者是个无知的寻宝人，熟知塔克拉玛干的地形，负责管理斯坦因的生活，他们双方相互尊重。巴德鲁丁汗和叶尔羌的铁拉巴依、克里雅的伊卜拉欣属于另一类，他们都是可靠与诚实的交易伙伴。正如与其他地方人们的关系一样，斯坦因的友谊有着微妙的尺度，他用这个标准来安排临别礼物。

潘大人是他的朋友。虽然斯坦因与一些官员之间保持着适宜的礼节，但与这位和阗前任长官的友谊则坚实地建立在潘大人支持斯坦因的考古探险活动上，最初的感激之情已发展为相互间的欣赏。这样的友谊，促使斯坦因压缩最后几个月的考古探险计划，抽出时间去阿克苏做了一次长途旅行，专程拜访潘大人。

在斯坦因第二次中国西部考古探险中，潘大人作为重要官员的支持极大地便利了斯坦因的考古探险工作，因而斯坦因特别选用一块黄织锦表达谢意。至于考虑到他们对古物的共同兴趣，斯坦因随身带上了从长城烽火台垃圾堆里挖出的汉简文书样本。看到潘大人拿着汉简文物并研究那些汉代文字，斯坦因感到这是一件乐事。斯坦因表示友好总是出于实际的理由，他要为拉姆·辛格完成勘测阿克苏至喀什噶尔段天山的承诺，做出礼物嘉奖表示。

获得赠表的蒋师爷是斯坦因最亲密的朋友。他既不像寻宝大师吐尔地，也不像官员潘大人。他学识出众、性格温和，却能耐住野外旅行的艰苦。这次探险考察中他给斯坦因的帮助最大，对他所服务的国家造成的损害也最大，这一点蒋师爷本人从来未曾有过清醒的认识。他正是那个混沌的时代、混沌的社会才会出现的混沌之人。

斯坦因去阿克苏旅行是他沿着和阗河对古代遗址调查的延伸，也是从塔里木到和阗克里雅地区向南纵贯沙漠的一个对应的旅行。4月初，在和阗至克里雅河之间的不毛地带，斯坦因到达一处埋在高耸的沙丘下面的寺院遗址。该遗址像热瓦克一样的古老，其壁画比和阗地区已发现的任何壁画都精美，并且也像热瓦克一样经历了土壤水分的侵蚀。当挖掘时，一个接一个的3.6米高的壁画人物塌下来了。斯坦因所能做的就是把他们拍摄下来。斯坦因描述道："虽然墙皮几乎不比煮好的圣诞布丁坚实些，但我设法移动一些较小的壁画，放在初升的太阳里晒得坚硬些……非常重要的壁画题记中新发现的年代证据带给人很多惊喜。"

沿着干枯的和阗河河床往下走了4天，1908年4月19日，斯坦因来到岩石顶上的麻扎塔格戍堡遗址。在沙漠中和阗河边崛起的这座奇特山包上，斯坦因挖掘了戍堡的垃圾堆，民工每天干12个小时左右。

斯坦因这样形容戍堡遗址垃圾堆："这是另一个肮脏得无法形容的米兰。这些吐蕃人似乎在他们占领并戍守的所有要塞都有大量的物资消耗，而且邋遢不讲卫生。废弃物随手扔在戍堡闲置的空房间和房间边上，在堆积麦草和其他难闻物品的唐代垃圾层里，意外地出土了藏文木简和文书、汉文和古于阗文文书，甚至还有几件钵罗钵语（中世纪古波斯语）和回鹘文文书，总数达到900多件。损坏的肮脏文书极为常

麻扎塔格戍堡遗址

发掘麻扎塔格戍堡垃圾堆的场景

见，但文书、过境通行证、征用令，以及诸如此类的东西都保存得相当完好。出土钱币和带有日期的文书表明，吐蕃人公元8世纪曾相当长时间地占领这个地方，并驻军守卫着这一交通要道、军事要塞。这与吐蕃同时占领塔里木盆地最东端的米兰要塞一样，决定性地证明了这里是去往塔里木盆地北方的主要道路，并且与米兰要塞一样重要。”

除了燥热之外，与前面穿越塔克拉玛干沙漠去克里雅充满危险的探险旅程相比较，沿和阗河去阿克苏的行程基本上是无忧无虑的。斯坦因感受到：“晴空里燃烧着的太阳烤得人脸上发痛，阴凉处的温度也不低于36℃。由于散热极快，白天与凉爽的夜晚相比温差很大。考虑到骆驼每天要行走12个小时左右，途中还需要饮水吃草，这就使我们必须半夜3点钟动身。”

“半夜3点钟意味着起床时间早得荒谬。幸运的是，一连串的沙暴给我们的旅途带来了缓解，最后4天基本上都处在阴天保护之下，骆驼和人都舒适了许多。这个季节，干枯的河床成为令驼队愉快行走的坦途，河床有些地方宽至两三公里。老向导卡斯木带路，即使在真正的沙尘风暴之中，也没有在多条河汊和灌木丛沙丘之间迷路。和阗河河床水坑里的水非常新鲜，清凉充足的饮用水在如此燥热、沙尘风暴肆虐的天气里是一种地道的恩惠。沿和阗河穿越塔克拉玛干腹地是一次奇特的，然而也能够摆脱所有沙漠旅行中时常忧虑的缺水问题的旅行。”

“老卡斯木打到了一只鹿和几只野鸭子，为晚餐增色不少。今天的行程曾引起小小的骚动……清晨离开营地不久，我们发现了一只塔里木虎刚走过的足迹。从足迹的大小判断，它必定是一只体型巨大的野兽，沉着镇定地沿着和阗河河床这条常走的路线悠闲地漫步。这个大家伙昨晚似乎光顾过我们拴放牲畜的地方，因为大家立即记起平常总是呼呼大睡的小狗达什，昨夜曾爬起来汪汪狂吠，马匹也曾非常焦躁不安地嘶鸣。塔里木的老虎决不会少，据说经常捕食驴和马。”

斯坦因按照计划，于5月1日到达阿克苏。拜访潘大人之后，稍事停留即前往乌什，考察玄奘曾经到过，而他还未曾踏足过的塔里木盆地的最后一个重要的古代遗址。考察完乌什，斯坦因直接赶往巴楚。巴楚古城规模巨大的唐王城遗址在自然力的侵蚀下毁坏严重。考古发掘获得了大量证明遗址废弃时间的钱币等出土文物，进一步的考古发掘

斯坦因在阿克苏的营帐

目标是清理出中心要塞的建筑布局。随后斯坦因又下功夫做了细致的环境调查，搞清城堡的供水问题，原来古城兴盛的时代，喀什噶尔河比现在要向东延伸许多，完全靠近了古城。

从巴楚到莎车，斯坦因用了5天时间，并在那里作了短暂的停留。蒋师爷曾在莎车衙门供职多年，目前仍然有不错的人脉关系，并打算以后仍在此地求职。莎车是塔里木盆地西南部最大的商贸中心。斯坦因在当地长老和蒋师爷的陪同下购买了些古黄铜锤揲制品（历史上，莎车、和阗的黄铜锤揲制品一直是中亚、西亚、南亚追求的丝绸之路名产物品）、刺绣制品。

6月9日，斯坦因回到和阗。在那里，斯坦因开始进行文物的编目、装箱和在箱子上包马口铁的加固工作。斯坦因耐心、细致地对待他的收获品——文物，每件文物都登记、包装，每一块壁画都小心精细地加固，每一张易损的绢画都谨慎地卷在棉胎里。此外，蒋师爷负责登记卷轴文书和各种各样的手稿长卷，他常常要把长30米的书卷展开来寻找末尾的题署。

翻越喀喇昆仑山口道路的驮载必须保证每一头牲畜负重在110公斤以下，斯坦因许多装有胶泥雕塑文物的箱子超重。为了保险起见，斯坦因把去拉达克的运输事项都交给了来自赛图拉的柯尔克孜族伯克，

民工在加固包装运输文物的箱子

这个人与英属印度当局关系密切。预付了部分工钱之后，斯坦因与他签订了运输合同。

7月中旬，斯坦因的文物包装工作已全部完成，整个第二次探险考察收获的古代文物箱子凑成了47个相当重的马驮子。所有盛装珍贵文物的箱子都包了锡皮或者马口铁。大约有30个箱子装满古代文书手稿以及古代木简和简牍文书等珍贵文物。在斯坦因再三叮嘱之下，这些盗取自中国的人类历史上极为罕见的文物，都交给承运人起运了。

该是告别的时候了。对斯坦因而言，分离时比较伤感的有两个人，一个是蒋师爷，另一个是邮差吐尔地。蒋师爷陪伴和帮助斯坦因渡过了他第二次探险考察中所有的难关，他是斯坦因的依靠。对蒋师爷来说，他陪同斯坦因所进行的考古探险工作，至此也有了一个完美的结局——马继业已任命他出任英国驻喀什噶尔领事馆的中文秘书。吐尔地是一个驿站的邮差，也可以说是斯坦因的心灵天使。无论斯坦因在塔克拉玛干沙漠的哪一个人鬼不知的角落，他所渴望的邮差吐尔地都能够及时地带给他心灵甘泉——来自英国的文件和信件。斯坦因有这样一段记述："我想象不到，我忠实的邮差吐尔地是如何设法在圣诞节前夕，深入罗布泊荒漠腹地找到我的，又是如何再一次从南山脚下去作数月令人厌倦的旅行送走那些重要信函与文件。但不管在什么场合，他脸上都毫无表情，只有一种平静的淡漠和一种犬马般的献身精神。”

第十四节　高原厄运

安排完所有文物的运输工作，斯坦因开始他第二次考古探险考察的最后一个项目——阿克赛钦高原的勘测。阿克赛钦，“阿克”意为白色，“赛”意为戈壁，“钦”意为中国，全意为中国的白石戈壁或白石滩。

阿克赛钦在历史上是从克什米尔高原到和阗绿洲的通道地带。这是一条南亚地区通过克什米尔经喀喇昆仑山口、康西瓦、皮山桑株古道通向和阗的大商路，汉代就广泛使用，19世纪中期到20世纪初，这条高原通道使用率也很高。

阿克赛钦之所以被斯坦因关注，是因为这个地区还是从新疆进入西藏的通道。第一次探险时，斯坦因曾试图到达玉龙喀什河河源，进而进入阿克赛钦，但被喀让古塔格山中玉龙喀什河河谷切割出来的一道又深又窄无法通行的峡谷所阻拦。由于正面攀登失败，斯坦因计划从侧面上去，即从没有一个西方探险家探险考察过的昆仑山区绕道上去。

为了进入阿克赛钦，斯坦因一直往东到达克里雅（于阗），由此向南沿克里雅河走进大山中的普鲁——昆仑山北麓克里雅河边最后一个村子。“普鲁”与藏区毛毡制品“氆氇”同音，是古代青藏高原地区氆氇等高端毛织品输入塔里木盆地的主要通道，也因此得名。斯坦因在普鲁筹集面粉、牲畜饲料，以及供应路途肉食需要的12只羊等方面给养。根据克里雅长官的指示，村长老伯克帮助斯坦因雇佣20个山民来管理负重运输的毛驴和其他牲畜。

斯坦因装备骆驼、马等另外的运输工具，以便把探险队的工作设备（主要是测绘装备）等必需品运到最近的青藏高原。从普鲁出发，经过4天艰难的高原山谷行进后，探险队到达海拔4572—4877米的高原。虽然斯坦因极想在半冰川发育的狭窄山谷中继续攀登，但要带着行装和供给品安全通过这样的山谷却是件很难的事。一路上，队伍要不断地在毛驴难以越过的急流上来回穿梭行进，另外，冰川融水大量下泄流经河道时，所有牲畜根本无法涉水通过。不管是在巨石中绕行，还是沿着山谷石坡上的小道行走，都十分困难，前行的每一段路都令人生畏。

在之前的高原测绘探险中，测量员奈克·拉姆·辛格因过度的高原测绘劳作患上青光眼疾病，进而导致双目失明。现在轮到斯坦因遭受高原神威的报复了。有一次，在-49℃的气温条件下，攀登勘测昆仑山山路最高垭口英吉达坂时，斯坦因在冰川上不小心弄湿了登山靴子。但他为了抓紧时间完成测绘任务，不以为意地继续待在山岭高处。通过垭口下来时，他突然感到两只脚已完全失去了知觉，旋即引起剧烈的疼痛。这时，斯坦因才意识到双脚已经遭受了严重的冻伤。他的医药手册告诉他，把雪放在患处加以摩擦，可以作为一种急救的治疗办法。他知道，如果这种方法仍不能恢复血液循环，就会变成坏疽，那时就需要施行外科手术。当时这种雪疗办法，对左脚产生了作用，可是对右脚却无效。

斯坦因一看到当前他的生命已经面临重大威胁，便立即放弃了勘测工作，先骑乘牦牛，后又改骑骆驼，最后完全无法独自驾驭骆驼或者马的斯坦因，被迫接受吉尔吉斯人头领的建议，躺在由两匹矮种马抬着的用两根树干临时凑合制作的担架上，经喀喇昆仑山口急忙赶路前往拉达克。

经过了几天翻山越岭的痛苦旅行，最后到了列城。在那里，一个摩拉维亚教会的医生切除了斯坦因右脚的两个脚趾。斯坦因这时无法摆

山岭上的测绘

脱的忧虑，就是深深地恐惧将来能否继续从事野外探险工作。至于肉体上的痛苦，对斯坦因的意志力来说并不是一个大问题。经过了几个星期焦急不安的休养，右脚的刀口终于慢慢地愈合了，这使他感到无限安慰——这次手术进行得非常及时，也非常成功。

第十五节 巨大的荣耀

回到印度，斯坦因一下子又成了探险英雄。巨大的成功之下，他的要求不再被忽视或搁置，社会高层所有的大门忽然都向他开放。凡有所求，官僚“大机器”都会倾听。如果说过去是他的工作性质与前景偶然与政府的兴趣相符，那么现在政府已转向推动斯坦因的工作。由于这种新拥有的社会地位，使他最遥远深切的希望都有了实现的可能。

英国国王授予他印度帝国武士勋位（两年后又提升为骑士勋位），英国皇家地理学会授予他发现者金质勋章，英国牛津大学和剑桥大学都授予他名誉博士学位，英国皇家亚洲学会颁发给他东方研究金质奖章。欧洲其他国家也分别给予斯坦因各种荣誉，德国则颁发一笔巨额奖金以祝贺和鼓励他的考古与地理探险成就，匈牙利布达佩斯政府称斯坦因为“为匈牙利人民立了大功的好儿子”。

当斯坦因重访故里——匈牙利时，布达佩斯沸腾起来，午餐、晚餐，还有宴会应接不暇。第一次讲座大获成功，戏院挤满了绅士、淑女，门票10天前即已售罄。幻灯片演示效果棒极了，音响效果也极佳，斯坦因站着演讲了1小时45分钟，并不觉得太累。听众们那种半含敬畏半含崇敬的态度令他感动，会场中鸦雀无声，演讲结束时的掌声一波高过一波。之后的星期一，斯坦因又应约重做了次报告，接着乘夜车前往维也纳，第二天晚上又在维也纳做报告，再接着又去慕尼黑。结果50小时内连做4场报告，还有其他种种高等级社会活动。荣誉的光环真正降临在斯坦因头上，他的家族因此无上光荣。

第四章

再回西域

——第三次、第四次中国西部探险考察

第一节　成功的光环

斯坦因与德、法、俄各国考古探险队在中国新疆展开的激烈竞争，带有十分强烈的政治色彩。他组织进行的考古探险考察成就了其个人的事业，但却并非全属他个人所得，而是与他所属国家扩张的民族主义，亦即与所谓爱国主义情绪紧密相连。随着斯坦因两次考古探险的成功，作为英国的入籍臣民，他的忠诚无人置疑。

由于斯坦因的事业、朋友和个人生活都在英属印度，他也就成为比土生土长的英国人更纯粹、更彻底的英国佬。因此，他参与帝国主义列强在中国西部争夺古代文物的竞赛，有很大一部分正是为着英帝国主义的国家利益和国家荣誉。当然，从另一个方面讲，以斯坦因的出身和背景，如果不能够取得英国当局和英属印度当局的支持，他是绝无可能顺利进入新疆并进行如此大规模考古探险考察的。因而，对他宣誓效忠的国家，斯坦因从来都是想方设法加以利用，同时也自愿为之忠诚服务。

斯坦因的第三次、第四次中国西部探险考察受到其政治信仰因素的强力影响，这种影响纯粹出于斯坦因个人立场，即他对英帝国主义的扩张侵略野心表现出了充分信服。在女王王冠上最灿烂的宝石——印度度过的岁月，使他坚信英国的统治有利于南亚次大陆的福祉，真心实意地赞扬由此而给印度带来的利益。对他来说，英国社会所代表的就是世界文明进步的象征和标尺。这种文明当然是西方文明，它就好像是一只金羊角，里面盛满了由英国创造的科学和技术。

可以说，斯坦因个人的政治理念十分主观，甚至可以说相当偏执。这一点看似不可理解，好像他的政治理念与他所从事的学术研究相矛盾。但细想一下，恰恰也正是他的这种狂妄的政治抱负在支撑着他一次又一次地踏上中国西部艰难的探险考察之路。斯坦因在丝绸之路的重要地段——中亚、中国西部非法进行考古发掘获得了大量文物，证明和揭示亚洲许多古老国家曾经有过的辉煌历史与繁荣文化，以及随即复又衰亡的历史镜像，也证明虽然种种文化信仰相继泯灭，人类文明已然继往开来。面对历史，他怎么会认为同样的事情就不会发生在自己眼前？也许他关注的仅是历史本身凝固的时代段落，而非人类文明形成、发展的过程。过去就是过去，即使正在进行中的社会变化，他也视而不见，甚至当政治动荡摧毁了中国、俄罗斯和奥匈帝国之际，他也根本不想去看。也许正因为斯坦因讨厌新生事物，才使他一头倒向过去，从马可·波罗退到玄奘，再退到他最初敬仰的亚历山大大帝，最后退到新发现的古代印度河流域文明中去。对于斯坦因，历史不是提供教训的地方，而是一个藏身之处。

然而，斯坦因却是成功的，他非常有效地把个人需求和帝国政府的需要作了有机结合。第二次探险考察回来后，英属印度政府发现，他们需要供养的“大白象”（印度官员给斯坦因起的绰号）本来是个教育官员，现在却变成了非常杰出的考古学家和社会活动家。他们把斯坦因从教育部门调到了考古署，也没变动他的薪水（每月1250卢比）、任期和住宿条件。对此，斯坦因并无怨言，仅仅提出免除其行政杂务，脱离无穷尽的案牍工作，让他专心于考古研究和相关工作。

斯坦因的个人要求很快得到批准，他被直接划归印度考古署总监领导，享有通过总监递交旅行计划、报告等特权，由总监总领他的工作，但他不必参与部门的具体事务性工作。得意之下，斯坦因又提出了另一个建议，即应任命他为“考古视察员”，却未获得批准。印度考古署总监马歇尔认为这个职衔过于空泛，而且似乎意味着可以自由出境旅行，在政治上不大适宜，提议改为“特别视察员”，以此来确认斯坦因的独特身份。但官僚们觉得这个叫法仍然不可理解，于是任命他为“高级督察”，即高于其他督察的督察。

考古署总监马歇尔的态度表明了印度考古机构对斯坦因最大限度的认可。从此，斯坦因不必再为取得官方认可而去发挥他那无与伦比的公关才能。更重要的是，马歇尔与斯坦因之间形成了一种友善的平衡，两人都是不知疲倦的工作者，相互尊重对方的聪明才智。还有一点就是，马歇尔也感染上了因斯坦因的发现而激起的中国写卷考古探险热情。马歇尔认为最重要的是必须引起公众对印度考古署工作的兴趣，从而保证充足的工作经费。他从未忘掉这个严峻的事实，正如他所坦然承认的：他选择的考古地点都是为了保证“壮丽的成果”。这样，作为学者和勤奋的行政管理者，马歇尔完全站到了斯坦因一边。正是后者那些冒险旅行和考古发现引起了公众的兴趣。

对于斯坦因，虽然政府官员对他的历史观表示出尊重与热情，但迎合政府官员只是次要问题。他更看重并喜欢与马歇尔成为盟友，双方联系密切，但纯属公事公办，从来也没有发展成友谊。马歇尔任总监时，斯坦因实际上是他的一柄可以随心所欲使用的矛枪。他们两人都认为，斯坦因所获得的荣誉，最终都是印度考古署的光彩。斯坦因的讲座、文章、书籍以及荣誉，提高了印度考古署在英国国内外广大公众心目中的地位。

斯坦因被英国皇家地理学会授予发现者金质勋章，得到了牛津大学、剑桥大学的荣誉学位，比利时科学院选举他为名誉院士，并且成为“亚平宁俱乐部”的成员。最出乎意料和令人高兴的是官方的承认，1910年6月，斯坦因被授予印度帝国骑士勋位。随后，他绝没有想到的荣誉还有——在敦煌千佛洞攫取的宝藏竟会把他带进皇家觐见厅参加崇高、庄重的女王授封仪式。

第二节 狂妄的自负

1911年11月，斯坦因完成了第二次考古探险的个人考察笔记，即两卷本《沙埋契丹废墟记》。11月底，他踏上了返回印度的旅途。

1912年初，在提交第三次考古探险计划之前，斯坦因曾经通过印度外交秘书H.麦克马洪爵士向阿富汗埃米尔呈递了考察阿姆河、巴达赫尚以及遥远的巴尔赫的请求，同时送上新出版的《沙埋契丹废墟记》。埃米尔看到斯坦因前两次中国新疆探险考察的所有文物均已运往英国，并毫无道理地成为英国的财富，十分不以为然。让秘书回复斯坦因："埃米尔很高兴收到你的《沙埋契丹废墟记》，陛下说他必须安排人把你的书翻译成波斯文方能阅读和理解，然后才能考虑决定是否批准你访问阿富汗。埃米尔还说，翻译工作很可能需要很长的时间。"

当1912年9月初得知埃米尔的否定回答之后，斯坦因脑海中几年来一直酝酿的第三次中国新疆考古探险计划不由自主地浮现出来。正在这时，斯坦因又收到马继业的来信。信中说："如阿富汗之行已不可能，而你又很想重来此地，那么越早动身越好，因为勒柯克也在策划另一次探险考察。如果德国外交部没有因俄国报纸风传的喀什噶尔骚乱而拒发护照，勒柯克的探险队说不定现在已到了新疆。事实上，中国人从未像目前这样对英国友好。我敢肯定，你一旦到达，你那些老爷朋友会张开双臂欢迎你。"斯坦因马上改变了主意，很快向英属印度政府提交他的第三次中国新疆考古探险考察计划。

由于斯坦因如日中天的社会影响地位，这次没有"如果""但是"之类官腔或先决条件，没有讨价还价，也没有讨论大英博物馆参与的问题，考古署首先表态支持。一个月后，斯坦因拜访了H.麦克马洪爵士。当时，他正在克什米尔打猎度假，随身带着一大堆盖有红色急件印章的文件。斯坦因发现他一如过去那样友好，对新计划也真诚地感兴趣。随后，斯坦因新的中国新疆考古探险计划就自动地变成了现实。

这个计划准备在去中国新疆考察之前，先到一些地区开展考古工作。这些地区位于阿富汗境外，但离巴尔赫很近，即斯坦因打算把1913—1914年的冬季用于锡斯坦（东伊朗）地区的工作，那里可以说是一个缩小版的塔里木盆地，到处都是古代废墟，却至今未经专业考古学家勘察发掘。春、夏两季转往阿姆河以北俄国的帕米尔高原河谷中——打算追寻托勒密所述赛里斯丝绸商队的道路。1914—1915年冬季再开始进行真正的新疆塔克拉玛干沙漠探险考察。

德国探险家勒柯克的中国新疆探险旅行计划虽然并非新闻，此前欧洲报纸对他新的探险计划已经做过报道，但仍激起了斯坦因的竞争心理。他在意见书中明确："如果确信勒柯克的目标只是吐鲁番，因为德国人很熟悉那里，而且前次考察后还留下了许多工作，那我不妨多耽误几天。吐鲁番根本没列入我的行程，那里需要多年持续、平淡的发掘，范围仅限于一个绿洲。勒柯克本人虽不习惯于沙漠，这次却很可能带上某个具有地理方面野心的年轻人，也许会在《沙埋契丹废墟记》引导下，夺去本应属于我的一些有趣的工作。因此，直奔喀什噶尔，取消先在锡斯坦和俄国帕米尔地区工作6—9个月的计划，看来是比较明智的。结束新疆的考古探险考察后，比如说在1915年夏季，从新疆直接去俄国帕米尔地区事实上会很方便，甚至接着再去锡斯坦也非常容易。"

斯坦因的这份意见书署期为1913年1月23日。他要求批准"一次在中亚，主要是在中国新疆境内的考古和地理探险考察旅行"，并为此提供资金。他列出44500卢比的开支，还提醒政府需要获得中、俄两国签证，并且彬彬有礼地要求尽快答复，因为"中国政府至今尚未对外国人在这个地区考察发掘古代遗存设置障碍。但这种有利的形势能延续多久却无法预测"。官僚们尽其可能加快了速度。5月17日，教育部秘书C.波特电告斯坦因："您的意见已获批准，谨此致贺。"

不能不看到，正是斯坦因本人造成了可能对"外国考察"产生的非议，历次考察中除了肆无忌惮地挖掘和大量外运珍贵文物外，为了给自己的考古发掘辩护，他还一再宣称中国新疆是"印度完全可以宣布拥有主要兴趣"的地方，他的根据是"佛教及其文献在中亚的传播和流入远东是个最大的成就。凭借佛教的传播，印度过去曾长期影响着亚洲的历史"。他的看法只是历史事实的一方面，有一定的学术理由，但是他有意识地忽略了文化交流的相互性，甚至完全无视中国文化在古代西域的主导性影响，以及中国所拥有的新疆主权，可谓是其殖民扩张嘴脸的无耻显露。

实际上,斯坦因真正的动机却更为深刻,并完全属于其狂妄的个人野心。他在丹丹乌里克、尼雅、米兰的发掘,尤其是从敦煌汉代烽燧沿线垃圾堆中获得的古代文书,使斯坦因感到,他已确立了对中国新疆的文化权力。既然征服这片广大、艰险地域已经给他带来了种种荣誉,斯坦因于是狂妄地误认为自己已经真正成为这个地区的主人。他把复原这个地区久远多彩的历史,阐释该地区由中国、印度、波斯等各种成分汇聚而成的文化,当成自己唯一的使命,误以为中国新疆是他个人的禁苑。这种无知的想法造成了他的狂妄自大,虽然第三次考察没有受到阻碍,然而在其第四次考察中,则被中国人民驱逐出来,从此再未许可进入。

第三节　第三次中国西部探险考察

第三次考察延续两年又八个月,行程近17600公里,从中国最西端穿过整个塔里木盆地一直到阿姆河源头再到伊朗,从南边的兴都库什河谷到天山以北的准噶尔盆地和内蒙古额济纳盆地。这次考古探险考察详细报告是精彩的四卷本学术著作《亚洲腹地》。书中首先谈到为什么要寻找那些一度因人类活动而生气勃勃,但早已被塔克拉玛干和锡斯坦的干旱所窒息的遗址、道路。他主要从事地理勘察,但所经地区全都具有考古学研究方面的意义,都是各种历史事件的重要见证。

这次考察,斯坦因没像从前一样写出全过程个人旅行笔记,不过好在信件中还保存了他亲身的经历。只有艰苦努力的人才会策划这样一次行动,而只有久经考验的领导人才能把过去自己属下那些最能干、最坚韧的同伴再次吸引到这次活动中。会聚到斯坦因探险队麾下的有精力旺盛的勘测老手拉姆·辛格及其随从,瘦长有力的贾斯旺特·辛格。其中1912年曾在西北边境省与斯坦因共事过的米安·阿弗拉兹·古尔汗较为特殊,他是卡克卡勒氏族的一名帕坦人和开伯尔(Khyber)步枪部队的一名印度士兵,这是斯坦因亲自挑选的。

米安·阿弗拉兹·古尔汗原先是白沙瓦(Peshawar)边境地区的一位校长,后在著名的边防部队服役,一直以其出色的地貌感和测绘能力而为人瞩目。1912年春，他在斯坦因白沙瓦山谷沙赫里·巴赫鲁尔（Sahri Bahlol）遗址考古发掘中，承担了所有的地形测绘与考古绘图工作。之后，斯坦因《西域考古图记》中考古报告的绘图与插图工作也由他完成。

此外，莎车人木沙和铁拉巴依也翻山越岭而来，与斯坦因一道出发。后来在喀什噶尔，又有一些故旧参加进来，他们一起组成了队伍的核心。这次斯坦因又借来一位新人，名字叫作奈克·萨姆苏丁（Naik Shamsuddin），原为印度测量局陆军上校，是位熟练的测绘专家。从人员组成上可以看出，地形勘测是斯坦因第三次考古探险活动中印度和英国官方的重点要求。

由于此时《西域考古图记》的写作工作也正在进行，鉴于过去遇险的经历，斯坦因立下遗嘱：他死后第二次考察的两本游记留给好友艾伦，艾伦之后留给印度事务部的富斯特，以便《西域考古图记》能够顺利完稿和出版。

经齐拉斯（Chilas）、达丽尔（Darel）、亚辛、达尔科特和吉林吉山口前往色勒库尔的路上会有一定的风险，不过将要经过的陌生地方，都是具有历史考古研究意义的道路。中国古代取经僧人去过的达丽尔是斯坦因的首个目标。

斯坦因对齐拉斯至印度河重地达丽尔和丹吉尔（Tangir）山谷的这一段的考古调查甚感兴趣。中国《高僧传》中曾提到达丽尔或达丽罗川，部分原因是从乌浒河上游到印度河的一条道路经过达丽尔以及印度东北部的一些古代佛教圣地。另一部分原因是古代中国文献提到那里曾有过一处著名的佛教寺院。但这一地带实际上还未开放，原因是当地达尔德（Dard）社会政治动荡，像整个印度河“科锡斯坦（Kohistan）”一样，分裂成了许多独立的小国，使通向这些地方的道路被切断了。另外，这些地方改信伊斯兰教的时间相对较晚，宗教狂热思想仍十分流行。所以英国控制区域的东面和北面虽然与它们相邻，但欧洲人从未涉足过那里。

也许出于探险家本能的追求，斯坦因一直渴求寻找一条通向帕米尔的新路。很久以前，斯坦因就曾希望能游历齐拉斯和亚辛地区，见识一下那里著名的佛教传播大道。达丽尔和丹吉尔正好处于它们之间。借第三次考古探险的机会，对路途中尚未考察的地区做一次考察不仅是可能的，而且不需要花费多少时间，这是一个重要的决定。为了实现考古探险考察附加值，斯坦因做了一些精心的准备，并进行卓有成效的外交协调工作。多方努力协调之后，斯坦因面见了当地首领拉贾·帕克顿·瓦利，争取到了这位当地首领对访问他领地的允许。这期间，住在克什米尔的斯图尔特·弗雷泽（Stuart Fraser）爵士也给予斯坦因大力的帮助——在此人的鼎力支持和协调之下，英属印度政府外交部同意保证拉贾·帕克顿·瓦利个人和其领地的政治利益。虽然印度政府接受这些条件是权宜之计，但对保证斯坦因的旅行安全无疑是有利的。

考古探险考察于1913年8月2日开始，大部分行李在两个印度助手监护下发往罕萨，斯坦因本人尽可能地轻装取道齐拉斯，然后两队会合于罕萨。大量辎重留给当地可靠的友人，随后按月逐次运往喀什噶尔。为保险起见，他准备了6个月的给养。长距离、长时间探险考察方面的专家斯坦因对自己的安排很感得意，因此他写道："发现近6个星期以前估计的行李重量竟出奇的准确，连一头多余的牲口也用不着增加，我很满意。"

斯坦因志得意满地以行家里手的身份，开始其第三次中国西部和中亚考古探险考察。

8月2日，斯坦因、拉姆·辛格和阿弗拉兹·古尔汗只带上必需的少量行李，取道连接克什米尔和下一个目标齐拉斯的捷径，向西北方向行进。他们穿过了克什米尔森林密布的洛拉勃（Lolab）山谷，然后掉头向北，进入了吉申甘加（kishanganga）灌溉区。随后他们又顺着幽深的峡谷下到了凯尔（Kel）山谷，然后经过印度河分水岭海拔4343米的伯赖（Barai）山口，抵达了齐拉斯的边境。之后的两天，在向导带领下艰难翻越冰雪覆盖的法萨特（Fasat）山口（4633米），来到了紧靠印度河的齐拉斯要塞。

翻过法萨特山口进入坦吉尔河谷后，斯坦因亲眼看到了印度河南去的大河湾，过去还没有一个欧洲人有过这种眼福。沿坦吉尔河谷上行，谢奥巴特山口就耸立于山谷之上。沿着亚辛河谷上行，斯坦因踏上了古代中国将军高仙芝的足迹，经历数星期山道攀登行进之后，这段高原山地平缓的道路大受欢迎。接着，斯坦因翻越第二次考察时曾到过的达尔科特（达驹岭）山口。

9月1日，斯坦因到达阿什库曼山谷顶端的吉林吉，沿路很远的地方才有人烟。第二天，斯坦因要前往罕萨，5200米高的吉林吉山口是唯一的通道，艰险至极。斯坦因一行用了8个小时才上到山顶，又用了4个小时才通过罕萨一侧的大冰川。至此，从出发以来，5周内他们总共翻越了15座3000—5200米高的山口，前往喀什噶尔的路途已经没有任何艰险可言了。

3天后，在色勒库尔，斯坦因一行分兵出击。拉姆·辛格前往且末、若羌、罗布泊和敦煌，计划于1月15日会合。阿弗拉兹·古尔汗和工兵带着重行李沿大路去喀什噶尔。斯坦因自己与第二测量员走喀喇塔什河谷。这是一条尚无欧洲人到过的河谷，一直未经勘测。

1913年9月21日，斯坦因到达喀什噶尔，受到马继业夫妇的热情接待，又住进了他所熟悉的秦尼巴克。辛亥革命之后，喀什噶尔发生了较大的变化。原来的道尹被杨缵绪取代。此人是个30岁左右的年轻官员，曾留学日本，原在伊犁任职。就是他于1912年2月刺杀了伊犁的将军，发动了该省的革命。杨缵绪带来约500名汉、回、维吾尔族士兵，全都身穿哥萨克式的大衣。他本人着俄国将军的制服，佩有许多饰物。不过，他对斯坦因十分友好。斯坦因的老朋友蒋师爷对政治形势的变化十分敏感，但又无所适从。他那不知所措的行为全都反映在他的帽子上。辫子虽然没有了，但每当复辟浪潮席卷喀什噶尔，谣言满天乱飞时，他还是希望仍能长那么一条东西。有时，他头戴英式便帽，有时又戴中式圆帽，全看政治气候而定。迎接斯坦因时，他戴的是英式帽子。

马继业现在是此地最大的政治权威，能够在许多方面给斯坦因提供实际帮助。勒柯克正在库车加班加点地剥取千佛洞壁画，他通知马继业考古工作结束后将返回喀什噶尔并由此归国。

即便如此，斯坦因仍然担心勒柯克可能会去罗布泊，想弄走他1907年在米兰发现的精美壁画。当时，由于拉姆·辛格双目失明，才没能把它们补充到斯坦因的收藏中去。这次斯坦因是志在必得。新疆的局势很平静，革命带来的波动也已经消逝，唯一的变化是官员们戴上了英式毡帽。蒋师爷的听觉大有改善，但是不能跟随斯坦因一同探险了，代替他的是一个文静的小个子李师爷。此人令斯坦因很失望，因为蒋师爷的作用对斯坦因而言几乎无法替代。

沙漠考古探险之行的准备工作进展顺利。哈桑阿洪带来了12峰急需的克里雅骆驼。更叫斯坦因满意的是,1908年横渡塔克拉玛干时的向导卡斯木阿洪也来了。有了他,斯坦因可以放心地从巴楚经麦盖提直奔麻扎塔格,然后再去和阗。这条路线1895年斯文·赫定曾经尝试走过一次,结果以惨重代价勉强走到和阗河边,靠干河床上的一汪积水救活了自己和驮工。塔克拉玛干许多重要遗址都是斯文·赫定首先发现的,毋庸讳言,斯坦因最初的探险也是以斯文·赫定的发现为指南进行的。这一次,斯坦因最想做的就是超越斯文·赫定,虽然他以前这方面的努力成功的次数有限。

斯坦因需要用最艰难的考验来证明自己是塔克拉玛干的"主人",于是带着忠诚、老练的助手,12峰优良的克里雅骆驼开始了冬季行动。1913年10月19日,他在巴楚向朋友概述了此行的第一步:"到这里,我走了一条大概已有上千年人迹罕至的道路,沿着绝对荒凉的山岭,经过从来未经勘测的天山最南端,3天不见饮水极好地检验了水箱等野外设备的效能。麻扎塔格从和阗河伸入塔克拉玛干沙漠30多公里,走向与巴楚岛状山链的走向一样,呈东南—西北向,它们的山貌也很一致。作为天山山脉的一部分,斜插于塔克拉玛干沙漠的和阗麻扎塔格与巴楚和柯坪之间最外围的天山形成近直角的夹角。累年积月的流沙侵蚀堆积,使巴楚以东的山脉成了沙海中座座孤立的岛屿。"

水箱、羊皮水袋、喂骆驼的干苜蓿,斯坦因为前进中可能遇到的困难做了认真准备。他用3天时间越过叶尔羌河,其间于一片青绿的灌木地带补充了饮水以备长途旅行,另外还增加了6峰运水的骆驼。斯坦因为那一长串骆驼以及由它们负载着的希望而自豪。做好克服艰难险阻的准备之后,他面临了真正的沙海。队伍行进第一天就遇到了密集的沙丘,到了第二天,所有植物,无论死活都失去了踪影,面前只是连绵不绝的巨大沙丘,其间连一块平坦的沙地都没有,前进速度大大放缓。

晚上,新增的骆驼已显出疲倦的迹象。由于一个接一个地攀越沙丘,巴楚来的骆驼到第三天全部都垮了。他们艰难跋涉的路线是斜穿过高大的沙脊,沙脊间的低谷还塞满了流沙,每天只能前进12公里。

斯坦因计算每天所爬沙丘的累积高度，相当于每天平均爬高1219米，对骆驼来说非常不容易。站在一座高耸的沙脊上，斯坦因俯视着无尽的沙海，意识到重载的骆驼由此通过必将损失惨重。斯坦因无比痛苦地下了一个决心：不管多么不情愿，现在必须放弃抄近路前往和阗的打算。

这是斯坦因探险生涯中第一次遭到全面的失败，这似乎预示着他的探险生涯中辉煌的顶峰已经过去。几十年后，斯文·赫定在自己的通俗自传《亚洲腹地旅行记》中，分析了斯坦因于1913年10月的这次沙漠旅行失败的原因。斯文·赫定说，相比之下，斯坦因要比他冷静，而如果当时做决定的人是他，他一定会像1895年那次一样，哪怕全军覆没，也在所不惜地走进沙漠，因为他无法抗拒“冒险，征服未知世界，战胜不可能的事”的巨大诱惑。从探险家的个人气质讲，斯坦因不具备斯文·赫定的真正探险精神，这也说明斯坦因只是一个具有一定探险精神的学者，而远非纯粹意义上的探险家。

斯坦因记述道：“我们沿着东边那条路返回叶尔羌河，并为及时赶到而倍感欣慰。当完全出乎意料地碰上一场暴风雪，气温降到只有-4℃时，我们已行进在河滨茂密的灌木丛中，因此不但稍有遮蔽，而且有用不完的燃料。要是在可怕的沙丘间碰上这提前来到的春天会怎么样？那我连想都不敢想。每逢偶然来到实际的河道旁边，总能碰巧找到猎手或牧人作为向导——命运又一次垂顾我们，约在3年前，河端的三角洲发生变迁，使我们能通过它抄近路前往和阗河。当通向麻扎塔格漫长疲劳的7天旅途终于结束时，我真是高兴极了。”

“从和阗出发打前站的伯克，带着马匹，苦苦等了我们14天。重访守卫在麻扎塔格荒山上的废堡，所获报偿是一项有趣的发现。从1908年时一无所获的佛寺遗址和当时被忽略了的垃圾堆中，又找到一些吐蕃文书。之后，4天强行军到达和阗。”

“只要工作允许，我一直在加速东去，但又很难从尼雅遗址旁经过而不光顾，因此当得到消息说，那里的沙丘中又发现一些废墟时，不禁如释重负。不管能找到什么东西，它总是给我一个借口，得以在我自己的尼雅小庞贝奇境中消磨几天。”

“寻访尼雅河的终点不但有趣而且收获颇丰。经过4天艰苦劳作，我完成了一批废墟的清理,查明了那些奇异的佉卢文木简的最终命运。1901年时由于缺少劳力,曾不得不放弃那个被我命名为'衙门'的大废墟,这次终于能拾遗补阙,清理出几间深埋于沙下的房间。直到夜晚,我们才在火把照耀下结束工作,踏上6.4公里的归途,翻过沙丘返回营地,向这最神奇的遗址做了一次永远不能忘怀的告别。最值得注意的发现,也许是那个大果园和葡萄园。它们在排列、布置方面的种种细节全都异常清楚地显现出来。不知什么时候才能再来捡拾这些公元250年左右曾经生长过葡萄的弯曲枝条?"尼雅给斯坦因的好古之情带来一片神秘的宁静,与米兰所具有的吸引力完全不同,那里精美的希腊风格壁画在1907年曾被他弃于身后。为了米兰,他必须从若羌出发。

他不知道若羌情况如何,好奇心很快变成了慎重。新年前夕,斯坦因平静、顺利地离开且末前往若羌。

斯坦因现在要做的是,去找回拉姆·辛格没有剥取下来的精美壁画。取下那些壁画是个非常困难的任务。他们首先把壁画后面的墙壁挖掉一半,在剥开砖石以后,又取下了易碎的胶泥墙皮。就这样,11幅壁画被安全地剥离下来,加固并装箱完毕,总共用了6个又重又大的水箱。这种杀鸡取卵的做法,已经完全不是学者的作为,而是地道的盗墓贼行径,所谓的"塔克拉玛干主人"这样对待塔克拉玛干古代遗址与文化,也算是极具讽刺意味了。

第三次发掘尼雅遗址 N.XLII

斯坦因的探索把他越来越深地引入沙漠，甚至超出了罗布人的定居点。斯坦因有26峰骆驼，只有用这么多骆驼驮运给养，才能使“近40人前往距最近水源约160公里的遗址时，保证4个星期内最起码的用水，使人员和牲畜在这些宝贵的日子里，每天都能最大限度地工作”。

在阿特米什布拉克，斯坦因在写给安德鲁斯的信中讲述了前往罗布泊荒漠以北楼兰古城遗址的经过。“我寻访了两个古堡，都是上次跟我进罗布泊的托乎提阿洪在从前那条路以西沙漠中发现的。这些遗址处在敦煌烽燧线西端桥头堡的位置上，与楼兰一样属于公元3—4世纪，离它们不太远的地方还发现一个居民点，出土了汉文、佉卢文、早期粟特文、婆罗米文文书以及日用品、纺织品的遗物，等等，这些遗址以及附近古河道所处的位置十分重要。”

“这是一片真正的死亡之地。不管河道遭到多么严重的侵蚀，我都能够沿着它们找到已至少1500年未经人脚践踏的古代聚落遗址群，如果你在这里，此时此地也会有我这种心满意足的感觉。地面受到严重侵蚀，骆驼行走困难，发现许多石制和铜制的小物品，但激动人心的时刻是在一个高大并因此而免遭流沙侵蚀的风蚀台地上面，我们发现一块古代墓地，墓葬洞室中满是出乎意料的古代物品，有各种各样的生活用品和陈腐的衣裳，在墓穴中杂乱无序地与尸体放置一处。美丽的丝绸、锦缎、刺绣，还有地毯和各种布片，这些收获使人眼花缭乱。我认为：它们大都是东汉时期的东西，与在敦煌烽燧旁发现的两件残品明显属于一类。这么多美丽的图案和色彩现在重见天日，毫无疑问这意味着纺织艺术的历史从此翻开了新的一页。此外，还发现了带饰边的完整铜镜和许多其他东西。”

罗布泊L.K遗址

“那天夜里，当发现自己置身于保存得相当完好的古堡内时，我的满意之情不次于白天。它那捆扎成木骨的泥墙墙壁等建筑结构表面与敦煌以西的边域建筑属于同一个时期。剩下的是要沿着此线向东穿过未经考察的沙漠，直到如今的敦煌的道路。”

“两个星期后，我顺利通过古罗布泊以北未知的荒漠来到这里（库木库都克）。昨天，我们走了一条联结罗布泊和敦煌的荒僻道路，有种自死亡之地生还的感觉。每一小时都会为沉重的辎重忙得团团转，还得留心别错过荒凉的集合地点。带着优秀的猎手阿布都——此人从小就认识库鲁克塔格的荒野，我向北来到真正的‘火焰山’脚下。热依木的5峰骆驼尽管数量不多，但体力很好，大大加强了我的驼队。从下面这件事，你就可以看出它们的能力：在楼兰主塔之下，一峰母驼生了个小驼，那小家伙几乎是自己走完了所有这些无水而又绝对荒凉的地方。”

“我无比轻松地感到，已经进入外来干扰和阻挠全都达不到的地方。不管今后会发生什么，我深信单是凡人的力量不能阻止我对古罗布泊一带未知地域的考察，也不能挡住我去探寻那条自公元前120年就有中国军队、商人前往西域的道路。但是，在这片也许比地球上任何地方都要荒凉的荒原里，寻找一条最古老的道路，其困难程度超出了迄今为止我曾打算做的一切事情。为了安全，需要携带大量的冰块和燃料，因此骆驼最多只能支持12天。即使不出现什么自然障碍，预计的路程大致就这么多天。另外，还有个怎样找到古代道路的问题，即使不是全部也是多半得靠我们的运气了。”

在罗布泊迷宫一样的雅丹群中，除了向导和以前道路的痕迹可以引导方向外，斯坦因还发现了另外一种路标。“穿过一片陡峭的雅丹迷宫之后，我们又来到上次发现的中国古路端点。借助一座形似烽火台的残迹，以及古植物带边缘高大台地上一处当地人偏僻的营地，我确定了道路的起始方位，然后按罗盘指示循此方向行进——我们的运气似有神助，接二连三地发现中国古钱、武器、饰物，等等，它们好似神秘的路标一样引导着我们。如果迷信的话，我真会以为是那些勇敢坚忍的古代中国人的精灵在为我们指路。至少有4个世纪之久，他们曾面对着这条可怕的道路，面对着这一路上的艰难和危险。”

罗布泊LB.IV房屋遗址大厅发掘现场

“你可以想象出我的感觉，当时我发现了200来个铜钱，清清楚楚地标示出一段27米多的路线。这些钱币肯定是夜行时从骆驼或大车上撒落下来的。它们全是新钱，刚刚铸造出来的。再往前一点儿，又发现了一些铜箭头，也都未经使用，像是新从库房中提出来的。由此可见，这些东西全是一支中国军队丢弃的。几天漫长、枯燥的行军途中，隔些时候就会出现此类鼓舞人心的场面，从而证实我们基本上是沿着正确的路线前进。这种情况使我感到，自己仿佛是生活在幼年时读过的历险故事，如儒勒·凡尔纳的幻想小说《地心游记》之类

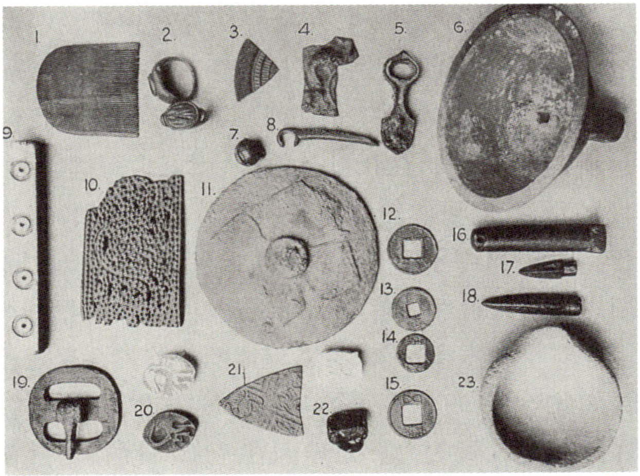

在罗布泊遗址群风蚀地面上发现的小件文物

的情节之中。”

“经过8天时间，其中一天是在古代海洋底部非常破碎的盐块之间，比冰川还更难行走，我们到达环绕古湖最东部的那条山脊，到达了它的最后一条支脉。这里未遭侵蚀的地面上，古路的痕迹仍清晰可辨。第九天于湖滨初次遇到了少许植物。昨天即第十天，我们安全通过一条很宽的盐壳地带连同其间一处处的盐泽，来到商路之上的库木库达克井。我欣慰地发现，拉姆·辛格已经到达这里。在阿特米什布拉克，我派他沿北面沙漠山丘的另一条路线行动，他的考察对于我的工作是个非常有价值的补充。抵达这里刚刚24小时，行李就跟着运到。这样，尽管曾有过各种疑虑和危险，我们终于克服了漫长的距离，又重新会合在一起。”

“疲惫的骆驼必须休息一两天，对此我们人类也很高兴。我的双脚完全经受住了5个星期以来近640公里的跋涉。随行李队而来的还有个小邮袋。马继业通知：北京公使馆电告，中国外交部已电示新疆省政府对我友好，不要阻碍我的考古工作。得知这一干预是如此积极、有效，同时我的工作一天都没有耽搁，我现在是大大地放心了。”

带着轻松、成功的感觉，斯坦因振作起精神，开始去完成渴望已久的任务。“沿着库鲁克塔格山脚，在疏勒河末端陌生的盆地中勘察从未考察过的地方——从覆盖着盐壳的罗布泊湖床东缘过来有约10公里非常平坦的地面，5个星期艰难的常规勘测表明疏勒河流域无疑属于塔里木盆地的一部分。在托格拉克布拉克，我再次置身于古代烽燧线之间。真想宣布这片沙漠是我个人的领地，因为它确实如此。3天来一直充满了喜悦，在7年前考察过的路段中，我见到许多荒废的塔楼、驿站。”3月24日，队伍抵达敦煌，就好像野鸽子归了巢。“历经沙漠的考验之后，我们勇敢的骆驼好不容易才从敦煌河三角洲松软的沼泽中挣扎出来。当终于来到植物带的边缘，我才长长地松了一口气。8个星期以来与大自然的搏斗已经过去，而且所有目的均已达到。”

对于考古学家来说，斯坦因的探险似乎又过于冒险，穿越的沙漠荒野如此险恶，负担沉重的骆驼速度缓慢，而规定的天数又如此之少，这样的赌博风险太大。斯坦因在3月7日的一封信中将这次旅行描述为“在某些方面比我过去的旅行都更有魅力”，其目的是为自己勾画出一个“考古探险家”的形象，而且重点是在“考古”而不是“探险”。斯文·赫定是个探险家，中亚探险期间曾发现了许多遗址。考古学家勒柯克的工作仅限于绿洲之内，决不涉及沙漠。斯坦因尽管以胜利越过艰险的地形为荣，却主要是为了去准确地了解人类历史中某个重要章节的详细情况——这个地区随着时间的流逝发生了哪些巨大的变化，并找到证据说明它对欧亚陆路交通的意义。在这片月球般荒凉的土地上的旅行，使斯坦因深深认识到：那样的陆路交通需要巨大的组织力量和牺牲大量的生命。汉武帝于公元前102年派出6万军队沿楼兰道出征，为的是将塔里木盆地北部绿洲向西到费尔干纳纳入王朝的统治范围之内，结果只有1万人得以生还。不过，中国西汉王朝还是以自己的力量很好地经营了西域，并保障了东西方大通道的畅通。有能力提出问题并能够解答问题，正是斯坦因能成为中亚考古学家中佼佼者的重要原因。

随后，斯坦因再次探访了莫高窟千佛洞，与从前一样受到王道士亲切、友好的接待。在某次交易中所表现出的贪婪并没有给他带来丝毫损伤，但是现在由于害怕，王道士也不敢像1907年那样带领斯坦因参观藏经洞里的全部宝藏。伯希和来后一年，中国中央政府下令交出剩下的东西，王道士和其寺院没见到一分钱的补偿，全在层层下拨时被贪污了。此时，斯坦因比往日更加明显地感觉到蒋师爷那种愉快、亲切、打动人心能力的重要。接替他的李师爷冷峻、粗暴、毫无趣味，还不如王道士友好和善谈。斯坦因发现王道士确实足够聪明，当要求把藏经洞的文物全部上交北京的命令下达时，自己也私藏了不少精品写卷。从王道士的收藏中，斯坦因获得整整四大箱文书。

在去安西的途中，斯坦因一个接一个地找到并考察了汉代的烽火台。他再次把大批文物交由可靠的伊卜拉欣伯克保管在安西，自己继续顺着烽火台，沿着疏勒河以北一线前行。斯坦因曾在那里凭借着对个别地点的探察和某种多少有些碰运气的猜测，确定了存在这么一串烽火台。幸运的是，斯坦因从驿站废墟和垃圾堆中又找到大量汉文文书，比他所期望的还多得多。5月初，他已重新来到肃州（今张掖地区）的酒泉绿洲。斯坦因记述道：“再次让眼睛在它那绿色的树木、田野上好好休息一下……道台衷心地欢迎，使下面的工作有了保证，经公使馆转来的经费已等在衙门里，用不着我来操心，这些使我大为释怀。沿额济纳河北去一路畅通无阻,因此我希望尝试一下这条新路。那里是匈奴人的故地,他们当时还在游牧,当然不可能留下多少建筑废墟。但这是在甘肃绿洲以北地区的一种尝试,如果成功,将意味着用夏季的考古行动取代平常那种山地旅行。"

沿额济纳河考察,斯坦因越来越接近"古黑水城(即马可·波罗笔下的集乃城),俄国旅行家科兹洛夫上校1909年曾在那里见到许多西夏即唐古特王国的遗址。在额济纳河终点的湖北面,是唐古特蒙古的牧场。

"这些人的生活方式,比任何书本都更有助于了解匈奴人占有这块地方时的情景。与他们的首领商谈许久,讲妥了在这里时可能需要的劳力、运输问题。那些勇敢,但非常疲劳的骆驼可以卸下负载,自由地在地上吃草,一直休息到8月底。"

"城墙仍大致成型,高耸于戈壁荒野之中,被活的红柳包和两条干涸的河道所环绕,四方形城池每面长约1.6公里。这个城市景象壮观,废弃于14世纪左右。蒙古民工使不惯铁锹,垃圾堆清理起来颇为费力,但最终还是完成并出土了不少古西夏文、汉文、藏文、回鹘文的文书。一纸保存完好的波斯文文书表明,伊朗的影响在伊斯兰教传入之后仍旧东传至此。6年前来过的科兹洛夫上校曾遇见一座半圆形小塔,却不知其为何物,当时塔中满是精美的泥塑,还有一大堆西夏手稿和印版,其建筑据说也几乎毫无损坏。但现在整座塔只剩下了基座,堆在上面的废墟里到处都是粉碎的塑像、壁画。我发现一个盒子,装满了手稿和带图的文书,几乎全是用无人认识的西夏文字写成。"

拉姆·辛格另有任务。斯坦因派他去考察整个甘州河流域,向东直到与太平洋水系的分水岭,从而与他上次的考察相衔接。

这时斯坦因收到一个令他震惊的消息,第一次世界大战已经爆发。在沙漠中的斯坦因努力克制住内心的不安和对亲友的担心继续着他的考察旅行。

8月的最后一天,他到达毛目,就是沿额济纳河追寻汉代烽燧线时初次到达过的那片绿洲,那里曾是防卫北方蒙古人侵扰甘肃的重镇。斯坦因必须通过640公里的北山地区。他在给艾伦的信中写道:"骆驼的状况很好,相信能克服通过北山的漫长路程,预计25天可到达巴里坤，希望两队人马顺利地会师于巴里坤。”

“那是一片巨大的碎石荒滩，其间起伏着一串串完全颓蚀的低矮山丘。早在喜马拉雅山升起之前，甚至连非常古老的天山也还处在幼年时期，北山已存在多年并已崩颓。我还没见过哪块地方带有这么古老的地貌特征。9月3日，我们动身，拉姆·辛格向北，我带大队沿烽燧线穿越未经勘测的荒野，约定5天后再于一个叫作明水的井边会合。由于邻近地方存在经常有人工作的煤窑，我们的两个汉族向导比较熟悉那个地方。但还在到达明水之前，我已充分认识到这两个向导根本不辨方向，每当道路不大明显或有岔路时，他们就会晕头转向地带错路。由于我自己借助地图资料掌握着正确的道路方向，同时还幸好碰上一个蒙古人的小营地——也是仅有的一次碰上人烟，才使我们安全抵达明水。不过，我必须承认，在已经走过的这块地方，辨别方向确实不容易。”

“从明水开始，可以望到哈密以北的雪山——一个最可爱的古代道路与生命绿洲标志。不久，我那倒霉的向导又迷了路，并且像个小孩子似的非要找到它不可，弄得我们一整天东游西转，特别是苦了劳累过度的骆驼。最后，他独自离开大队，24小时没吃没喝才恢复了理智，我根据地形图终于确定了路线，即将出发时赶了回来。9月26日，事情似乎有些不妙，头天晚上的宿营地滴水皆无，全靠平时带的备用水应急。我派人上山顶察看，结果竟意外地发现北方遥远的地方是一片砾石盆地，对面足有25公里远处露出一线深色树木。视线一出峡谷，我面前就出现了一幅壮丽的图景。”

“西边是白雪覆盖的喀尔里克山，再远处是我们下一个目的地——巴里坤以北的雪山。视野所及北边和东北边，大地呈现红棕色，荒凉低矮的山丘似乎连绵不绝，中间夹着宽大的荒漠河谷——这就是我初次看到的远方阿尔泰山系和准噶尔盆地平原。骆驼以前所未有的速度直奔地平线那一抹深色的林木，当天就宿营于哈密绿洲最东头的村庄下马崖。那个晕头转向的倒霉向导曾坚持说这一切全是戈壁中的海市蜃楼，但现在已证实这是个真正的村庄。我们受到小绿洲上三四十户人家盛情的款待，而我特别喜欢的是伯克住宅附近的果园，于是就安营扎寨于其中。”

“巴里坤县城是个小镇，居民全是汉族人。它的县长简直是潘大人的翻版，只是比较年轻、可爱、有学问。他向我提供了有关古城周围遗址的很有用的情报，对我在敦煌发现的东西也非常感兴趣。如果和他打上几个月交道，也许真能学到点有用的汉语呢！……似乎所有官员都接到指示要我尽量多带些钱。幸好我还存有不少银圆，它们的价值现已是大大贬值的省钞（当时新疆当地政府发行的货币）的两倍。”

10月18日，斯坦因到达天山北麓的大商业中心——古城（奇台），那里的牧场与山南不毛之地形成鲜明的对比。历史上，古城与山那边的吐鲁番接触频繁。

玄奘曾经到过北庭，中国史书也曾提到过它，它还有一个更响亮的名称——别失八里。它已彻底毁于战火，除了测定规模形制和准确方位外，斯坦因在那里一无所获。残破的城墙上密布大小洞穴，说明附近的农民早已习惯于取土作为肥料。斯坦因在旁遮普就见过这种情况，那里的古代村庄、城镇也都遭到同样的挖掘。满足了考古热情之后，斯坦因转道向南，翻越山岭前往吐鲁番。

吐鲁番盆地早已令斯坦因神往，其地理、历史两方面都吸引着他。吐鲁番盆地极其干旱，但同时又是个特别肥沃的绿洲，农作物生长期长达9个月，足以一年两熟。过去，北边天山山麓上下来的地表水可以灌溉它的田地，但自18世纪以来，农业已全靠坎儿井，即一种精心构筑以引导地下水的暗渠来维系。吐鲁番居民中有些人住在山地，介于准噶尔草原游牧民与盆地绿洲定居农业居民业态之间。游牧与定居这两种截然不同的生产生活方式之间，由容易通行的天山山口相联系，自古以来就形成某种经济、部族和政治的纽带，使两种不同的生活方式之间形成一种奇特共生关系。这里，斯坦因还少说了一种业态，就是商贸。

吐鲁番各村镇都保留有丰富的古代遗址与文物，这些都曾属于公元9世纪中叶立国的高昌回鹘王国。11世纪，回鹘王国东部，包括甘州、敦煌、吐鲁番被西夏侵占，但仍维持着西部疆土。后来蒙古迅速崛起，现实、机敏的回鹘人明智地承认了蒙古的力量，并向其纳贡，结果不仅没有亡国，相反其识文断字、精明能干的上层人物还成为蒙古政治集团的官员。由于承认蒙古的宗主权，他们得以进入辽阔的蒙古帝国。他们的绿洲上保存了摩尼教和佛教，以及千百年来由中国中原、印度、波斯传入塔里木盆地的文学和艺术成分。高昌回鹘人很晚才改信伊斯兰教，从而把上述那种伊斯兰教传入之前丰富的混合文化一直保持到距今仅四五个世纪的时候，正是这些无与伦比的文化宝藏，把德国考古学家们吸引到了吐鲁番。

即使吐鲁番主要遗址已成为一片废墟，斯坦因仍会去拜访它，因为玄奘在赴印度途中曾意外地被阻留在那里。高昌国王钦佩大唐取经僧的学识，拒不让他离去，直到玄奘打算绝食才不得已勉强放行。斯坦因的守护神就这样和平地战胜了高昌国王的意志。国王彻底拜服，替取经僧人向沿路绿洲的酋长们写了介绍信，从而帮助取经僧获得成功。

斯坦因选择木头沟遗址作为吐鲁番考古探险的开端。他首先就是要弄走柏孜克里克一系列洞窟寺庙中剩下的装饰壁画。德国探险家格伦威德尔曾在此将精美的壁画剥取下来，并带回了柏林，但格伦威德尔只带走了一部分。具有讽刺意味的是，存于柏林的许多壁画残块，因遭到蚂蚁、老鼠的破坏，啃掉了用以加固墙体胶泥墙面的麦草而损坏。

当斯坦因看到洞窟里残留下来的精美壁画时，不由大吃一惊——勒柯克和格伦威德尔的助手以及被他们的博物馆雇佣来充当技术员的欧洲前水手，只在选中的壁画左右两侧粗粗做了加固，从粗暴的切割方式来看，斯坦因断言那两位德国学者谁也没有亲自监督这些工作。针对蓄意破坏和漫不经心的双重威胁，斯坦因决定以抢救的名义把剩下的壁画也剥取下来打包带走。当确信他最信任的属下工兵制图员已完全掌握了工作方法和技巧，且工作将持续数周之久时，斯坦因利用这段时间去了趟迪化。

当斯坦因返回木头沟柏孜克里克石窟时，高兴地发现了“巨大成果”——60个满是精美壁画洞窟内的壁画都已被剥下，搬空移出洞窟，并完成打包装箱。他计划下一步工作是再弄走30—40个洞窟。他提醒安德鲁斯注意他批评德国人时说的话：“我可不想在大庭广众前作无益的忏悔，也不想让柏林博物馆那些正在反唇相讥的好汉找到口实。唯一能使我安心的就是，收获的大量精品文物能让人知道我曾花去了足够多的时间，把那么多古代壁画从不可避免的破坏中挽救出来，并使它们回归印度。因为这类艺术的主要起源正是来自那里。”这就是20世纪初叶中国大地上的咄咄怪事，任何外国人都可以打着强词夺理的招牌，赤裸裸地做文物强盗的勾当。

接着，斯坦因把注意力转向阿斯塔那。“随着拯救木头沟柏孜克里克千佛洞壁画工作的顺利进行，我开始考察喀喇和卓附近阿斯塔那村以北戈壁上的古墓地。那里也曾进行过一些发掘，但石滩上墓穴数量众多，有很大的余地进行全面的搜寻。墓穴的年代各不相同，大多数属于公元7世纪，即唐朝开始治理西域之时。物品数量众多是由于该地干旱无雨，也是由于源自中国传统文化的习惯，即用死者珍爱的东西殉葬，或按埃及方式，放进死者所需现实物品的缩小仿制品。缠裹尸体的各种纺织品中，以丝绸最为多见，我们收集到的有锦缎、刺绣等。其中许多明显具有萨珊（波斯）风格。还有印染的丝绸，上面绘着死者的肖像。大量泥塑，有哭灵者，有守护神，有披着华丽马衣的马匹等，全都惟妙惟肖。用来收买冥界接引人的是拜占庭的金币。它们的发现是当时贸易流向的重要证据。”

高昌故城出土的刺绣鞋（唐代）

阿斯塔那墓地出土的拜占庭金币

“爬过半淤流沙的通道去监督发掘工作决不是件易事，而且尸体已木乃伊化，但我们有个很能干的当地工人。为安慰自己的良心，我重新堵塞了所有墓道。主要用以覆盖面部的小块丝绸数量最多而且品种繁异，年代比在敦煌发现的要早，但晚于楼兰墓穴出土的更为古老的丝绸。中国的丝绸在西方是最贵重的商品，它们为适应市场而采用了波斯和拜占庭图案。发现的殉葬品种类繁多，其中最多见的也许是精美糕点的残余，它们反映了生者对往生者的敬意。”

1915年2月初，斯坦因开始装箱加固，准备将攫获的文物运到喀什噶尔。“45峰重载的骆驼，由伊卜拉欣伯克带领前往喀什噶尔，路途需两个月，不算去年冬天已送往秦尼巴克的，这次又有141箱文物。我特别乐于现在就打发驼队动身，因为一星期前迪化方面已发出询问——尽管形式很客气，但显然是不打算准许我在那个地方继续进行考古发掘工作。好在我还能使当地长官放心，相信我在吐鲁番这儿的工作已近尾声，不久就要西行远去。”

阿斯塔那墓地出土的马俑（唐代）

斯坦因打算把工作重心转向地理勘测。他计划首先全面勘测塔里木盆地以东、罗布泊楼兰遗址群以北的吐鲁番盆地。阿弗拉兹·古尔汗循楼兰以东那条他们1914年发现的古老道路，直到铺满坚硬盐壳的罗布泊湖床，然后沿湖岸线前往阿布旦，又越过楼兰以西的沙漠，3月初与斯坦因会合于孔雀河一带。虽然斯坦因极想亲身作此旅行，但已经明确的古代遗址和可能收获的考古出土文物吸引着他去考察吐鲁番以西的一个古代遗址，然后沿一条新路穿过库鲁克塔格西部。在与阿弗

阿斯塔那墓地出土的点心（唐代）

拉兹·古尔汗会合后，再沿孔雀河顺着一段古代道路至库尔勒。那时距冰雪风暴季节仍有一个月时间，拉姆·辛格也要穿越沙漠。第二测量员则留下来完成吐鲁番地区的大型地形图测绘，然后会师于库尔勒，跟随斯坦因的是那“毫无用处的李师爷和探险队其他辎重”。这时，他在2月15日给艾伦的信中写道：“这是个避开中国人视线的好机会。”

斯坦因率队南去库鲁克塔格山中唯一的固定居民点辛格尔，打算在那里找到向导，并寻访两个古代居住地。库鲁克塔格由几道山脉组成：第一道像是碎石和沙的波涛。第二道较高，沙子变少，出现了岩石。接着下至一条曲折的山谷，同样寸草不生，直到一个周围有着死羊骨架的苦水泉。7天旅途中，只在一个地方找到过饮用水。第三道又是粗沙和砾石的波涛，斯坦因从2公里外的高处俯视一片红土和沙子的宽阔盆地。它位于库鲁克塔格的中心，东西长640公里，南北宽380公里，小小的辛格尔绿洲就在这片盆地里。它是这片山地中唯一的田园，土地经过灌溉，生产出粮食，卖给来往于吐鲁番、罗布泊之间那条直路上的客商。关于辛格尔村，最早是一个猎捕野骆驼的猎人在那里定居。他英年早逝，但他的儿子也是狩猎能手，并且同样精明强干，使辛格尔成为一个固定居民地。这个猎人的儿子又生育有4个儿子，全都对这片地区了如指掌，其中3个儿子除捕猎野骆驼外，还曾从事特殊工作，即担任斯文·赫定楼兰之行的向导，并曾伴随阿弗拉兹·古尔汗和拉姆·辛格艰辛跋涉完成探险队的规定动作——地理测绘。

跟随着四兄弟中的小弟弟，斯坦因取道敦煌通向塔里木盆地那条最古老道路的西段，考察了营盘两座古代墓地，全都属于纪元初叶楼兰土著渔猎居民。斯坦因还填补了考察工作的最后一段空白，即干涸的古河（孔雀河）沿岸。过去，它曾是交通要道，把生命带进这个荒漠地区。

“在营盘，古代干涸河床中有一块泉水形成的小沼泽，我用去3天时间考察一座小城堡。来自库尔勒的探宝人，在古城中到处乱挖，但未触及垃圾堆。一些佉卢文文书和其他历史文物证据表明，这个军事堡垒所建立的年代，肯定与从敦煌穿过罗布荒漠的古道相同。古代墓葬中埋葬着死于此地，但是来自中国中原地区的官员或士卒。”

斯坦因转向西北行去。“这条荒漠道路旁边有一个个烽火台，现在偶有行人，剩下的问题只是找到确凿证据，证明它们也属于敦煌至塔里木盆地的古代道路正在使用的那个历史时期。它们的建筑与我在罗布泊以东发现的烽火台完全一致，这些历经约20个世纪沧桑变化的巨大高塔，必定出自同一批古代中国能工巧匠之手。我们只在一个地方找到过水，不得不限制每个人饮用水的定量，有一次还在夜里让骆驼和马匹向西走出16—19公里去饮水。所有烽火台遗址的垃圾堆都被翻拣一遍，出土的汉文文书残片及器具等文物证实了上述的年代判断。”

3月底，队伍会聚一处，斯坦因率众西去喀什噶尔，踏上艰辛、冒险、迂回的返回印度之途。

斯坦因之所以选择这条路返回绝非偶然，看看地图就会明白，它正好沿着阿富汗的边界。就像一位虔诚的佛教徒离不开庙宇一样，斯坦因的思想、祈望也都寄托在那片封闭的历史圣地之上，他就这样乘坐马、牦牛、骆驼、羊皮筏，间或也步行绕过了古巴克特里亚的心脏地区——阿富汗。一次又一次，他向着边界彼侧眺望，渴望去那边的古代遗址阅读远去的历史。但遗憾的是，这一切都与他无缘。斯坦因是个颇有耐心之人，或许是不得不耐心，不能不相信“等待者必有所得”这句老话。归程自喀什噶尔开始，结束于抵达克什米尔之际。

到达喀什噶尔之前，由于得到消息，说有一批1908年短暂考察时未曾发现的遗址，斯坦因在库车一带多待了几天。

斯坦因仍在追寻过去还没走过的古代塔里木盆地交通大道的北路，目标是对被当地人称作“明屋”的石窟寺庙再做一次短暂的访问。好不容易找到几张纸片、一些残破贝叶和树皮文书，使他相信了这里很可能就是霍恩雷那些梵文、龟兹文文书的出处。看来，这些东西可以证实当初把文书卖给马继业者所做的叙述。对于斯坦因，这洞窟更具有特殊意义，他觉得正是在这里发现的东西，促使他开始进行中亚考察。

斯坦因第三次中国西部探险考察进入尾声，所有文物必要的重新装箱工作又花去了一个月时间。这次探险考察的收获两倍于第二次考察，装满了182个新做的箱子，为防潮大多包着锡箔。还有8个驮箱，装着底片、书籍、仪器和个人的旅行用品等。这些东西将由拉姆·辛格负责，8月1日由莎车启程，运送到克什米尔。

第四节　第四次中国西部探险考察

对于斯坦因来说，第三次中国新疆探险考察后的10年似乎是一段应得的休养期。然而在这些年里，他却是高产的，专注于写作并出版了他的第二次和第三次考古探险考察的详细报告——多卷体的《西域考古图记》和《亚洲腹地》。这似乎还不够，他还构思并完成了《千佛——中国西部千佛洞的古代佛教绘画》（1921年）、《奥里尔·斯坦因爵士在1900—1901年、1906—1908年、1913—1915年中亚探险中测绘的中国新疆和甘肃地图集》（1923年），此外还有许多论文，并以此得到了授予他的许多荣誉。

这一时期，斯坦因暂且按捺住他那总想再次前往遥远东方探险的心，把心思大多用于在印度西部边境以外的地区寻找印度河流域和美索布达米亚之间可能发生的历史文化联系。

眼看着欧洲国家在中国新疆紧张激烈地争夺古代文物，美国人也心痒难耐，只是苦于没有合适人选来为他们做这类事。其间他们也曾尝试派人到中国西部试过运气，但都铩羽而归。最后，哈佛大学想获取无与伦比的中国古代艺术藏品的愿望，使他们求助于斯坦因。在1929年春夏期间，这项计划成行，邀请斯坦因到哈佛大学做10个课时（12月15—27日）讲座，给他的除了一笔可观的酬金外，还有为哈佛大学率领一支探险队去中国新疆考古探险所筹措的巨额资金。

在1930年4月底，斯坦因到达南京，计划得到国民党政府授予他"在中央政府管辖范围内进行考古调查和地形测量的特别许可"。斯坦因在一位英国公使馆成员和一位美国外交部代表陪同下，向中国政府官员作了自荐。他利用所有有效的社会影响渠道，希望扭转中国人"认为在中国土地上进行的外国科学考察，只不过是对中国国家文化遗产的掠夺，并有损于中国国家利益"的言论。

斯坦因的个人笔记上记录着围绕这方面逐步展开的争论情况。"中国社会舆论，除了对没有全部获得所发掘的文物而不满外，还能听出对受过西方教育的中国专家在新疆等相关地区考古发现上没有建树，表示出强烈的不满情绪。所有这一切，促成在北平建立'全国文化协会委员会’，并规定，在没有一位中国官方联合领导人和中国专家学者人员参加的情况下，禁止外国科学探险队进入中国境内，所有考察收集的物品要留在中国，等等。”

在这样的社会舆论气氛下，斯坦因也同样受到强硬对待。“从一开始，所有能在北平、西姆拉、喀什噶尔、外交部和哈佛大学等地帮助我的人都告诉我，如果被强加上这样的条件，探险队将不可能着手进行工作。带领有中国专家跟随在我身边的一支考察队去中国西北干旱沙漠和荒凉群山，还得与一位必定对当地气候环境条件一无所知的中方联合领导人一起制订考察计划，意味着对时间、精力和钱财的浪费。”在中国国内形势已经发生变化的情况下，斯坦因依然傲慢地蔑视这个他一向轻视的主权国家，其狂傲的强盗嘴脸显露无余。

倚仗美、英两国的支持，据说斯坦因礼貌而又坚定地拒绝了中国方面的要求。他继续写道：“我预期的出发地是遥远的印度，目的地是新疆。真正最要紧的是万一我的工作在当地官场和民众中引起民族主义反对时，仍然能够获得顾及新疆省当局面子的中国中央政府的正式批准。”

5月7日，真正出乎他意料，护照很快送到了他手里。得意之下，斯坦因写信告诉朋友：“我在中国结识了不少有用的友人，开始对其未来感到更有点希望了。”不过中国官方研究机构——历史语言研究所的学者们得知斯坦因获得护照的消息后，极为愤怒，向当局表示最强烈的反对。为了避免夜长梦多，斯坦因决定提前出发。

探险队于1930年8月11日离开斯利那加。斯坦因选择了吉尔吉特公路，那是去喀什噶尔的捷径。

8月25日，斯坦因到了吉尔吉特。在那儿他接到通知，听命于南京政府的新疆省主席已猛然将其进入新疆的大门关上了。计划受挫，斯坦因怀疑是否还能够到喀什噶尔，他只有到喀什噶尔才能通过潘大人的儿子把情况弄清楚。他使用了以前一直有效的方法，即通过英属印度政府外交部门去交涉。斯坦因在日记中这样写道：“只要西姆拉对这种违反5月达成的协议的行为提出抗议，清除障碍的努力将有成功的希望。”

外交机构提出的抗议是有效的。斯坦因在10月8日到达喀什噶尔。他受到了新到的总领事谢里夫上尉的欢迎，还受到了"亲爱的老潘大人的儿子"的迎接，潘大人的儿子经过不懈的努力扫清了他路途的障碍，并充当了热心的顾问和译员的角色。他所信任的骆驼总管哈桑阿洪也去迎接他。

"发往迪化给主席大人的电报，简要说明了我这个冬天考察旅行和考古工作方案，希望能够获得批准。一周后才收到那位主席大人的回电。令我失望的是回电表明了当局推诿的态度，因为电文建议我访问迪化。这样，我就要沿那一条熟悉的公路，旅行5—6个星期的时间。"

斯坦因通过喀什噶尔总领事馆谢里夫上尉去电抗议："这种拖延行为非常不合时宜，一定会影响英属印度政府对主席要求供应武器的合作。迄今为止仅一小部分武器货物到达该省，进一步的武器供应将明显地取决于主席所表明的态度。"主席回电表示同意斯坦因沿着那条漫长环行的路线来迪化，首先考察访问和阗克里雅地区，然后穿过塔克拉玛干沙漠到焉耆，最后到迪化。

在环绕塔里木盆地进行了近3000公里、约5个半月的长途旅行后，斯坦因的护照被吊销。这期间，他一直被禁止进行任何考古发掘工作。在中国国内学术界和社会各界普遍反对的情况下，新疆政府的态度一直也是明确的，即反对斯坦因在新疆进行所谓的考古探险考察，只是迫于英、美两国的压力，不便把斯坦因驱逐出境。

这种形势下，斯坦因的精神状态受到较大的打击，但是并没有彻底灰心。他在尼雅待了一周时间。"重访了从前来过的熟悉的古代聚落遗址，十分欢喜地徒步走过绵延整整16公里的古代遗址区。详细考察了尼雅遗址所有重要的地方，30年来几乎看不出遗址状况发生了什么变化。虽然颇为凶恶的克里雅政府官员的出现，吓跑了我所能找到的十来个劳工，但在我的帕坦人和一些老随行者的努力下，我仍然找到以前保密的那些遗址。因此，保证了为我公元3世纪历史文献收集工作增添新的内容，我向这个所喜爱的古代遗址最后一次道别，这是我在一个沙漠遗址上所待时间最长的地方。"

斯坦因把暗中发掘出的文物存放在领事馆，因为关于对出土文物的处置，中国政府还没有最后表态。他带回来了所有考察内容的照片以及与考察有关的资料。

为了探察31年前首次来喀什噶尔的那条路线，斯坦因准备循旧路返回印度。他感慨道："对我来说这一直是非常艰险的路程，但回想起来我感到不应当为所冒的风险而责备自己。"斯坦因这个自诩为"塔克拉玛干主人"的狂人心中，一直认为中国新疆塔里木盆地是他的领地。现在他自己宣称的一切都被剥夺了，他被坚决地驱逐了。

第五节 尾 声

20世纪初，以航海家达·伽马印度探险之行为开端的欧洲海外殖民事业已经达到了极点。探险作为欧洲海外扩张活动的第一道程序，一直有着很高的社会关注度，并已经成为欧洲文化传统的一部分。当时地理探险受制于冰雪覆盖的海洋和大地，难以进一步取得成绩。过去探险活动中的"第一名们"全都载誉而归，不仅个人赢得了荣耀，而且舒张了欧洲帝国的筋骨。现在，在南森、沙克尔顿、阿蒙森等极地英雄辉煌的名单上，还应加上斯坦因的名字。与他们一样，他也是个优胜者，同样表现出毅力和英雄主义。

不过相似之处仅此而已，那些人的探险把人们的注意力实实在在地带到了地球的尽头，惊喜地看见了爱斯基摩人和企鹅，虽然具有重大的科学意义，却最终走进了一条死胡同。而斯坦因即使算不上"第一名"，却是征服了可怕的自然环境，从中亚和中国荒漠中带回了人类历史发展过程中各种民族、文化思想广泛交流的世界史丰富证据。他的工作具有考古和探险的双重意义。

斯坦因是个把全副精力投入工作，除了工作别无所求的人，这一点决定了他的喜怒爱憎和严格的工作习惯。

可以说，历史女神是斯坦因的终生情人。斯坦因一生专注于丝绸之路和东西方文化交流的研究。从这个角度，称他为"伟大的学者和社会活动家""探险家、考古学家和地理学家"并不为过。鉴于他勇敢而不懈的考古探险考察，追求古代丝绸之路经行者所行之路的痴心探索，还可以称他为"历史地理学家"。这种多学科交叉融汇并举的研究方法，在20世纪初应该是开先河的做法，可以说斯坦因引导了一个时代的学术风气。

简单回顾斯坦因的学术研究历程。作为一名梵文学者，他确实曾献身于历史研究，编辑并翻译了《卡拉哈纳编年史》；作为一名历史地理学者，他凭借实地调查重构了克什米尔古代地理，迈出了历史地理学家的第一步。另外，斯坦因在古典文献研究方面的造诣，并不是仅仅用来指引校勘，而是被用于解决实际地理学问题，确定了亚历山大东征极其重要的地理位置与路线。

斯坦因把佛教向东方的传播看成是一串历史文化照明弹，由此显示出古代部族和朝圣者、思想和货物，以及那些湮没于黄沙之下古代文化横贯亚欧大陆的运动。从敦煌莫高窟、敦煌长城一线、楼兰、米兰、尼雅、丹丹乌里克、达玛沟、热瓦克，以及其他地方一处处古代建筑遗址、一堆堆古代绿洲垃圾里发现的大批珍贵历史文物，为继续进行历史研究，包括佛教思想的不同学派，汉、唐经济，古代行政法律和交通管理，语言学、文献学、文学，绘画艺术等提供了大量原始资料。毫无疑问，斯坦因通过骆驼、平板仪和自己的双脚、双眼对中国西部的沙漠、绿洲和高山进行持续观察与探索，找出被漫漫黄沙掩埋的古代社会历史遗迹和丝绸之路关键路线之所以存在的地理历史根据的工作值得肯定。

斯坦因23岁那年写的第一篇论文《阿维斯塔中的阿富汗地理》，就已经将地理和历史联系起来了。后来他在地理测绘方面的探索，更加强了上述联系。晚年，斯坦因的考古探险范围相对较小，然而总带着一个有经验的测量员作为必要的助手。他在政府支持下所做的中东航测尽管有着很大的军事价值，但斯坦因的个人动机似乎还是出自远古，即确定拉丁历史学家提到的罗马、安息边界之位置。

毋庸置疑，斯坦因是一位杰出的学者。但是，他仍然没有摆脱19—20世纪西方列强殖民扩张大背景的影响，并自觉地为之服务，为之张目。他对中国古代珍贵文化遗产不择手段地大肆掠夺，以及为取得文物而不惜破坏重要古代遗址的做法，实际上是强盗行径，深深地伤害了中国人民的感情，也损害了中国国家主权，同时对中国古代文化遗产造成了不可挽回的巨大损失。

晚年的斯坦因仍然专注于学术和热衷于历史地理考察。1943年，斯坦因终于获得阿富汗埃米尔的准许前往考察，但却因中风于1943年10月26日病逝于喀布尔，并安葬在那里。终年81岁。

斯坦因死了,死在他为之奋斗的中亚探险之路上。

在阿富汗的斯坦因墓地里,不知道他是否已"安然"地闭上了眼睛。如果没有,那么现在这个近代新疆考古探险史上的"大腕",受过新教洗礼的犹太人是已然在为他一生的考古探险累累硕果而狂喜不已呢?还是在内心深处为他的强盗行径而暗自忏悔?我们不得而知。

但是,斯坦因的那个时代已是一去不复返了。

当东方新的一缕曙光重又照到雄伟的帕米尔高原"冰山之父"慕士塔格雪峰时,它似乎在向人们宣告:这片神奇的西域秘境再也不是西方冒险家的乐园了。

别了,斯坦因!

后记

自1997年起至今，笔者一直持续进行英国探险家斯坦因20世纪中国西部考古探险经典学术著作的翻译与出版等方面工作，同时承担部分翻译工作。首先着手的便是斯坦因三次中国西部考古探险考察学术报告，目前两卷本《古代和阗》（第一次考古探险详细报告）、五卷本《西域考古图记》（第二次考古探险详细报告）、四卷本《亚洲腹地》（第三次考古探险详细报告）、两卷本《沙埋契丹废墟记》（第二次考古探险笔记）和斯坦因在哈佛大学"中国西部与中亚地区考古探险"讲座上的讲稿《沿着中亚的古代道路》等，都已经陆续出版，且有不同版本面世。

20多年前，一次偶然的机会，我认识了中国民族摄影艺术出版社的殷德俭先生，相谈甚欢。在此后的交往中，我们相互间谈论最多的话题就是西域的考古与探险。当然，中国边疆的历史文化和当前最前沿的学术研究状况等问题也时常是我们共同感兴趣的谈话内容。在我的记忆里，这样的切磋与交流总是使我们都很激动。为了一个突然想起的问题或感觉，我常常会在野外考古活动中把电话打到他那堆满书稿的桌上，而他也时常忘掉时差，让电话铃声吵醒野外营帐里正在酣睡的我。尽管彼此嘴上赶忙说些抱歉之类的话，但心里却都非常舒畅和满足。

那个时期，殷德俭先生多次和我谈起过他的一些想法，他认为20世纪西方列强国家的探险队在我国西部地区的考古探险活动，在致使我国大量珍贵的古代文物流失海外之同时，也给世界人文、历史研究提供了丰富的新材料，极大地推动了国际东方学研究的发展，并导致一些新学科的产生，如敦煌学、吐鲁番学等。翻译出版诸探险队的主要学术报告固然重要，但是那些有影响的考古学家，如斯坦因等人的纪实性考古探险笔记既有学术价值，又能直接反映当时探险活动的真实情况，因而也是不可或缺的重要历史档案材料。建议我在加以重视的同时，他表示将在后期的出版方面鼎力相助，应该说这也给了我很大的鼓励。

在与殷德俭先生一再进行详细讨论之后，我们初步确定先从英国探险家斯坦因的第二次考古探险笔记《沙埋契丹废墟记》和斯坦因在哈佛大学“中国西部与中亚地区考古探险”讲座上的讲稿《沿着中亚的古代道路》着手做起。与此同时，适逢中国社会科学院边疆史地研究中心主任马大正教授与殷德俭先生正在合作编辑出版“走进中国西部的探险家”系列丛书，因笔者与两位先生都相识，被盛情邀请撰写《斯坦因》一书。

考虑到国内外学术界对斯坦因的评价分歧颇大，以笔者浅陋的知识储备实不敢担此重任。后在殷德俭先生一再鼓励之下，笔者以不能有负朋友厚望之心接受了下来，并苦心经营写作。殷德俭先生在笔者写作中始终密切关注着“斯坦因”，在他的“重压”和“力促”下，才有了20年前奉献给读者的文字。

转眼已经20多年，近期新疆人民出版社约请笔者修改旧稿，准备重新出版。在几经踌躇、反复考虑之后，终于动笔。

当年写作时心中就不能确定，所写的文字能否准确反映斯坦因在中国西部探险的主要方面和得失。现在依然没有十足把握，但修改过程中，竟有些收不住笔，文稿字数居然由原来的10万多点，增加至18万多字。

作为一部关于斯坦因的传记性著作，本书较多地引用斯坦因的信札、日记或著述，引文的来源主要有：《中国新疆考古和地形考察的初步报告》《沙埋和阗废墟记——中国新疆考古学与地理学考察旅行记》《古代和阗——中国新疆考古发掘的详细报告》《沙埋契丹废墟记——在中亚和中国西陲考察纪实》《西域——在中亚和中国西部考察的详细报告》《千佛——中国千佛洞的古代佛教绘画》《奥里尔·斯坦因爵士在1900—1901年、1906—1908年、1913—1915年中亚探险中测绘的中国新疆和甘肃地图集》《亚洲腹地——在中亚、甘肃和伊朗东部考察的详尽报告》《在中亚的古道上——在亚洲腹地和中国西北三次考察活动概述》，以及美国学者珍妮特·米尔斯基的《考古探险家奥里尔·斯坦因爵士传》。因引文较多，不便全部注明详细出处，特此说明。

感谢故旧老友当年的鼓励和帮助，也诚挚感谢新疆人民出版社的垂青与真诚付出。

当然，本书关于斯坦因考古探险过程、背景与相关影响，以及对其学术研究成果与著作价值的归纳表达是否客观，还敬请读者朋友多多批评指正！

巫新华

2022年12月

编辑说明

一、本书是一部传记性著作,详细讲述了斯坦因第一次、第二次中国西部探险考察的经过,简述了斯坦因第三次、第四次中国西部探险考察的经过,并兼及他的成长历程,全面立体地展现了斯坦因的一生。

二、作为肩负英帝国在我国西北地区进行地理勘测、情报搜集和古代文物收集等特殊任务的探险家,斯坦因用尽攫掠、欺骗、盗取等手段从我国掠走大量珍贵文物,给我国造成不可估量的损失,因此,本书对斯坦因的行为持批判的态度,但对于其政治立场、学术观点坚持用发展的历史的辩证的眼光来看待。

三、本书中的大量引文较多地来自斯坦因给亲友的信札、日记或著述,在本书叙述过程中已注明,因此全书未做注释。

四、为便利读者,本书对地名、外国人名做了梳理和统一。地名均使用当时的称呼,对有今称的,在第一次出现时括注今为何地。对单位量词做了适当统一。外国人名采用通行译法。

五、本书初版于2002年(中国民族摄影艺术出版社),本次修订再版增加了大量文字和图片,使本书内容更加丰富,更有可读性。